U0035314

勝鬘經講記

——第二輯

——平實導師　述——

ISBN:978-986-83908-9-8

所有修學佛法者，都有一種普遍存在的感想：「佛法浩瀚無邊，當從何處入門？三藏十二分教，隱晦難解，如何正確入理？」產生如是感受的原因，皆因不知佛法粗分五乘之理所致。**人乘**者謂五戒十善：受持五戒、不犯眾生。**天乘**者謂五戒之上加以孝順父母，慈濟眾生，行於十善，得生欲界天中；或進而增修四禪八定，得生色界天乃至無色界中。**小乘**者謂解脫道：斷除我見、我執及我所執，以四聖諦為主旨，四念處為觀行之法，八正道為實行之道，可得阿羅漢果而出三界生死。**中乘**者謂緣覺道：依佛之教而修學十因緣觀，然後及於十二因緣觀，成辟支佛；或於無佛之世自修此二種因緣觀，自成辟支佛而出三界生死苦。**大乘**者謂：參禪實證第八識，了知此識是名色之本，亦是涅槃之本際，故知法界實相而生般若智慧，成三賢位實義菩薩僧；若能進修一切種智而成就道種智，即成諸地聖位實義菩薩僧；若道種智修證圓滿時即是佛地一切種智，其第八識改名無垢識——佛地眞如。知乎此，則有最初抉擇分，能善選法門及眞正善知識，不被假名善知識之大名聲所惑，則於佛法之實修，知所進道矣！

—正智出版社—

大乘佛法之入門，號稱八萬四千法門，但門門所入者皆同一第八識如來藏之本有自在性、本有自性性、本來清淨性、本來涅槃性。凡已親證如來藏者即能現觀如是四性，因之而生實相般若，成第七住位不退菩薩，名爲**實義菩薩**，已非單受菩薩戒而未證實相之**名義菩薩**。此時實相般若在胸，已能粗知般若諸經中的法義，不待人教。然而如此階段之智慧，實仍未足以了知諸地智慧，以未了知成佛之道次第及內涵故，以尚未通達實相般若故。若欲通達實相般若而速進初地者，悟後必須深入了知一念無明與無始無明之異同，以了知二者間之關聯，然後知所進道；如實而修，則欲入地者亦得速達。《勝鬘經》所說者，即是此二種無明也；凡欲釐清佛道與二乘道之異同所在者，皆應深入理解此經義理；於此已有實質上之理解者，不論對於選擇三乘菩提，或對於選擇大乘入道之善知識及道場，皆已胸有成竹，則有能力自己選擇**眞正善知識**及**眞能助己實證佛法之道場**。然後次第入道，終不久修佛法而一生唐捐其功也！由是可知此經之重要。然此《勝鬘經》義理深邃難知，古來少有能作深入淺出而完全正確之解釋者；今此講記中，確有如是功德，能令讀者深入理解而建立正知見；對於久修佛法而深覺茫無所趣之老參，誠屬難得一見之講述實記，允宜熟讀而助入道。

—正智出版社—

目次

第二輯：

第三輯：

第四輯：

第五輯：

第六輯：

自序

大乘法之證悟，不許外於教門；若外於經典聖教開示，而言「所悟雖異於教門，然亦是宗門之悟」，當知即是錯悟，謂其所悟必定已經異於宗門之悟，經教所說法義正是說明宗門所悟內涵故；明得此理，始知宗門之悟，一向不得外於教門也。但若已經求證於大乘經典，印證自己確實證悟已，欲了知悟後進修之道，欲憑藉所悟如來藏而生起深妙般若智慧者，及欲快速進入初地者，皆應先行深入《勝鬘經》眞義，由此了知大乘道與二乘道之異同與關聯，然後對於自己應如何求得眞正之大乘般若開悟，以及悟後應如何含攝二乘道，進而快速進修般若別相正義而具備入地之資，即能自知而無所疑也！

二乘人所證智慧爲出離三界分段生死之智慧，只是聲聞法中的解脫道智慧，所斷者僅爲我所執、我見、我執，不曾及於法界實相之了知與親證，是故一切不迴心大乘之阿羅漢，不論爲慧解脫、俱解脫、三明六通大解脫，皆無法生起實相般若；此謂不迴心阿羅漢，雖知一切法界皆唯如來藏之所生，然唯是親聞 世尊如是聖教而未能實證，是故凡遇親證之菩薩時，皆無從開口共論般若。乃至諸菩薩與言無餘涅槃中之實際者，亦皆茫然無措而不能回應，唯有迴避不言一途。諸不迴心阿羅漢，之所以致此者，皆因未證名色本、名色因、名色習之如來藏心所致也！譬如阿含中佛語聖教分明：「解名色本，即得應眞。」謂名色之根本乃是如來藏心——十方三界一切有情之名色，皆從如來藏心中出生，並皆以如來藏爲本；是故，證或不證名色因、名色本之如來藏者，即成是否能入大乘別教而成實義菩薩之分野；惜乎今人能知此者極爲稀有，皆坐密宗應成派中觀六識論邪見所崇，致使當代諸大山頭大法師等，悉被釋印順六識論邪見所崇而盲目追隨，同聲否定大乘及阿含經教中所倡八識論正理，則彼諸大法師及其徒眾即失大乘見道因緣，兼亦成就謗菩薩藏之大惡業，成一闡提。

然而，已經實證如來藏之實義菩薩，雖已位階不退位之第七住已，是否即能了知成佛之道內涵？實猶未必！謂此時之第七住實義菩薩雖有般若實相智慧，亦唯有總相智爾，尚未具足別相智故。般若實相智慧之別相智者，其義廣繁，非如二乘解脫道之見惑、思惑意涵狹隘易知故；是故親證如來藏而發起實相般若智慧已，仍須親隨眞善知識修學，方能快速而深入理解三乘菩提之異同，方能快速現觀三乘菩提之關聯而了知二乘菩提之侷限，而能了知二乘菩提含攝在大乘菩提中之定位，然後深知無始無明含攝二乘菩提所斷一念無明之眞實義，則能了知三乘菩提之關聯與全貌，欲求通達實相般若之別相智，斯有期冀；則能將長劫入於短劫中，數世之中即得圓成三賢位第一大阿僧祇劫之實修，滅盡大乘見道應斷之廣闊異生性，樂意培植入地應有之大福德：爲人所不能爲，說人所不能說，行人所不願行，乃至喪身捨命亦在所不惜，要護正法、要救眾生及諸表相大師，乃至生起增上意樂而眞發十無盡願，入如來家、成眞佛子。凡此，皆要以親證如來藏爲先，確實理解無始無明爲次，實際救護廣被誤導之學人而進成大福德爲後，始有入地進修第二大阿僧祇劫道業之可能。一切求欲實證佛法者，於此皆應了知。

凡欲深入了知如是正理者，於《勝鬘經》皆必須深入研讀，並將其中法義實際現觀，實證勝鬘夫人所說法義，即能印證自己所悟是否確實契合法界實相，亦能藉此而建立三賢位所應通達之智慧，然後付諸實行而快速圓成第一大阿僧祇劫之道業。若屬尚未實證如來藏而未發起實相般若者，不論已斷、未斷三縛結，皆可依講記而了別三乘菩提之異同，則能自行抉擇而入道：或依《識蘊眞義、阿含正義》而深入理解、實際觀行，實證二乘菩提；或依《眞假開悟、心經密意、宗門正眼、宗門密意、眞實如來藏、楞伽經詳解、悟前與悟後、宗通與說通……》等書，依大乘正理多聞熏習乃至實修；若得實證如來藏已，即入菩薩數中，成眞菩薩，名菩薩僧，位階不退菩薩位中，庶免受生一世而唐修佛法也。《勝鬘經》雖然文義深邃難解，今余已將此經法義深入詳說，整理成文而爲講記，付梓流通以利大乘學人及諸方大師，若願反覆細讀此書而詳加思惟理解者，合當受益。今以出版之時將屆，合述緣起，即以爲序。

佛子 平實 謹序

公元二〇〇八年大暑 於竹桂山居

《勝鬘師子吼一乘大方便方廣經》

〈一乘章〉（上承第一輯未完部分：）

關於這段經文最後所說的受具足：「是故阿羅漢無出家、受具足，何以故？阿羅漢依如來出家受具足故」，我們來看補充資料，印順法師說：【辟支佛即緣覺，也就是獨覺，於佛不出世時自悟得證。阿羅漢，必從佛出家受具足；辟支佛，**也有**不從佛出家受具足的，所以上文但說阿羅漢。然有怖畏心，所證悟的境界，都與羅漢一樣，所以此處並舉二乘。】（正聞出版社．印順法師著《勝鬘經講記》p.137）

可是在這裡，他的看法是，所有的辟支佛中，有一部分人是隨從諸佛受具足戒的，所以我用粗體字幫他明顯的列出來，他說：「辟支佛，**也有**不從佛出家受具足的。」他的意思其實就是說，大部分的辟支佛是從佛出家受具足戒的，只有少數辟支佛是不從佛出家受具足戒的。可是問題來了，從來沒有一部經典說過辟支佛是在佛世出現的。辟支佛如果是在佛世出現，他就不叫辟支佛了，因爲他一定會在佛陀出現於人間之前，先行捨報棄世。甚至如同《增一阿含經》記載：有五百辟支佛在人間遊行，但因爲諸天天神四處傳說：**佛即將要出於人間，現在有佛要來人間受生了**。這五百辟支佛一聽到這件事情，他們當天就全部入無餘涅槃了，都不與佛同時在世的。任何一位佛陀在人間時，都不需要有辟支佛住世；所以有佛來人間受生時，所有辟支佛都必須要離開人間；這並不是某佛來趕走他們，是他們自己知道應該離開了，也是因慢而想要保持無師、無敵的尊貴，所以五百辟支佛同時入無餘涅槃。那又怎麼會有辟支佛是從佛受具足戒的呢？所以印順的說法是錯誤的。

阿羅漢們的證量也可以和辟支佛一樣，但仍然是阿羅漢，不能稱爲辟支佛。阿羅漢們在佛世時也一樣會從 世尊學習因緣法，所以阿羅漢之中也有人證境是跟辟支佛一樣的，可是他們仍然不能稱爲辟支佛，因爲他們所證的因緣法是隨佛修學而證得的，仍然是依聲而聞才能實證得，仍然是聲聞人，不是辟支佛。所以他們之中雖然有人一樣擁有辟支佛的智慧，也有辟支佛的神通證量，但他們仍然是阿羅漢，永遠是聲聞人；這是因爲他們能證得的因緣法都是藉著音聲從佛而聞的。

辟支佛觀察因緣法時，都能自己向上推尋十支因緣法；推尋到最後的名色支時，都能自己推斷出一個結論：名色之所由，必定是識；除了如來藏本識以外，沒有任何一法可以出生名色；而意識既是名色所攝的識陰中的識，是被生法，不可能反過來出生名色，也不可能無中生有而出生意識自己；這樣推尋而確定了，就滅了十二因緣法中的無明支了！這時已經有明：都是因為不懂還有一個常住不壞的本識，所以恐懼死時滅盡名色以後會成為斷滅空，導致我見、我執無明永續存在。十因緣法現觀完成了，就是滅了無明——滅除了無餘涅槃即是斷滅空的邪見。由於滅了無明，就可以滅行，接著十二有支就全部都滅除了。以十因緣法來推尋，尋找名色會從本識中出生的原因，終於證實名色會從本識出生的原因就是無明。無明，就是對名與色的不實，以及名色之所從來都無所知；沒有智慧如實觀察及斷定，無法斷除我見及我執，所以輪迴生死。只要懂得實證十因緣法，就可以滅了十二因緣法的無明，這就是無佛在世時的辟支佛所證得的因緣觀。釋尊在世時的大阿羅漢們也從 佛的開示中，實證了十因緣與十二因緣觀，所以他們的證境智慧當然也都能同於辟支佛，卻仍然只能叫作阿羅漢；因為他們都是藉音聲的聽聞才懂得因緣觀的，不是獨覺而悟的人，仍是屬於聲聞人；所以諸佛在世時不會有辟支佛，只會有聲聞阿羅漢。因此說，佛世所有證得辟支佛證量的阿羅漢們，都是聲聞而不是獨覺；只有無師獨覺而自悟因緣觀的人，才能稱爲辟支佛。假使無師獨覺而證得一切種智，不只是因緣觀，那就是究竟佛。所以印順說「**辟支佛，也有不從佛出家受具足的**」，言外之意是說：大部分的辟支佛都是從佛出家受具足戒的。他這個說法顯然是錯誤的。

這段經文中說阿羅漢有恐怖，把辟支佛也列在這裡面，說辟支佛也有恐怖，都是因爲他們**有餘生法未盡**，乃至**有餘梵行未得**，仍有變易生死，所以仍有後有種子尚未斷盡，因爲他們都還有異熟生死。所以他們進入無餘涅槃中，如來藏中的自心種子仍然繼續流注不斷，就是楞伽中說的自心流注。他們還沒有到**流注滅**的境界，只有究竟佛才能到達**流注滅**的境界；因此，他們的變易生死，是入了無餘涅槃以後還是存在的。所以緣覺所證，不一定同於阿羅漢；因爲有的阿羅漢從佛音聲而聞因緣法，觀行之後也證得因緣觀，同於辟支佛。但也有很多阿羅漢只從四聖諦、八正道去修行，沒有修到因緣觀，一樣成爲阿羅漢。所以阿羅漢不等於辟支佛，但阿羅漢也可以是辟支佛；但阿羅漢成爲辟支佛，永遠還是阿羅漢，因爲是從佛音聲而聞，不是獨覺；所以世間沒有獨覺是從佛受具足戒的，不許說有辟支佛是從佛受具足戒的。

【「阿羅漢歸依於佛，阿羅漢有恐怖，何以故？阿羅漢於一切無，行怖畏想住，如人執劍欲來害己，是故阿羅漢無究竟樂。何以故？世尊！依、不求依；如眾生無依，彼彼恐怖，以恐怖故則求歸依；如阿羅漢有怖畏，以怖畏故，依於如來。世尊！阿羅漢、辟支佛有怖畏，是故阿羅漢、辟支佛有餘生法不盡故，有生；有餘梵行不成故，不純事、不究竟故，當有所作；不度彼故，當有所斷；以不斷故，去涅槃界遠。何以故？唯有如來應正等覺，得般涅槃，成就一切功德故；阿羅漢、辟支佛不成就一切功德，言得涅槃者是佛方便。」】

講記：「阿羅漢歸依於佛，因爲阿羅漢心中有恐怖。」這句話從表面聽起來好像很矛盾，但是其實沒有矛盾；是不證解脫道，也不證佛菩提道的人，才會覺得有矛盾。就好像以前我在書中寫著：「阿羅漢們還有胎昧，所以才不肯發願未來世再來人間利樂眾生。」有一位已經離開的親教師就曾經來質問我：「老師！你這句話好像有問題。阿羅漢已經了生死了，怎麼會怕胎昧？

怎麼會對胎昧有恐懼？」我心裡想：「你就是沒有深入去把它思惟。」但沒有講出來，因為講出來會讓他覺得很沒面子。我對他說：「阿羅漢不敢發願再來，正是因為恐怕來世會忘了這一世的解脫道果證，忘了斷我執與我見的智慧，恐怕會因此而再造惡業；萬一造了惡業，又會流轉去了，何時才能再成為阿羅漢呢？所以心中有恐怖。假使沒有胎昧，來世一出生就知道如何是解脫，就敢發願再來。所以不是因為能出離生死而說他有胎昧，也不能因為不會再來受生而說他已經沒有胎昧；是因為發願再來的時候，沒有把握來世可以出離生死，因為在下一世會忘了此世的所證。如果敢發願再來，那就是三明六通大阿羅漢迴心。或者心志很雄猛、很慈悲，所以迴入大乘成為菩薩發願再來；即使還沒有離開胎昧，也願意再來受生。但是當阿羅漢沒有大悲心而只考慮自己時，就不會發願再來受生了。譬如慧解脫阿羅漢若沒有大悲心，畏懼入胎之後意識永滅，而來世如果沒有因緣很早遇到正法，無法再斷我見與我執，一不小心造了惡業，又會流轉生死去了，就不敢發願再來，都是因為胎昧的緣故，所以有恐怖。」聽我這麼一講，他終於想通了。可是後來還是退轉了，仍然是否定阿賴耶識，不肯承認阿賴耶識即是如來藏；可見是智慧尚未通達，福德又不夠，才會自以為是而不肯找我討論。

在這一段經文中，勝鬘夫人說：「阿羅漢之所以沒有恐怖，是因為有佛可以依靠，所以阿羅漢們依佛而住。」他們都不願意離開佛，佛去到哪裡，他們就跟到哪裡。最後是因為糧食歉收，一大堆阿羅漢們跟在 世尊身邊，造成當地極大的負擔，於是常常有阿羅漢空鉢而回的挨餓現象， 佛就有因緣指示他們：「你們都到別處說法去，都去度眾生；而且大家不要都到同一個地方去，要分散到各地去。」奉 佛之命，才不得不離開 佛。他們都得要歸依於 佛，才會覺得安心。

佛世的阿羅漢也都不收弟子的，一直到 佛滅後，才開始收弟子；這個習慣就這樣一直延續下來，成為佛教界的成規。所以堂頭和尚在世時，座下的法師們也都不收弟子，所有弟子都歸堂頭和尚，到現在還是如此。譬如證嚴法師在慈濟，所有去歸依的徒弟都是證嚴法師的弟子。如果她座下的比丘尼也收弟子，一定會被人指指點點；而證嚴法師從此開始有可能都不會再跟那個收弟子的比丘尼講話，可能永遠默擯她。這其實是佛世就流傳下來的規矩，所以阿羅漢在佛世時，若有人想要歸依阿羅漢，阿羅漢都說：不要歸依我，你要歸依我的師父——人天之師。

從另一個方面來說，阿羅漢爲什麼有恐怖呢？因爲「阿羅漢於一切無，行怖畏想住，如人執劍欲來害己」，所以阿羅漢沒有究竟樂」，因此說他們有恐怖。這意思就像《阿含經》中的焰摩迦比丘一樣，他在早期不能證阿羅漢果，是因爲他認爲如來入滅以後一定是空無，認爲阿羅漢入滅後也是空無、是斷滅，所以不肯認定意識是生滅的：意識若是生滅的，而佛的說法又是無誑的、正確的，那麼阿羅漢死後入涅槃，一定是斷滅空。所以，他的深心中不肯承認意識爲生滅法，只在口頭上承認意識是生滅法，因此就無法斷除我見；當然更無法斷除我執，成不了阿羅漢。

他曾經爲了這個斷滅見解，一直與阿羅漢比丘們爭執，而阿羅漢比丘們無法說服他相信說：阿羅漢入涅槃以後，還有一個本際不滅。他不信，所以總是認爲意識是常住的，就不願意否定意識，於是落入常見中。所以阿羅漢們去向舍利弗尊者報告，舍利弗就去找焰摩迦，當面問他：「你有這樣說嗎？說阿羅漢滅後是空無嗎？說如來滅後是空無嗎？」焰摩迦承認說：「有呀！我是這樣想的呀！」然後舍利弗施設一個又一個問題反問之後，焰摩迦終於知道不是斷滅空，於是承認意識是生滅無常；後來依照正知正見而詳細觀行，也成爲慧解脫阿羅漢了。到底舍利弗是怎麼反問他的，且聽下回分解。

上一週講到「阿羅漢無究竟樂」，最後也談到焰摩迦比丘，是因爲在探討阿羅漢滅後、如來滅後，是仍然存有意識或本識？或是斷滅空？但是焰摩迦比丘因爲主張「阿羅漢入滅後是斷滅空」，所以被阿羅漢們訶責。後來是舍利弗尊者去找他，經過一番問答以後，他就證初果，然後自己再深入思惟而成爲阿羅漢。舍利弗是如何爲他說法的？我們來看《雜阿含經》卷五的記載：【舍利弗言：「我今問汝，隨意答我。云何焰摩迦！色爲常耶？爲非常耶？」答言：「尊者舍利弗！無常。」復問：「若無常者，是苦不？」答言：「是苦。」復問：「若無常、苦，是變易法；多聞聖弟子寧於中見我、異我、相在不？」答言：「不也！尊者舍利弗！受、想、行、識亦復如是。」復問：「云何焰摩迦！色是如來耶？」答言：「不也！尊者舍利弗！」「受、想、行、識是如來耶？」答言：「不也！尊者舍利弗！」復問：「云何焰摩迦！異色有如來耶？異受、想、行、識有如來耶？」答言：「不也！尊者舍利弗！」復問：「色中有如來耶？受想行識中有如來耶？」答言：「不也！尊者舍利弗！」復問：「如來中有色耶？如來中有受想行識耶？」答言：「不也！尊者舍利弗！」復問：「非色受想行識有如來耶？」答言：「不也！尊者舍利弗！」「如是！焰摩迦！如來見法眞實、如，住無所得，無所施設。汝云何言『我解知世尊所說，漏盡阿羅漢身壞命終無所有』？爲時說耶？」答言：「不也！尊者舍利弗！」復問：「焰摩迦！先言『我解知世尊所說，漏盡阿羅漢身壞命終無所有』，云何今復言非耶？」焰摩迦比丘言：「尊者舍利弗！我先不解、無明故，作如是惡邪見說。聞尊者舍利弗說已，不解、無明，一切悉斷。」

　　復問：「焰摩迦！若復問：『比丘！如先惡邪見所說，今何所知見，一切悉得遠離？』汝當云何答？」焰摩迦答言：「尊者舍利弗！若有來問者，我當如是答：『漏盡阿羅漢色無常，無常者是苦，苦者寂靜、清涼、永沒；受、想、行、識亦復如是。』有來問者，作如是答。」舍利弗言：「善哉！善哉！焰摩迦比丘！汝應如是答。所以者何？漏盡阿羅漢色無常，無常者是苦，若無常、苦者，是生滅法。受、想、行、識亦復如是。」尊者舍利弗說是法時，焰摩迦比丘遠塵離垢，得法眼淨。

……「如是，焰摩迦比丘！愚癡無聞凡夫，於五受陰作常想、安隱想、不病想、我想、我所想；於此五受陰保持護惜，終爲此五受陰怨家所害，如彼長者爲詐親怨家所害而不覺知。焰摩迦！多聞聖弟子於此五受陰，觀察如病、如癰、如刺、如殺，無常、苦、空、非我、非我所，於此五受陰不著、不受，不受故不著，不著故自覺涅槃：我生已盡，梵行已立，所作已作，自知不受後有。」尊者舍利弗說是法時，焰摩迦比丘不起諸漏，心得解脫。」

（《雜阿含經》第一〇四經）

你看！古人證果，就像從桌子上取椪柑來吃一樣簡單。但是，爲何到了末法時代的今天，不過才二千五百多年，單單一個證初果（且不說明心開悟），就那麼困難，原因何在？大略的說，就只有兩個原因：第一、是自己誤會了解脫道，不能如實理解五陰的內容，將五陰中的某一法（譬如意識）認爲不生滅法；第二、是沒有善知識攝受，因此無法如實理解五陰的虛妄。問題就只有這兩個。這就像今天的印順學派，他們說：「蘊處界都應該要滅除，滅盡了以後就成爲滅相空無，這個空無、滅相，是不會再被壞滅的，所以滅相是常，所以滅相是眞實，叫作眞如。」可是，「滅後是常」這個道理如果講得通，有一天要是遇見了他，我先舉起刀子來，說：「我把你殺了，使你變成常、眞如，好不好？」我要先問他：「因爲這是你講的，當你被殺了，你不存在而成爲滅相了，這就是眞如嘛！」如果有法師這麼主張，我就說：「我就把你的寺廟放一把火燒了，燒光以後寺廟都不在了，這個滅相會永遠都存在的，就是常、眞如。如果重新再蓋起來，已經不是原來這個寺廟了，是無常；已被破壞而消失的原來寺廟已經不可能再度被壞滅了，所以就是常，你要不要這個常？」他們一定不會接受的。這是很淺顯的道理，可是印順學派的法師們卻繼續主張自己所不願接受的道理，並且還想要別人接受他們自己深心中都不樂接受的歪理；所以說他們是在狡辯，不是如理作意。

凡是修學二乘法的人，若是眞的想要實證聲聞初果，在深入觀行以後，一定要有一個疑惑存在，那就是：佛說對五蘊十八界都必須無所貪愛，五蘊十八界都必須滅盡無餘以後才能成爲無餘涅槃。但是把自己滅盡以後，那不就變成斷滅空了嗎？深入觀行五陰無常空的人，心中一定會有這個疑惑；有這個疑惑的人，若能如理作意的深入四阿含中探究，不會執迷不悟地繼續迷信應成派中觀的六識論而改信八識論，才能確信無餘涅槃中不是斷滅空，才能斷我見。焰摩迦比丘就是個好例子，他肯將心中的顧慮說出來，倒是好的；

經由舍利弗的開示，知道無餘涅槃中仍然有自心如來常住不滅，於是他就能相信：蘊處界斷滅空之後就是無餘涅槃，涅槃中仍有本際識獨存不滅，常住不變。如此修證的人就是阿羅漢。於是他現觀蘊處界的無常空以後，成就了諸漏心解脫，當下成爲四果人。

焰摩迦比丘原本是邪見，所以對比丘衆們說：「如我所知，世尊的意思是說阿羅漢入滅以後，空無所有。」諸比丘們爲他說道理，他還是繼續堅持：「阿羅漢滅盡蘊處界而入無餘涅槃，空無所有。」以此緣故，他們就去向舍利弗尊者稟報，舍利弗尊者就去找焰摩迦比丘。焰摩迦比丘看見尊者來了，就頂禮問訊，然後請他就座；又端了水來，幫舍利弗尊者洗腳。舍利弗尊者等焰摩迦幫自己洗過腳，坐定了就問：「你確實有這樣講嗎：『我已經知道世尊所說的法，漏盡阿羅漢身壞命終以後無所有。』你有這樣講嗎？」焰摩迦比丘老實回答說：「我確實有這樣講，舍利弗尊者！」舍利弗就說：「我現在問你一些話，隨你的意來回答我。焰摩迦啊！色法是常，還是無常呢？」這個問題你們要聽好，因爲人家才剛聽完就證得初果了。舍利弗問的是色法，色法當然包括四大所成的色陰，還加上十八界中的六塵，這些都是色法。「這個色法是常呢？或是無常呢？」焰摩迦比丘答覆說：「尊者舍利弗！是無常。」又問說：「如果無常，是不是苦呢？」焰摩迦比丘答覆說：「是苦。」又問：「如果無常又是苦，色當然就是變異法了。多聞的聖弟子，難道還會在五蘊當中看見有眞實我，或者有不眞實的我，或者眞實我與不眞實我相在嗎？」焰摩迦比丘答覆說：「不會的，尊者舍利弗！受想行識也是這樣的。」舍利弗又問：「焰摩迦！色法就是自心如來嗎？」意思是說，那個色身及六塵就是如來嗎？焰摩迦答覆說：「不是啊！舍利弗尊者！」「那麼色法既不是如來，是否受想行識即是如來呢？」他說：「也不是啊！舍利弗尊者！」

舍利弗尊者又問他：「你想想看啊！焰摩迦！如果離開了色陰，離開了色法，還能有如來示現嗎？假使受想行識與如來不一而成爲無關的二法，會有如來示現嗎？」答覆說：「不是這樣的，尊者舍利弗！」這個意思聽懂嗎？如果你講那個色身就是如來，那如來就無常了，可是離開色身你又找不到如來。如果你說受想行識就是如來，那麼如來就是無常；可是離開如來的受想行識，你又找不到如來了，意思是如來藏與色陰不一不異。焰摩迦比丘聽懂了，他說：「不是這樣的。」意思是說，如來與色法不一不異。然後又問：「色法裡面有某一部分是如來嗎？如來裡面有某一部分是受想行識嗎？」（平實導師接著問大眾：）色法裡面有沒有如來？（有人回答：有）有，那如來就是色法所含攝的囉？（有人回答：不是）那就不能說色法裡面有如來了嘛！因爲所有色法中，沒有一個色法是如來。所以這個問話可不能隨便答。

受想行識有如來嗎？受想行識裡面有沒有如來？特別是意識是不是如來？如果四陰中有某一陰是如來，那就應該可以列舉出來：受是如來，或者想是如來，或者行、識是如來，或者識陰中的哪一個部分是如來？結果都不是。所以焰摩迦答得對：色不是如來，受想行識也都不是如來。由此可知：離念靈知意識心當然不可能是禪宗所悟的眞如，那是識陰。舍利弗又反問說：「非色受想行識有如來嗎？」也就是說，離開了色受想行識，以外有如來嗎？焰摩迦答覆說：「沒有啊！尊者舍利弗！」意思是，如來是與五陰不一亦不異的，不應該在五陰以外去尋覓如來。然後舍利弗說：「就像這樣啊！焰摩迦！如來看見了法的眞實，看見了如，住於無所得中，所以無所施設，那你以前怎麼可以說：『我焰摩迦懂得世尊所說的法，漏盡阿羅漢身壞命終以後是無所有的。』你這樣講是如法說嗎？是這個時候應該說的嗎？」焰摩迦答覆說：「不是啊！尊者舍利弗！」他知道自己不對了。然後又問：「焰摩迦！你以前說：『我知道世尊所說，漏盡阿羅漢身壞命終以後是無所有。』為什麼你現在又說都不是呢？」焰摩迦比丘就答覆說：「尊者舍利弗啊！我先前是不瞭解。因為無明的緣故，所以才講出這種惡見、邪見的說法。我現在聽聞舍利弗尊者您開示以後，我對於法的誤解，以及我的無明，現在一切都已經斷除了。」就這樣一席話而已，這時焰摩迦已經成為初果人了。

由此可見，善知識是非常重要的；善知識善於引導，能夠以問代答，讓學人悟入。他一直幫你問，然後你一直回答；他從淺的一直問到深的去，你自己也就通透了；這就是「問答」——以問為答。舍利弗尊者又問：「焰摩迦！假使有人來問你：『比丘！如同先前的惡見、邪見所說，阿羅漢入涅槃後無所有。你如今到底看見了什麼？又知道了什麼？而能夠遠離這一切的惡見與邪見？』當有人這樣來問你焰摩迦，你要怎麼回答？」焰摩迦就答覆說：「尊者舍利弗啊！如果有人來這樣問，我將會這樣回答他：『漏盡阿羅漢的色身是無常，無常所以是苦；既是苦，就把它滅掉，就是寂靜、清涼，永遠消滅了；對色法如是，對於受想行識也是這樣觀察的。』如果有人來問，我就這樣回答。」舍利弗尊者就說：「很好啊！很好啊！焰摩迦比丘！你應該這樣答。爲什麼呢？因爲漏盡阿羅漢的色身是無常，無常就是苦；色陰既是苦、無常的，那就是生滅法。對於受想行識四陰，也是像色陰這樣的觀察。」尊者舍利弗說完這些話，焰摩迦比丘就遠塵離垢，得法眼淨；換句話說，他已經生起見地而成爲初果人了。

你們未悟如來藏的人，此時有沒有成爲初果人了呀？可能回去以後，還要再思惟、思惟吧！但是如果回家以後想要思惟時說：「我又沒有這一段經文，該怎麼思惟？」那也沒關係，我們十月底會開始出版《阿含正義》，這段經文也會在《阿含正義》中印出來，在第三輯或者第四輯書中可以讀到（編案：《阿含正義》共七輯，已經全部出版完畢）。焰摩迦這時還只是初果人，接著尊者舍利弗又向焰摩迦比丘說法：「我如今應當再爲你講譬喻，有智慧的人可以用譬喻而瞭解正法。譬如說，有一個長者的兒子，這長者的兒子大富多財，所以他就需要很多僕從來奉侍他、來幫他守護財物。當時有一個怨家，那個人心性不好，就假裝來親附他，來作他的僕從。這個惡人常常在觀察長者的兒子有什麼需要，而他自己會有什麼機會；所以這個僕人每天都很晚才睡覺，每天早上都很早起床。當長者的兒子剛起床，他已經在身旁侍候著，講話也很小心，作事、言語也都很恭敬，使得主人對他非常喜愛，就把他當作好朋友，也當作兒子來看待，對他完全信受而沒有懷疑，所以就沒有在作自我保護的事情。到這個時節，那個惡人就時時都有機會了，因此他就用刀子把長者的兒子給殺了。焰摩迦比丘啊！你的想法怎麼樣呢？那個怨家惡人來作長者的親友，他難道不是一開始就存著方便殘害之心，常常在尋求方便的時機，一直到把長者的兒子害死命終為止。是不是這樣？而那個長者的兒子不能夠覺察，所以到後來就被害死了。」焰摩迦比丘答覆說：「確實是這樣啊！尊者！」

然後舍利弗尊者就向焰摩迦比丘說：「那麼你的意下如何呢？那個長者之子，假使本來就知道那個人是假裝來親近而想要害他，如果他能夠知道而善於防護的話，是不是就不會受害呢？」焰摩迦比丘答覆說：「就像是這樣啊！舍利弗尊者！」舍利弗又說：「道理是一樣的，焰摩迦比丘啊！愚癡無聞的凡夫，對於五受陰，都把它當作常住不壞來認知；把五陰當作是安隱不壞之法，認為五陰是不會生病、壞滅的，把它當作是眞實我，把它當作是我所有的永遠不壞的眞實法，所以就對五陰保持護惜而不防護，最後終究還是被五陰怨家所害死了，就好像那個長者的兒子被那個假裝來親近的怨家所害而不能覺知。」

這意思懂了嗎？點頭的人只有三分之一！可見還沒有明心的多數人，還是無法眞的理解。眞能理解的人，一定可以證得初果。舍利弗的意思是說，對五陰不可以愛樂，不可以執著；專修解脫道的人，本來就不該執著五陰，不該喜樂五陰、貪愛五陰；反而要把自己五陰殺掉，然後就取無餘涅槃，才不會被五陰所害。五陰就是殘害長者子的怨家，而當代各大山頭的堂頭和尚們，都落在五陰中；特別是那些自認爲已經證悟的大法師、大居士們，都一樣落在識陰中；特別是落在意識中，把意識怨家當作法身慧命最親近可靠的人——把害死他們法身慧命的離念靈知認作常住不壞的眞我。

那些名聞當代的大師們，總是成日裡都在把握自己、當自己、寶愛自己，也這樣子教導徒眾們要把握自己、執持自己不放；卻不知意識自己正是法身慧命的最大怨家，所以他們全都被意識怨家所害而無法斷我見；都同樣是錯認看來很親切的意識怨家爲最可靠的人，所以都被意識所害而落入常見外道見中，法身慧命就這樣被意識所害了。如果有人能證得二禪，而不明白五陰的虛妄，都會落在離五塵的離念靈知境界中，他仍然是那個被害的長者子。更愚癡的人，則是落在識陰六識中的大法師，仍與五塵相應；他們常常教導徒眾們說：「**能見、能聞、能嗅、能嚐、能覺、能知的心就是眞如，就是佛性。**」這正是落入識陰六識的功能中，與自性見外道完全相同，不曾絲毫遠離識陰，都是早已被識陰惡人害死法身慧命的愚癡人。

菩薩也像舍利弗這樣看待五陰，知道五陰是殘害法身慧命的怨家；但是菩薩卻不把五陰殺死，把五陰留著作爲自己所用的道器而不被它所影響；阿羅漢則是要把五陰殺死的，這就是大乘與二乘的最大不同所在。因爲這段阿含中的經文是解脫道的法，志在斷我見、斷我執而取無餘涅槃，所以說要把五陰害死，不要被五陰的假親善所欺騙而被五陰所害，法身慧命就死定了。所以千萬不要被親密的五陰所騙而貪愛五陰、執著五陰，特別是識陰中的意識——離念靈知。

舍利弗尊者又說：「**焰摩迦！多聞的聖弟子們，對這個五陰詳細觀察，知道五陰如同是身上長出來的癰瘡一樣，就好像是要殺害我們的怨家一樣；**

五陰是無常、苦、空、非我、非我所，所以對這個五陰不應該執著。如果不執著五陰自己，也不接受五陰自己了；由於不接受五陰所以不執著，不執著的緣故，所以自己就可以覺察到已經證得有餘依涅槃了，捨報之後一定是可以取無餘涅槃的。這時自己就可以確定說：我無始劫以來所有的出生，到這一世已經斷盡了，不會再有後世的出生了；所應該修的梵行，我已經都建立了；對於出離三界生死應該作的事情，我也已經作完了；自己很清楚知道，不再接受後有了。」

舍利弗尊者只是這樣講述而已，要求已斷我見的焰摩迦比丘，進一步把對五陰的貪愛斷除，所以舉了五陰如同詐來親附的怨家作譬喻來說明，焰摩迦當場接受了，把對五陰的貪愛都斷了；由於他本來就有初禪的證量，所以這時焰摩迦比丘不起諸漏——欲漏、有漏、無明漏都斷除了，心得解脫，成阿羅漢了。多快！所以說，有善知識、沒有善知識，這兩者中間的差別是非常大的。人家證阿羅漢就像桌上取柑這麼簡單！那你說：「明心可能困難很多吧！」對！明心確實困難很多倍。可是我告訴你：「若有善知識指點，明心也是跟桌上取柑一樣簡單，就看你有沒有善知識的攝受。」就差這一點而已。大家都可以從舍利弗尊者說法的簡短過程中，以及焰摩迦比丘成為阿羅漢的法義中，觀察有沒有牽涉到證如來藏的事情？沒有！舍利弗說的都是世俗法蘊處界的虛妄，都只是把對於五陰的貪愛、執著滅除了。當焰摩迦確定無餘涅槃不是斷滅，也把對五陰的貪愛與執著斷盡了，他就知道死後不會再去投胎了，因為他很確定：自己堅決的願意把五陰滅掉。

滅掉五陰是很容易的，諸地菩薩都是如此實證的。覺得不容易滅盡五陰的人，都是因為惡見：**把五陰當作是常住法，不願捨棄**。最常看到的錯悟大師則是將六塵中的離念靈知心當作常住不壞的眞如法，落在意識常見中。由於不願捨棄五陰全部或局部的緣故，就必須不斷地投胎；每一世死了就趕快去投胎，就這樣一世又一世去投胎而生死不斷，無法脫離輪迴。如果已經如實瞭解五陰的全部內容了，也願意捨掉五陰，眞的下定決心了；這時假使還留有一絲絲對五陰的貪愛，特別是對離念靈知（就是識陰中的意識）只要還有一絲絲貪愛，捨報時就會出現中陰身。那也沒關係，中陰身境界中還是會記得生前所證的解脫道智慧，不會忘失的。到那個時候，自己再觀行，再勸令意根接受，等到中陰身七天的壽命終了時，就可以不再出生中陰身了，那就得解脫了，入無餘涅槃了，這就是中般涅槃，是三果人中最利根的人。

也許有人心中懷疑：「說的比唱的好聽！」可是事實卻是這樣。所以才說心解脫的阿那含，也能自知如何不受後有，原因就在這裡。假使眞的沒把握，那就等頭七過去了，又再出生一個中陰身，在第二個中陰身境界中再作觀行，再斷除最後剩下的我執。假使這樣也斷不了，歷經七次的斷我執觀行，在最後第七個中陰境界中還是可以斷除的。如果他的決心夠，一定可以斷，否則就一定不是利根的三果人了。斷除最後一分的我執以後，最後一個中陰身壞滅時不去投胎，就從此永滅；因爲中陰身最多只有七次，若沒有去投胎就會永滅，永滅了就是無餘涅槃了。

這阿含道（解脫道）的實證，根本與證如來藏無關，取證解脫果並不需要證得如來藏，所以阿羅漢不知道無餘涅槃裡面是什麼；因爲無餘涅槃之中，阿羅漢的色受想行識、阿羅漢的自我都不存在了，怎麼還能有阿羅漢知道無餘涅槃裡面是什麼呢？而無餘涅槃正是把阿羅漢們的五陰自我全都滅盡了。所以，阿羅漢們完全是因爲相信 佛的開示說：無餘涅槃中不是斷滅，有本際、有如、有實際、有本識常住，而這個本識無知、無見、無覺、無觀的獨存著，所以涅槃中是眞實、寂靜、離熱惱、常住不變，不是斷滅空。並不是只有在大乘法中才說「法離見聞覺知」，事實上是在原始佛法二乘菩提中就已經說過了：這個本識，**無知無見，比丘如是知見**。

經過上面這樣的解說以後，大家來觀察看看：阿羅漢對於無餘涅槃，對於他自己的所證，有沒有究竟樂？（衆答：沒有）是沒有啊！因爲無餘涅槃裡面是什麼，阿羅漢們都不知道；只是因爲相信 佛的開示，知道我阿羅漢滅了自己以後並不是斷滅空，在無餘涅槃中還有本識常住，而這個本識無知亦無見，不再有法樂了；所以阿羅漢證涅槃出三界時並不是究竟樂，這就是經文第二段的第二行所講的意思。因此勝鬘夫人才說：「**阿羅漢於一切無，行怖畏想住，如人執劍欲來害己。**」因爲所有的二乘行者都會恐懼入了涅槃以後無所有，因此他們於一切無，行怖畏想住，心中實在還是有一點擔心：雖然佛說入了無餘涅槃不是斷滅，可是我又沒有證實涅槃中是否眞的非斷滅。所以他們於蘊處界等一切無，心中仍有怖畏。可是雖然有怖畏，卻必須要進入一切無的狀態中，要把蘊處界全部滅盡，才能成爲無餘涅槃。他們的看法是：五陰就是怨家仇人，五陰如癰、如刺、如殺，所以要滅盡五陰。就像有人拿著劍要來害自己一樣，五陰就是那個拿劍來害自己的人，會導致自己無量劫中不斷生死。可是把五陰滅了以後，那個無餘涅槃中到底是什麼？不知道！佛說無餘涅槃中是眞實、是不變異、是常住，可是無餘涅槃中到底是什麼？阿羅漢們還是不知道啊！因爲不知道，所以無究竟樂。

接著勝鬘夫人又解釋說：「**爲何這麼說呢？世尊！依、不求依，猶如眾生無依。**」每一個眾生（彼彼眾生）都很恐怖，因爲很恐怖的緣故，所以就求歸依；「**猶如阿羅漢有怖畏，因爲有怖畏的緣故，所以依於如來。**」由這一句話來看南傳佛法，是不是值得你羨慕？是不是值得你崇洋？顯然不是，因爲眞實的所依是不求依的；只有眞正依於不求依的心（如來藏），成爲自歸依以後，才是眞實而且最究竟的依止。凡是求依的人，禪宗祖師就要罵他是「依草附木精靈」。眞正的究竟法，眞實的解脫，不變異的解脫，是無所依的；無所依才是究竟法，才是不變異法。

假使有人證得阿賴耶識以後，還想要求另一個如來藏，不知道阿賴耶識就是如來藏，那他就是依草附木的精靈。如果悟得如來藏以後，還要再尋求如來藏背後會有另一個所依，他不免會返墮意識境界而自以爲增上，這就表示他對佛法的理解與實證仍然還很粗淺，仍是新學菩薩，所以會把退轉誤以爲是增上。如果證得離見聞覺知的阿賴耶識以後，還想要尋找另外一個能夠有覺知的如來藏，作爲阿賴耶識的所依，這表示他的「我見」是還沒有斷除的。因爲眞實依是不求依的，有智慧的人都應該依不求依：依止於從來不求依止的如來藏心。

所證的心，若是必須依止於別的法才能存在的，就不是不求依的心；眞心就像《六祖壇經》講的「如日處虛空」，要像那樣的心才是不求依的心，才是眞心；眞悟的菩薩都是依於不求依的心，凡是依於必須有所依的心——意識——離念靈知心，都是錯悟的假名大師。太陽根本就不依止什麼，要像太陽那樣無所依的心——可以獨自存在無依的如來藏心，才是眾生的本來面目、本地風光。如果是有所依的離念靈知心，那永遠是依草附木精靈，不是大法王如來藏；離念靈知只是小鬼神，只能依著一株草（昆蟲）或一棵樹（人身或天身）作爲家來安住，不論他所依的天身有多麼廣大，都仍是小鬼神，不能稱爲「眞人」，所以說「依、不求依」。可是這個不求依的心，雖然是眞正的學佛人應該依止的地方，但是眾生都作不到，不能到無所依之地。所以，當每一個眾生都不知道這個無所依的境界，心中都沒有所依的時候，心中都會覺得很恐怖；因為心有恐怖的緣故，所以就只好求歸依。

同樣的道理，未悟實相的人，在佛門中一定要先作三歸依；為什麼要三歸依呢？是因為心有恐怖：我對解脫道沒有把握，我對佛菩提道沒有把握，那該怎麼辦？那麼我去歸依三寶，由佛法僧三寶來幫助我啊！可是當你成佛以後，你還要歸依誰嗎？那時是讓別人來歸依你了，不是由你去歸依別人了，那個時候你是究竟無所依的。所以，眾生都是害怕無所依，因此得要處處求依；當他們無所依止的時候，心中就有恐怖。

「如阿羅漢有怖畏，以怖畏故，依於如來」：又如同阿羅漢，他們仍有恐怖、仍有畏懼，由於恐怖與畏懼的緣故，所以阿羅漢要依止於如來。所以，在 佛陀還沒有指示他們四出弘法佈道之前，他們大家都跟在 佛陀身邊，不肯離開。你們會看到經中常常這樣寫著：「一時佛在某一個地方，與一千二百五十位大比丘同在一起。」這一千多人當然全部要托缽來獲得飲食。一千二百五十位大比丘，長年跟著 佛每天入城托缽，那市鎮如果窮一點，可能就應付不了；所以平時收成好就沒問題，收成不好時就不足以供養了。所以若遇到旱災飢饉時，佛就指示他們：你們四處去弘法佈道，不可以兩個人到同一個地方去，每一個人都要獨住一處而弘法。

「世尊！阿羅漢、辟支佛有怖畏，是故阿羅漢、辟支佛有餘生法不盡故，有生；有餘梵行不成故，不純事、不究竟故，當有所作；不度彼故，當有所斷；以不斷故，去涅槃界遠」：由此可見，阿羅漢們的心態都是要依止於 佛陀，他們都求 佛陀作爲所依：只要有 佛陀作依靠，他們就沒有恐怖；若沒有 佛陀作依靠，他們就有恐怖。「有恐怖、有畏懼的緣故，所以要依於如來。阿羅漢、辟支佛有怖畏，由於這個緣故，也由於阿羅漢與辟支佛還有剩下其他有生之法（異熟種子）還沒有斷盡的緣故，所以他們仍然有生，不能如同諸佛一樣究竟無生；他們還有剩下其餘應該修的梵行，還沒有修學成就的緣故，他們所修的佛法仍不是純粹的佛法；也由於不究竟的緣故，所以他們在佛道中還應當要有所作；他們也還沒有度到彼岸的緣故，所以還有一些不淨之法是他們應當要斷的；由於還沒有斷的緣故，所以他們離涅槃的功德還很遠。」

這一段經文，是南傳佛法的修行者最不喜歡聽的，所以他們從來不講《勝鬘經》，因爲他們不像印順法師有婉轉曲解的能力。對他們而言：《勝鬘經》是在貶抑他們所崇敬的阿羅漢！所以他們最不喜聞。可是爲什麼勝鬘夫人會這麼說？她的說法有沒有錯誤？當然我們必須要探究它。爲什麼說阿羅漢、辟支佛有餘生法不盡故，仍然有生？這是南傳佛法的那些大法師、大居士們弄不清楚的地方；因爲弄不清楚，又無法也不敢加以推翻，以免人家斥責是在誹謗聖教，所以私心中對《勝鬘經》很痛恨。那麼我們就來講解吧！

明明阿羅漢們都唱言說「我生已盡」，爲什麼勝鬘夫人卻說他們仍然有生？這是什麼緣故呢？因爲這法義太深了，很難瞭解，當然要有人加以正確的解說。請大家想想看：生有幾種生？生，有分段生，也有變易生。分段生，是說一個時段又一個時段的五陰出生；五陰的出生都是有時段的，所以叫作分段生。變易生，沒有分段，並不像五陰。五陰是分段的，入胎之後出生了，出生以後直到死亡時爲止，就是一段生死；這樣一段的出生完了以後，下輩子又有另一段的出生，這是分段生。阿羅漢的「我生已盡」是把這個分段生斷除了，可是他們都還有一種生，叫作異熟生。

異熟，是無記性的。分段生則是有記性的，因爲有善惡業行在影響著所生之處，所以眾生得要依照業種去受報，所以是有記性的，與善惡有關；可是異熟生與善惡無關，只有配合分段生而存在的異熟生，才可以說有記性的，因爲分段生含攝在異熟生中。阿羅漢斷了分段生死以後，如果願意再受生，還是可以繼續再出生的；可是繼續出生以後，換了一個五陰，上一輩子的意識永滅了，所以上一世所證的解脫慧就不見了，只剩下解脫慧的種子留存在本識田中；還要由此世意識再重新學習，才能使八識田中的解脫慧種子現行，重新再證得阿羅漢果的智慧；即使下一輩子修學不久又證阿羅漢果了，分段生又斷除了，可是異熟生還是繼續存在。

異熟生，是講如來藏中的種子繼續生滅不斷；在異熟種子不斷流注的過程當中，不斷地在換新，是去舊佈新而不斷在轉變種子的內容；因爲不斷地在轉變，所以阿羅漢仍然有異熟生存在，使得阿羅漢可以迴小向大而繼續受生不斷。所以，阿羅漢雖然說「我生已盡，所作已辦」，其實還有餘生未盡。由於生的法都是異熟生所攝的法，由於異熟生的法還沒有斷盡的緣故，所以雖然他們說「我生已盡」，從佛菩提來看，都是方便說，其實仍然還是有生的；因此他們的「我生已盡」，只是斷了分段生死苦的集而已。

而阿羅漢們說：「梵行已立。」梵行已立，就是修道。可是勝鬘夫人說：「**阿羅漢的有餘梵行不成故，不純事、不究竟故，當有所作。**」因此阿羅漢所講的「梵行已立，所作已辦」，並非佛菩提中的究竟地；若是改修佛菩提時，仍然還要再立更深廣的梵行，所作仍然還要繼續再作，所以有餘梵行不成。這是因爲還要進而修除習氣種子，可是習氣種子的修除，要歷經無量無數劫才能除盡；修除習氣種子，就是阿羅漢們應該要修的梵行，除非是不迴心的定性聲聞。

不純事以及**不究竟**，是因爲阿羅漢所修的道是阿含道、是解脫道，不是成佛之道。成佛之道，除了修解脫道以外，還得要修實相法而親證般若，還要具足一切種智；這樣來修學成佛之道，才能說是純事。而阿羅漢所修的只是解脫道，在佛菩提道中說他們所修的事相都不精純，而且他們也沒有究竟涅槃。換句話說，一切種子要修行到完全不再變易了，惡法的習氣種子也都滅盡了，這樣才能說他們所修法已經究竟；所以阿羅漢說「梵行已立，所作已辦」，其實仍然還是有餘梵行未行，所作諸事仍然還有許多未作，因此勝鬘夫人說阿羅漢與辟支佛當有所作。即使他們眞的作了，迴心大乘而證如來藏，也才不過是第七住位而已，還要內門廣修六度萬行之後，圓滿了三賢位的相見道功德才能進入初地的入地心中；雖然他們的解脫果已經等同八地菩薩了，但是他們的習氣種子都未曾斷除分毫，都遠不如初地心的菩薩，這就是他們的有餘生未盡，何況能與八地菩薩相比？而且，他們接下來還得要從初地起修十度波羅蜜，所以說他們是**有餘梵行不成就**，仍然必須繼續再進修，仍然有諸梵行是他們應當繼續再作的。

阿羅漢們說：「不受後有。」不受後有，就是證涅槃而不再受生了。可是勝鬘夫人說：「**阿羅漢們還沒有度到涅槃的彼岸，因為這個緣故，所以他們還應當有所斷。**」還要斷什麼呢？斷所知障。所知障中無量無數的上煩惱隨眠，都還沒有生起來變成**起煩惱**，他們又要如何去修？他們根本就相應不到，何況能生起？何況能進修？因此說阿羅漢們還沒有度到涅槃彼岸。因為，阿羅漢入了無餘涅槃時，他們自己已經不存在了，五蘊十八界都滅盡了，怎能說他們有到涅槃的彼岸？有到涅槃彼岸的是你們之中已明心的人，因為你們五陰還在，而涅槃的彼岸你已經到達了，你已經依止於如來藏的本來自性清淨涅槃了，已經現觀無餘涅槃中的**無境界**的境界了。

「涅者不生，槃者不滅」，你證得的如來藏從來不生亦不滅，轉依了祂，那你就是住在無餘涅槃中了。你已經住在涅槃中，是因爲你的五陰十八界仍然存在；假使你的五陰十八界滅盡了，怎能夠說你已經住在涅槃中？你已經不在了。阿羅漢、辟支佛正是如此，他們入了無餘涅槃時，他們自己都不存在了，已經滅盡了，怎能說他們有住在無餘涅槃裡面？所以勝鬘夫人說他們沒有到達涅槃彼岸。

因此，勝鬘夫人說：「不度彼故，當有所斷。」他們要斷什麼？要斷無始無明。當你破了無始無明，所知障的初分就打破了，然後開始思索要如何到達究竟佛地，這時你才算是已經與上煩惱相應了；過恆河沙數上煩惱斷盡了，才算是斷盡無始無明、斷盡所知障。可是阿羅漢還沒有跟無始無明相應，根本就不能打破無始無明，更別提上煩惱的相應；因此他們當有所斷——還應該有所斷，因此他們的「不受後有」也是方便說，不是究竟的不受後有。

又因爲仍然有所未斷的緣故，所以他們距離涅槃的功德還很遠。大乘法中講涅槃界，界就是功能差別，界就是功德——功能。可是依大乘法來看，阿羅漢與辟支佛這麼想：「我入了無餘涅槃以後，是蘊處界都滅盡了，一切法空了，還有什麼功能？」他們是想不通的。可是從菩薩來講：「我到達本來自性清淨涅槃的解脫境界了，這個涅槃法卻是如來藏；而如來藏心中大有功德，祂使我出生無量無邊的世間出世間法，讓我出生無量無邊的智慧，幫助我可以成佛，這才是涅槃。」這才是涅槃的功能差別，才是涅槃的功德。可是不迴心阿羅漢對於涅槃的這種功德，是一絲一毫都沒有親證的。

假使有人不信，你就請他去找一位阿羅漢來（當然現在是找不到眞正阿羅漢的），因爲那些所謂的阿羅漢，不論是南洋的或是中國的，他們都還落在意識心裡面。你們去看看南洋那些大師們，不管他叫作一行、阿姜通、阿姜查，還是什麼朗波田，他們來台灣教導時，都是說：你要時時警覺，吃時知道吃，走時知道走，想時知道想。都落在五陰裡面，只教你清楚分明，正好是想陰。我們瞭解了他們的法教以後，只能夠唱說：阿彌陀佛！那些不曾自稱是阿羅漢的人，且不談他。假使有人眞的能找到一位阿羅漢來見你，你就告訴他：「無餘涅槃有大功德，你知道嗎？」我跟你保證，那個眞正的阿羅漢（不是假的），一定會張口結舌，答不出話來，因爲他所知道的涅槃是：五陰十八界滅盡以後一切法空，只有眞識存在，所以沒有任何功德可說。所以他無法跟你說話，他最多就只能請問你：「無餘涅槃中有種種功德嗎？有種種功能差別嗎？」你說：「有呀！無餘涅槃也可以同時跨足在人間。」他會懷疑說：「還有這個法？」你說：「有，我們就這麼證的呀！無餘涅槃法是可以同時跨足於三界中，在三界中顯現出無比的功德。」他一聽，心想：「這個人不好對話！」他沒有辦法跟你談話，所以只好向你禮拜了就回去。

因此，眞實的涅槃界，不是入了無餘涅槃以後再去找的；說句老實話，入了無餘涅槃，你就找不到涅槃界了；因爲你已經不在了，怎麼找？而你無妨現在繼續有五陰、有十八界，但是卻可以現前觀照、現前領受、現前觸發無餘涅槃界而出現無量無邊功德，可是阿羅漢、辟支佛作不到。因此，勝鬘夫人說：「他們的有生已盡，其實仍有餘生未盡；他們說的梵行已立，仍然還有其餘梵行未立；他們說的所作已辦，也是有餘梵行應作；他們說不受後有，其實仍然是還有餘生。」菩薩能這樣思惟，也能如此現觀，你說大乘法是不是很妙？這確實是阿羅漢、辟支佛所無法想像的。但是你們親證如來藏以後，可以知道勝鬘夫人說的確實完全沒有假話；連聲聞阿羅漢以及緣覺辟支佛都無所了知，而你們了知了；那你想，這樣的妙法，你要讓那一些南傳佛法中的凡夫大師們聽了就信受你，其實是不可能的。

所以，還是要請諸位不要妄自菲薄，因爲法大、法勝、法妙，你得了這個法以後，你的心性就應該轉變，起尊重心。就像《金剛經》講的：這部經所在的地方，一切天人都應該恭敬供養；這部經是哪部經？就是「這部經」啊！（編案：「此經」是指如來藏妙心）這部經所在的地方，你們確實都應該恭敬供養。可能我講這句話太深了，但是你若破參了，你就聽得懂，確實是應該恭敬供養。所以不要妄自菲薄，雖然你剛悟的時候，也許感覺似乎沒有什麼；但是我告訴你，以後的深妙智慧，乃至未來進修到佛地的智慧，都是從今天這個開悟而開始觸發出來的，所以應當尊重。

勝鬘夫人接著說：「爲什麼我會這麼講呢？因爲只有如來應正等覺，才是眞實得般涅槃，才是眞正的成就一切功德的緣故。阿羅漢與辟支佛沒有成就一切功德，說阿羅漢與辟支佛有證涅槃，那是佛陀慈悲方便的說法。」所以我們以前在《邪見與佛法》中說：二乘聖人沒有得涅槃、沒有證涅槃。那時候出版不久，大陸就有人拿去照相出版；他們出版了以後，還廣寄各道場，結果好多道場才剛一讀：「不得了！這蕭平實這麼狂妄，竟然敢誹謗阿羅漢沒有證無餘涅槃，燒啦！」他們開始蒐集起來焚燒了，那時可能被燒了好多。可是今天他們有誰敢說阿羅漢眞的有證無餘涅槃呢？都不敢講了，因爲大家的知見都提升很多了，漸漸懂得我所說的法義了，也求證經典而印證無誤了。

所以說，阿羅漢、辟支佛證無餘涅槃，那是 佛陀慈悲方便說法來鼓勵他們；因爲弘法的過程中，必須先有他們能證無餘涅槃，爲眾生作證，眾生才會有具足信心，否則無法對 佛生起具足的信心。有了具足信心，然後才次第引入般若，讓他們安住於佛道之中，才會有漸教次第說法。因此，勝鬘夫人說阿羅漢、辟支佛沒有成就涅槃的一切功德，因爲單單叫他們上來講一段般若就不敢了，何況能有一切功德？連少分功德都沒有了！因此，說他們得涅槃，那是 佛陀權教施設的方便說。

關於解脫的實證，二乘人是滅盡五陰而得度，出離分段生死；滅盡五陰而不再受生，所以說他們親證無生。可是二乘的無生是將滅止生，這是禪宗六祖大師早就講過的；六祖當年俱舍宗很風行，禪宗是從六祖之後分爲五個宗派才廣爲傳開的，所以當時還是以俱舍宗的小乘聲聞法爲主，就在佛法興盛的河洛地區廣傳俱舍宗的二乘法，大多以俱舍論爲主。他們的無生，都是滅了五陰之後的無生，是不再出生五陰了；可是那叫作將滅止生，是用滅掉五陰自我來停止再出生。可是六祖說：我們禪宗的法是本來就無生，不是滅了以後才無生。因此說，二乘法是滅五陰而度，這是方便說得涅槃；其實滅了五陰以後，他們已被自己滅了而不存在了，當然他們沒有證得涅槃；說他們已證得涅槃，只是方便的說法。

他們又是滅煩惱而度，可是所滅的煩惱與大乘法不同；他們的滅煩惱是滅我見與我執的煩惱，所以捨壽以後，把蘊處界滅盡而不再受生，因此說不受後有。可是大乘也滅煩惱而得度，不但與二乘聖人一樣滅了我見、我執，但最主要的是同時滅了無始無明的起煩惱。無始無明打破了就是見一處住地打破了，我見當然也同時斷除了；因此而了知：**法界的實相，原來是本來就無生**。本來就不生，依止於實相心如來藏以後就永遠度過生死，是在生死之中就已經度生死了。

圓寂的眞義：圓寂其實就是涅槃。涅槃，玄奘菩薩譯得好，把涅槃翻譯作圓寂。圓寂是什麼意思？圓寂並不是死亡，圓寂是圓滿的寂靜。可是這兩個字不能隨便用，常常有人寫佛教界的訃聞：某某比丘已經在什麼時候圓寂了。這其實是在幫死者大妄語，因爲圓寂就是入無餘涅槃。所以中國佛教界往往會使人打妄語，這種公開的妄語已經打了很久了；你們要是不信，把〈慈雲雜誌〉翻開來看，幾乎每一期都有寫：某某比丘化事已滿，已經圓寂了。往往又寫：某比丘尼圓寂了。每一個人捨報時都能圓寂，眞奇怪！原來那些人生前都已經證得阿羅漢果了；原來台灣佛教界有好多人已經證得第四果了，爲什麼他們生前我們都不知道，而他們自己也不知道呢？！

涅槃翻譯作圓寂是非常好的，就是已經圓滿而寂靜了。爲什麼叫作圓滿而寂靜？圓滿是因爲你還活著，萬法仍然具足，但是卻已經究竟寂靜了；即使你每天去唱卡拉ｏｋ，去參加歌唱比賽，或者年輕女孩子去參加選美比賽，跟大眾嘻嘻哈哈地，照樣仍是圓寂。因爲二乘的圓寂不究竟，二乘的圓寂，是要把六根、六塵、六識都滅盡了才叫作圓寂；然而菩薩所證的圓寂，是本來就圓滿寂靜的。二乘聖人是從滅了我執以後，把五陰十八界全部斷滅，成爲無餘涅槃時才叫作圓寂；這是有始的圓寂，而且二乘聲聞法的這種圓寂，禁制一切法不得生起，十八界法俱滅。可是菩薩所證的圓寂不一樣，是本來就圓寂，是無始劫以來到現在一直都圓寂的；未來世即使仍有胎昧，還是圓寂不變的；而且大乘法中這個圓寂，並不禁制一切法的生起，在本來圓寂之中，萬法照樣生起，但如來藏心卻仍然住於圓滿寂靜的狀態中，永遠不會取六塵，可是照樣能生一切法，無妨六塵等十八界法照樣繼續生起。

阿羅漢們聽了，心想：「這是什麼涅槃？」不懂！只好搔搔後腦勺，不知道該怎麼回答了；但是你們證得如來藏以後，不正是如此嗎？這是可以親證而現觀的，並不是想像而知的。所以，勝鬘夫人對二乘聖人的評論，完全沒有誇大其詞；只有依止於 佛陀修行佛菩提道，所證的涅槃才能夠說為涅槃界，才能夠說是成就一切功德。界就是功德、功能。阿羅漢、辟支佛所證的涅槃不能成就一切功德，他們的圓寂就是滅盡一切法。所以《勝鬘經》真的很清楚的說明了、示現了大乘法的「大」，是什麼原因而能被稱為大乘？就是因為這個法真的太偉大，不是二乘聖人之所能知。

假使我只是沒有根據、沒有實證的自我高舉，那麼會中所有明心的人，恐怕都會在下課以後到處打電話說：「蕭老師說法不實在，騙人！」但我們已經如是講，而且講十幾年了，為什麼你們不會到處打電話去否定？因為我所說法都是如實語。我是依照 佛陀所說加以親證之後，不虛誑而說。我沒有騙過諸位，你們明心的人一面聽，一面當下現前觀察，都可以證明確實是如此，這就是大乘法的可貴處。大乘法並不只是思想的層次而已，而是可以親證的；所以不該把大乘法單單作為研究的對象，而應該作為求證的對象與親證的內涵。

這一段經文講完了，我們再來看看印順大法師，他對這段經文的註解又有什麼過失。這一段經文中說「**如人執劍欲來害己，是故阿羅漢無究竟樂**」，印順法師解釋說：【「**阿羅漢於一切無行怖畏想住**」，這可作二釋：一、約有餘依說：一切行是生死流轉法，一切無行，即無生死的涅槃。羅漢雖說已了生死，於涅槃中住，但還有怖畏心。】（正聞出版社．印順法師著《勝鬘經講記》p.135）

這是他的《勝鬘經講記》一百三十五頁講的，我們看他這個講法到底是通？還是不通呢？他第一個問題就出在不瞭解經文的意思，因此就產生了錯誤的斷句。阿羅漢們，是在一切無的想法中，產生了怖畏想的心行，他們的心行是落在怖畏想當中安住的；但是印順斷句說：「阿羅漢於一切無行怖畏想住」，那意思就完全不同了。阿羅漢都是很喜歡一切無行，所以你叫阿羅漢到處去攀緣，他們可不喜歡。你若邀請他說：「**我們去美國觀光好了，你**

的機票、食宿，一切都歸我打點，我供養。」他們也不想要；寧可每天吃一餐就好，然後樹下坐，或者山洞裡坐，然後入滅盡定。他們寧可這樣，才不想去觀光呢！那你也許說：「台灣的素食太好吃了！我請你到台灣來，我們有好多家素食館，夠我們輪流吃上整整一個月。」但是他們一點興趣也沒有，寧可在樹下入滅盡定。所以阿羅漢是樂於「一切無行」的，不是如印順所說的「於一切無行怖畏想住」，而是「於一切無，行怖畏想住」。

假使阿羅漢樂於一切行，於一切無行中產生了怖畏想而安住，他們還能安住嗎？他們當然都要極力追求五塵了，還能夠是寂靜無行的阿羅漢嗎？眞不知印順到底懂不懂佛法，眞不知他怎麼會這樣斷句的。「阿羅漢於一切無行怖畏想而安住」，對一切無行產生了怖畏想時，還能安住嗎？那時都恐怖死了，哪能安住呢？所以印順這個斷句，眞的只能奉送他四個字：莫明其妙。阿羅漢是樂一切無行的，他們的怖畏想是因爲一切無——尚未實證無餘涅槃中的本際，只是信受佛語而知道涅槃中不是斷滅空；但阿羅漢對涅槃中的實際，尚無智慧能加以證實，所以他們心中仍然有疑根存在，於是對滅盡五蘊後的涅槃境界，都只能行於一切無中；在這樣的心態背景下，當然他們的心行都不免會在怖畏想中安住。

阿羅漢們不管證量多麼深，即使是三明六通的俱解脫大阿羅漢，他們將要入涅槃之前，還是會閃過幾個念頭：無餘涅槃中眞的有根本識存在嗎？根本識眞的存在不滅嗎？無餘涅槃中的根本識是什麼？他們那時心中還是會閃過幾個念頭的。因爲仍有微細的疑心存在著，恐怕入涅槃以後會成爲斷滅空，所以說阿羅漢於一切無是行怖畏想住的，不是於一切無行怖畏想住；因爲若對於一切無行產生了怖畏想，那時可就不會安住下來了，一定會走作，會每天去見 佛請問：「這樣對嗎？這樣對嗎？我們滅了以後是不是一切法空？是眞的有涅槃實際獨存嗎？」他們一定會這樣子每天走作，既有怖畏想，就不可能安住，當然是樂於一切行而不是樂於一切無行的。所以，一個人有沒有證如來藏，有沒有發起般若的根本無分別智、後得無分別智，其差別就在這裡可以看得出來了。經文讀不懂，而自以爲懂，一旦斷句出來，懂的人一讀就知道他不懂了！所以在這一句經文的註解中，他說阿羅漢沒有究竟樂的原因，的確是錯誤的解釋。

在這段經文中，把辟支佛和阿羅漢並列，說他們有餘生法不盡、不純事、不究竟、不度彼，因此說他們去涅槃界遠，因爲他們的無餘涅槃證境是相同的，同樣是未曾實證無餘涅槃的功能，所以去涅槃界遠。這一段經文就講解到這裡，把這一段經文作了如實的解說，讓諸位可以清楚的把大乘菩提與二乘菩提的差異，作一個詳細的瞭解。然而是否這樣就已經具足瞭解了大乘與二乘的差異呢？其實不然，還有很多的差異需要再講解：

【「唯有如來得般涅槃，成就無量功德故；阿羅漢、辟支佛成就有量功德，言得涅槃者是佛方便。唯有如來得般涅槃，成就不可思議功德故；阿羅漢、辟支佛成就思議功德，言得涅槃者是佛方便。唯有如來得般涅槃，一切所應斷過皆悉斷滅，成就第一清淨；阿羅漢、辟支佛有餘過，非第一清淨，言得涅槃者是佛方便。」】

講記：接著勝鬘夫人說：「只有如來證得般涅槃。」爲什麼只有如來而不包括菩薩呢？因爲菩薩還沒有究竟到彼岸；菩薩雖然到彼岸了，仍然不究竟，所以菩薩還要在生死海中陪著眾生，等到他該度的眾生能到彼岸了，菩薩就可以究竟般涅槃而成佛了。所以如果菩薩出來度眾生，害怕他的徒弟得他的法，就會被諸地菩薩叫作**笨菩薩**；因爲他的徒弟越晚成熟，他成佛的時間就會拖越久。這麼簡單的道理，他卻不知道，所以說他笨。如果他的徒弟們得度的因緣都提早成熟，他就提早成佛了，因爲他的福德具足了。所以菩薩還沒有究竟般涅槃而成佛的原因，是因爲他該度的眾生成就的因緣還沒有成熟，所以他必須陪著眾生繼續生死不斷。所以，看來很傻的菩薩，其實才是有智慧的菩薩；看來很聰明的菩薩，這裡也留一手，那裡也留一手：「**你們大家都慢慢學，我自己趕快走。**」這位菩薩其實是「**得便宜處失便宜**」，菩薩法界中就是這樣。所以有一句閩南話講得很好：「**傻人才有傻福，傻人有福氣，因爲天公疼傻人。**」事實上也是這樣，所以說只有如來是究竟得般涅槃的，菩薩所得的般涅槃都還不究竟。

如來爲什麼已得般涅槃呢？因爲如來成就無量功德的緣故。成就無量功德這件事，還是要再回頭來講；因爲，無量功德四字表示如來的得度，不同於二乘聖人的得度：二乘聖人所證的無生，是滅五陰而得度，其實是不度生死的；二乘聖人是滅煩惱而得度，大乘度過生死彼岸的無生，卻是本來就無生，是常度生死的；而所謂的圓寂，本義是圓滿而寂靜，不是死的代名詞。

這些不同，應該有人詳細的加以解說，特別是在這些異同及圓寂眞義已經不明的現代。

滅五陰而度：二乘聖人的功德，我們剛剛講過，他們是滅五陰以後不再受生，所以後世五陰不再出生了，當然就沒有五陰我可以到達生死的彼岸上安住，是空掉了一切法，再也沒有蘊處界留存了，只剩下離見聞覺知的本際獨存而不再生起蘊處界，因此二乘涅槃的所有功德都被禁制，無法再生起任何一法了。當他們入了無餘涅槃以後，一切世出世間法全部滅盡，只剩下本際獨存，還能有什麼功德可說呢？當然沒有。所以聲聞聖者所證涅槃的功德是有量的，那個功德就只是他們自己捨報以後入了涅槃，不再有後世的生死，就不能再出生後世的自己，也不能再利益眾生，也不能到達涅槃中的本際，滅了生死以後就沒有任何功德出現了。

滅煩惱而度，不滅五陰，在生死中已經住於生死的彼岸：菩薩證得本來自性清淨涅槃以後，已經住在生死彼岸了，但是卻同時也在生死此岸中，不斷地顯現解脫與般若實相智慧的功德來利樂眾生；菩薩這個境界還沒有到達究竟的地步，而如來已經到達究竟的地步，所以是成就**無量功德**。阿羅漢與辟支佛所成就的涅槃功德都是少量的，因爲他們都只能在入涅槃之前，隨分、隨緣、隨力去利樂眾生，最多就只有這麼幾十年；等到捨報時間到了，入了無餘涅槃，全部功德便都消失而不現前了，所以是少量，無法與菩薩無量世利樂眾生相比。而且他們是一世就滅掉五陰而說是得度生死，但菩薩仍在生死中，仍保有五陰生死之時就已經住在不生不死的涅槃彼岸了，是正在生死之中而同時跨足於涅槃彼岸的；所以，菩薩是滅煩惱而得度，不滅五陰，是本來就已無生；二乘聖人得度，卻是滅盡五陰、灰身泯智才算是得度。說二乘聖人證得無餘涅槃、有餘涅槃，其實都是 佛陀的方便說，事實上他們並沒有眞的親證涅槃。只有如來眞正的得到般涅槃，因爲如來成就不可思議功德的緣故；菩薩則是分證如來所證的般涅槃功德，而阿羅漢、辟支佛只能成就可思議的功德，他們都無法了知菩薩所證涅槃的功德。

由於阿羅漢、辟支佛成就的功德是滅了我見與我執，因此示現清淨梵行，在清淨梵行當中接引眾生，而眾生不可能每一個人都跟著他出家修清淨梵行。如果每個人都跟著他出家修梵行，那寺院裡面就得要安爐灶，要種植，也要織布了，出家人就不可能繼續存在了；所以他們不可能度大家都跟著一樣的出家，不可能度大家都跟著他們一樣的出家修清淨梵行去「證涅槃」，所以他們的功德都是有量的。但是菩薩跟著諸佛修學，依止佛菩提，大部分人是心出家，卻不一定要身出家；所以菩薩們證道之後，可以有一部分人出家，大部分人仍然不出家；特別是入地的菩薩們，大多數是示現在家相，卻無妨已是生如來家的眞正佛子，名爲菩薩僧；地上菩薩假使出家了，大部分人也都不想受聲聞戒而現聲聞相，多數是只受菩薩戒而不受聲聞戒，這樣示現在家相而出家修梵行；這就是 文殊、普賢……等出家菩薩們的在家法相的由來，但他們其實都是出家人，比聲聞羅漢們更有資格說是出家人。

菩薩們的觀念中，只要心出家就夠了，不必一定要身出家；這樣一來，所有的出家菩薩們，就可以有許多人供養護持。既然可以有很多的在家菩薩，都是心出家而身不出家；大部分學法者也都可以跟著如此修學，都是跟他一樣的親證，同樣是身在家而心出家，那麼世間的一切營生諸事就都不會荒廢了。而出家的菩薩們也都不必顧慮：**大家都出家了，誰來供養？誰來護持正法？**所以，佛菩提所斷的煩惱與二乘菩提有異有同，但是佛菩提的實證卻可以成就無量的功德，非阿羅漢之所能知；而這個無量功德修到佛地時，就會成爲連菩薩們都不可思議的功德，因爲能利樂的眾生無邊無際，所以諸佛所度的菩薩弟子，在人間的數目都是遠比聲聞教中的弟子眾更多。在天界、鬼神界所度的菩薩弟子，那可就無邊無際了。所以律經中曾說：佛陀說一次法，數億人天得無生忍。雖然其中有八萬人退失了，但是比起那幾億天人證悟不退，還是很划得來，退失的人數顯得很少了。所以說，到達佛地時，佛所證的涅槃並不禁制一切法的出生，所以能成就不可思議的功德；菩薩們就這樣跟著 世尊修學佛菩提，使得二乘聖人完全不能思議；而二乘聖人所成就的功德是可思議的功德，因此，說二乘聖人已證得涅槃，都只是 佛陀慈悲方便施設的說法。事實上，只有如來得般涅槃，一切所應斷的過失全部都已經斷滅，因此成就第一清淨；菩薩仍然沒有究竟清淨，所以不敢僭稱已得般涅槃。

阿羅漢們還有許多過失沒有斷盡，把它作個歸類，主要有兩類：第一類是煩惱障中的過失。這就是說習氣種子沒有斷除，所以阿羅漢被人家責備時還是會稍微生氣，但他絕對不會罵人；當他氣起來，不跟你講話了，轉頭就走了！有時候會說「你不可理喻」就走了。但是菩薩就不會，菩薩會慢條斯理爲對方說明：你這個法爲什麼不對，什麼才是對的。總是一部分、一部分的詳細解說，這就是已在滅除習氣種子，不讓習氣種子現行而漸漸枯萎了，所以菩薩才能成佛。菩薩就這樣一生又一生不斷去滅除，最後終於把習氣種子全部滅盡了，異熟生死的種子變異現象就滅除掉一半了，剩下的只是所知障所攝的上煩惱隨眠了。

但這個滅習氣種子，是要經歷十方三世三大阿僧祇劫以後才能滅盡的；所以在這個滅習氣種子的過程中，有時候是在娑婆滅，上一世可能是在琉璃光如來那邊滅的，下一世又可能跑到極樂世界去滅了；這樣到處去歷緣對境而滅習氣種子，都是親到十方世界去修行的結果，然而卻都只是在普賢身中修行。普賢身是哪個身呢？就是這個身！也就是如來藏身。這就是菩薩所行的無量普賢行，而諸佛已經究竟圓滿了，所以不可思議；因此，如來是第一清淨的成就，二乘人連基本都作不到。

二乘聖人的第二個過失，是因爲所知障中無量的上煩惱隨眠都不曾也無能力斷除。不能斷除的緣故，所以也不能度過變易生死，仍然有異熟生死，這是他們的第二個過失，所以他們不可能成就第一清淨。而如來連這個過失也全部斷盡，成就了第一清淨，這時候才是究竟的圓滿、究竟的寂滅，因為連最微細的上煩惱都已經斷盡了。所以阿羅漢、辟支佛都還有習氣種及上煩惱等過失，他們並不是第一清淨，他們連菩薩們的證境都無法達到；因此他們所得到的涅槃，都是 佛陀施設方便而說已經證得涅槃，其實他們並沒有眞的證得涅槃。為什麼諸佛可以是究竟的涅槃，而阿羅漢們不行？因為阿羅漢心中仍有恐怖、仍有畏懼，仍有極多的無明存在，所以對他們所不知的部分，仍然會有妄想生起，那就不是究竟的圓滿與寂靜。所以菩薩們的心境，二乘聖人無法想像，更何況是諸佛的心境！因此這一段是從無量功德的成就，不可思議功德的成就，以及清淨的究竟與否，來說明二乘與大乘的差異所在。

在這一段經文中，關於「非第一清淨」一句，我們來看看印順法師怎麼註解：【「成就第一清淨」，清淨即一切眾生本具的法界性或如來藏性。雖本性清淨，而佛的無漏法界，為最清淨法界，是遠離了一切煩惱及所知障所顯，所以名第一清淨。】（正聞出版社．印順法師著《勝鬘經講記》p.140 ～ p.141）

現在問題又來了，印順一直在否定如來藏，說如來藏是外道神我——說如來藏法富有外道神我的色彩，那他這裡爲什麼又說清淨就是如來藏性？如來藏性既是清淨的，又是外道梵我、外道神我，那麼外道神我應該就是清淨的囉？那麼外道的神我就不該是外道法了，就應該是沒有我見與我執的了。這是不是應該這樣呢？因爲甲等於乙，乙等於丙，那麼甲應該就等於丙了，這是世間法不可改變的定律。印順的書中常常有這種自相矛盾、自相衝突的地方，太多、太多了，眞的不勝枚舉。可是爲什麼竟有那麼多人還在迷信，還在盲目的崇拜他呢？人之無智，已至於斯，不得不令人感歎。

印順既然這裡又說「遠離了一切煩惱」，那就要探究**一切煩惱**是指什麼？依照印順的說法，聲聞解脫道即是大乘成佛之道，解脫道的成就即是成佛之道的成就，那麼阿羅漢們應該都已成佛了，阿羅漢們也應該都已遠離一切煩惱了，但是所知障所攝的上煩惱，爲什麼阿羅漢們都仍然不知道？習氣種子的微細煩惱，阿羅漢們爲什麼又是都沒有斷除？

既然印順在這邊又提到了所知障，說第一清淨是由於遠離了所知障而顯示出來的，所以叫作第一清淨；那麼請問：原始佛法中的第一轉法輪聲聞道——四阿含諸經中，有哪個地方講到所知障名相？又有哪個地方說明了所知障的內涵？又有哪個地方說明了所知障應該如何斷？事實上，都沒有。阿含聲聞道中從來沒有談到所知障與它的斷、證，而印順說阿含聲聞道就是成佛之道，顯然他的成佛之道是有大過失的。由印順法師這一段文字中所顯示的意思，正好就是這樣。所以，你如果要找印順的過失，其實是無量無邊、說之不盡的。假使眞要把他所有的過失都寫出來，至少可以寫成《妙雲集》的五大部數量；因爲他簡單一句話，你一定要運用四、五倍乃至十幾倍的文字才能解說清楚。根據他的一部《妙雲集》一一加以辨正，你就得要寫出至少五部篇幅的《妙雲集》，卻只是爲了辨正他的錯誤，你說這個工程是不是很浩大而且費時？眞要這樣做的話，可眞是浪費人力與物力了！

諸位今天都拿到雨傘了沒有？都有拿到了嗎？第二講堂、第三講堂的同修們有沒有拿到？我們今天的講經，可能會在結束前，要把這支雨傘的內容送給諸位了。也可能要到下一週開講時才會用到。

【「唯有如來得般涅槃，爲一切衆生之所瞻仰，出過阿羅漢、辟支佛、菩薩境界，是故阿羅漢、辟支佛去涅槃界遠；言阿羅漢、辟支佛觀察解脫四智，

究竟得蘇息處者，亦是如來方便、有餘、不了義說；何以故？有二種死，何等爲二？謂分段死、不思議變易死。分段死者，謂虛僞眾生；不思議變易死者，謂阿羅漢、辟支佛、大力菩薩意生身，乃至究竟無上菩提。二種死中，以分段死故，說阿羅漢、辟支佛智我生已盡；得有餘果證故，說梵行已立，凡夫人、天所不能辦。七種學人，先所未作；虛僞煩惱斷故，說所作已辦。」

講記：勝鬘夫人在這一段經文中，特別把二乘與大乘之間的巨大差異提示出來。她說：「如果眞要說是證得涅槃的話，其實是只有如來才能說是證得涅槃的。」因爲涅槃有四種，其中二種並不是二乘聖人所能理解的。二乘聖人所理解的涅槃，只是有餘涅槃與無餘涅槃。涅槃有四種，爲什麼說只有如來得般涅槃，是被一切眾生所瞻仰，而超過阿羅漢、辟支佛以及菩薩的境界，因爲如來的涅槃才是究竟的。這法義甚深極甚深，所以就不得不略談四種涅槃的內容了。

阿羅漢、辟支佛所證的涅槃，只是斷我見、我執和我所執，這三個執著斷除以後就可以出離三界生死——斷分段生死。他們有兩種涅槃，第一是有餘涅槃，是說他們入無餘涅槃之前還有餘苦所依，他們剩下的苦就只是由於色身引生的寒熱痛癢老病等等，這些苦對他們來講都是微不足道的；但是他們畢竟仍有這些苦存餘著，所以說他們的色身是餘苦所依，但卻已經可以在捨壽時入無餘涅槃了，所以稱爲有餘依涅槃。等他們捨壽時，把五蘊十二處十八界全部滅盡了，就再也沒有冷熱痛癢老病等苦，生死之苦也都不再有了，所以就叫作無餘依涅槃；入了無餘涅槃以後，十八界都滅盡而不再出生三界有了，所以就沒有任何微苦所依，只剩下如來藏（本識）獨存而離見聞覺知的常住不變、究竟寂滅。

當然，在阿含道中對於有餘涅槃的解釋，其實還有另一種：三果人仍有餘惑未斷而稱爲有餘涅槃，那意思就不太一樣了。那就是說，斷了我見，三縛結已斷，是見惑斷了證得初果，可是思惑還沒有斷除，所以仍有餘惑待斷，因此他將來雖然可以不生，但是還得要經過七次人天往返，才能出三界；他必須再度生來人間，並非不再生於人間而次第進向無餘涅槃，不是生般涅槃、上流般涅槃的聖者，所以仍然未證涅槃，不是眞正的聖人。必須進修而斷除欲界愛，成爲欲漏心解脫的三果人，不再來生於人間，才是眞實的二乘聖人；初果、二果被稱爲聖人，從聲聞解脫道二種涅槃的實證者來看，都只是方便說。此時的三果人雖得涅槃，但仍有餘惑未斷，便稱爲有餘涅槃。所以三果人都屬於有餘涅槃，這在阿含部的經中有一、二處地方有這樣的說法（編案：詳見平實導師在《阿含正義》書中所舉的教證與細說）。這些涅槃都統稱爲二乘涅槃，就稱爲有餘涅槃、無餘涅槃。

可是當阿羅漢們捨壽前，無餘涅槃裡面究竟是什麼，他們都不曾瞭解；入了無餘涅槃以後，他們自己不存在了，所以也無法瞭解無餘涅槃裡面是什麼境界，所以他們始終無法知道無餘涅槃中的境界。因此，菩薩在賢位的第七住證得**本來自性清淨涅槃**，現觀如來藏是本來就涅槃的，如來藏的自性運作而顯現出眞如性時卻能同時出生萬法，而如來藏在萬法中運作時卻仍然是本來就涅槃的，這都是二乘聖人所不能知，所以二乘的涅槃是不究竟的；即使淺如賢位第七住菩薩所證如來藏的本來涅槃，他們就已經無法了知了。如果菩薩進而修學相見道位的般若別相智，乃至進修一切種智究竟成佛，所知障的一切無明（也就是上煩惱）全部斷盡，這更不是阿羅漢們所知道的。

菩薩從初地起就已經開始斷除習氣種子，這個斷習氣種子的工作，使得菩薩成佛時沒有絲毫的習氣存在，這也不是阿羅漢們所知道的；由此緣故，諸佛不但如同阿羅漢們一樣斷除分段生死，也斷盡所知障所攝的上煩惱隨眠，並且斷盡煩惱障所攝的習氣種子隨眠，使得如來藏中所含攝的異熟種子不再變異了，這時連種子的異熟生死都斷除了，也就離開異熟生死（變易生死），因此說諸佛都離分段生死及變易生死，由此而說諸佛不住生死中；但卻又因爲初入地時所發的十無盡願所持，永遠不入涅槃，故又不住涅槃中；如此，不住生死亦不住涅槃，名爲**無住處涅槃**，這是只有佛地才能證得的。由此而說諸佛具足證得四種涅槃，因此只有如來得眞實究竟的涅槃，是一切眾生之所瞻仰。菩薩入地以後，雖然也能取證有餘、無餘涅槃，但因爲都留惑潤生，故說諸地菩薩不證二乘聖人的二種涅槃，只證本來自性清淨涅槃，卻都是有能力取證二乘涅槃的。

假使如同印順所說**二乘聖人的涅槃是與如來一樣的**，那麼菩薩就不必瞻仰如來了；因爲菩薩的本來自性清淨涅槃，阿羅漢是尚未親證的，而諸地菩薩都有能力取證無餘涅槃的；假使如來與阿羅漢的證境一樣，如來就應該是與阿羅漢們一樣尚未親證本來性淨涅槃的，那麼菩薩們又何必瞻仰如來呢？菩薩反而不必依止及歸命於如來了。可是菩薩們卻又全都對諸佛如來恭敬無比，顯然菩薩的證量是遠不如諸佛的；而阿羅漢們的涅槃證量是諸地菩薩所知，而且是能證而不證的；菩薩所證的涅槃卻是諸阿羅漢們所無法臆測的，顯然二乘聖人的涅槃絕對不可能與如來完全一樣。

如果印順的說法可以成立：如來所證的涅槃是跟二乘人完全一樣的。那麼二乘人成爲阿羅漢，或者聞佛說法而具足辟支佛的功德以後，又何必要深心恭敬依止於如來呢？又何必常常要請 佛開示尚不能知的涅槃等正理呢？所以如來的涅槃必然是出過一切眾生的，包括等覺、妙覺菩薩在內；因此一切眾生都要瞻仰如來，因爲一切如來的涅槃是超過阿羅漢、辟支佛以及所有菩薩的。而阿羅漢與辟支佛所知的涅槃，只能說是少分了知，他們連菩薩所證的**本來自性清淨涅槃**都不可能有絲毫的瞭解，何況能了知諸佛的無住處涅槃？所以說：阿羅漢與辟支佛距離究竟涅槃的功德仍然非常遙遠。這裡經文講**涅槃界**，**界**又名種子，又名功能差別；既然說是涅槃界，所以大乘涅槃是有功能的，並不是像二乘涅槃一般只能滅盡蘊處界而無種種法界功能。

接著我們來看看印順法師對這一段經文是怎麼註解的，印順法師說：【如來般涅槃，是超勝過二乘果德及大乘因地。菩薩，即大乘因位；就是最後身菩薩，也不如佛。約此義，也可說會三乘歸一佛乘。「是故阿羅漢辟支佛，去涅槃界遠」。上文說佛超過三乘境界，而結說，但明阿羅漢、辟支佛。這因為，二乘極果，自以為所證的涅槃是究竟的，而菩薩從來即以成佛為究竟，不以菩薩為究竟；所以佛超勝菩薩，而**不須說菩薩去涅槃界遠**。所以說二乘涅槃是方便，是權說，不能說大乘涅槃是方便權說。**古代於三乘外，別立究竟一乘，實在無稽！】**（正聞出版社．印順法師著《勝鬘經講記》p.141 ~ p.142）

我們來看印順這裡的說法是如何地自相矛盾，他充滿了偏見，充滿了對聲聞佛法的愛戀情結，所以處心積慮對大乘法加以曲解，乃至最後一句結論竟然可以完全違背前面自己整段文字中所說明的意涵。這樣的文字與居心，恐怕司馬昭也不能與他比擬；當我們看清楚他的居心與作法以後，深覺他的深沈與固執確實無人能比。

印順在這段文字中說「不須說菩薩去涅槃界遠」，這個道理的眞正意思，是我們在前面所講的正義。但是印順這一段的第三行起：「**上文說佛超過三乘境界，而結說，但明阿羅漢、辟支佛。這因爲，二乘極果，自以爲所證的涅槃是究竟的，而菩薩從來即以成佛爲究竟，不以菩薩爲究竟。**」印順的意思是說：菩薩因爲還沒有成佛，所以不以爲自己的涅槃是究竟的。但是問題來了，他所說的涅槃實證中，並不承認有菩薩所證的**本來性淨涅槃**，也不承認佛的**無住處涅槃**；他認爲涅槃就只是阿含聲聞道的有餘與無餘兩種，所以全部的涅槃就只是阿羅漢與辟支佛的所證；既然如此，菩薩有沒有成佛都不重要了，因爲菩薩只要把見惑與思惑斷盡，就跟阿羅漢一樣，跟辟支佛一樣，只要繼續久修福德就可以成佛了。

而且修到未來成佛以後，菩薩的涅槃還是跟二乘聖人所證的涅槃一樣，只是因爲修了很多福德，又斷盡了習氣，所以能成佛；這樣子，菩薩成佛時的涅槃，仍然是跟阿羅漢、辟支佛相同的，因此印順才會說：**不須說菩薩去涅槃界遠**。如果對於他所**隱說**的這個道理連貫不起來，他的《妙雲集》等書籍所要表達的意思就無法確實掌握；能把他這個中心思想連貫起來，再來閱讀他的所有書籍，你就可以成爲印順思想專家，遠比印順派的所有門徒都更瞭解印順。

然而印順以上的說法，都是強加扭曲以後的解釋。因爲成佛所證的涅槃，是要把如來藏中所有種子的變異完全斷盡，這是必須經由所知障（無始無明中的上煩惱）的斷證，以及煩惱障中的習氣種子隨眠的斷盡，才有可能使如來藏中的種子不再變易而達成的。但是這樣的斷證，卻必須依如來藏及其含藏的一切種子的斷、證才能達成，而印順卻是極力否定如來藏實存的人，怎能達到佛地斷除二種生死的境界？印順所講的佛教涅槃的定義是：佛的涅槃與二乘涅槃是一樣的，只有有餘與無餘涅槃二種可修、可證。可是這樣一來，佛的涅槃就必然會與菩薩、阿羅漢、辟支佛的涅槃完全相同，顯然大乘涅槃跟他這一段文字所講「不須說菩薩去涅槃界遠」，是相差很大的，所以一定兜不攏，但是他的門徒們都沒有人發覺到他這個過失。

實際上，勝鬘夫人在這段經文中不說**菩薩去涅槃界遠**（去：意為距離），是因為涅槃有功德，這個功德是分明顯現出來而被菩薩們受用的，也是一直都被眾生所受用的，只是眾生日用而不知，可是菩薩已經了知了。因為菩薩證得如來藏以後就發覺：原來涅槃就是如來藏，而如來藏雖然恆住涅槃之中，卻又能不斷的有種種界出生，所以才有十八界出生，有五陰界出生，有六入、十二處界出生，還有其他的種種界出生，是諸地菩薩方能知之。界就是種子，種子就是功能差別。菩薩證得如來藏之時，就已看見所有眾生的如來藏有種種功能差別出生，但這個功能差別是從涅槃中出生的，因為涅槃就是如來藏；所以菩薩從來沒有離開涅槃界，當然不能說菩薩去涅槃界遠。

可是這個道理，印順是完全不知的，然後強作已知來解釋這一句經文，所以就出問題了。因此他說的「不須說菩薩去涅槃界遠」，是因為佛的福德遠遠超勝於菩薩，而所證的涅槃同樣都只是二乘聖人所證的有餘與無餘涅槃，所以不須說**菩薩去涅槃界遠**。如果依照印順的道理，菩薩的涅槃也是與聲聞聖人一樣的，那就應該要說菩薩也是去涅槃界很遠，而不是不須說。如果菩薩是因為不如佛，所以去涅槃界遠，顯然菩薩所證的涅槃是不同於二乘聖人而遠超二乘聖人的，但卻仍然去佛極遙，所以在阿羅漢、辟支佛後面應該還要加上菩薩，因為同樣都是**去佛地很遙遠**。然而菩薩比起二乘聖人來說，可以算是去佛地已近，不像二乘聖人與佛地的距離仍有三大阿僧祇劫一般的遙遠。所以他對這一段經文的註解都是講不通的，但是這個過失，沒有人能評斷他，沒有人能辨正他，只有我們正覺同修會才有能力辨別。

第二個部分，他在前面已經引經據典，根據經文依文解義的部分，原則上並沒有大錯。他說二乘人是離涅槃界很遠的，可是他接著作結論說：「所以說二乘涅槃是方便，是權說，不能說大乘涅槃是方便權說。」既然他認爲二乘的涅槃就等於佛的涅槃，那就應該菩薩遠不如二乘，那麼不如二乘的菩薩涅槃當然更應該是權說了，他應該這樣說嘛！怎能又說「不能說大乘涅槃是方便權說」？眞是自語相違的說法。

印順又作出最後結論說：「古代於三乘外，別立究竟一乘，實在無稽！」印順既然在前幾句依文解義時，已經說二乘不如大乘了，顯然所證法與境界都不相同，那當然得要建立三乘；而二乘聲聞法的二乘涅槃都不能使人成佛，只有大乘法的四種涅槃具足能夠使人成佛，所以二乘法當然是權說，因此古代祖師將三乘歸結爲究竟一乘——把二乘法收歸大乘法中，正是因爲大乘法的本質是本來就如此的，這才是正確的說法，印順怎麼會說是無稽呢！而且，大乘含攝二乘，而大乘法中有許多法都是不共二乘的。所以一般人讀完他這一段文字時，其實都是不懂他在想什麼的，包括印順派的所有法師們也都是不懂印順在想什麼的，根本不知道他講這些話的背後用意在哪裡。其實他的用意就是：把二乘拉上來跟大乘平等看待，然後把菩薩壓下去，說是不如二乘聖人。因爲印順認爲二乘涅槃等於佛的涅槃，菩薩既是自認爲不如佛，所以菩薩都是不如二乘聖人的。印順的邏輯就是這樣。從印順這一段文字中，可以看出他很多的心態在其中運轉，企圖以很婉轉、很細膩的手法——以一連串微細的扭曲手法，次第而漸漸轉移說法，達成全面扭曲大乘經義之目的。所以諸位要懂得讀出他的心行，要從印順的字裡行間去把他的心行閱讀出來。將來我們整理成文字，讓他的信徒們讀過以後才會恍然大悟：原來印順「導師」是這樣想的，原來我們還不如蕭平實瞭解印順「導師」！

接下來，勝鬘夫人這段經文中所說的：「說阿羅漢、辟支佛觀察解脫四智，究竟得蘇息處的說法，也是如來的方便、有餘、不了義說；為什麼呢？因為有兩種死，是哪兩種呢？就是分段生死、不思議變易死。」印順對這一段經文的註解也有兩個過失。

佛在《阿含經》中說：阿羅漢、辟支佛觀察解脫，而得到四聖諦的智慧，所以獲得究竟蘇息之處。這是說他們永遠不會再來三界中流轉生死了，所以他們是獲得永遠蘇息了。但是這種開示，是初轉法輪的時候，如來對沒有信心的眾生們所作的方便說、有餘說、不了義說。可是印順法師不相信這個道理，反而指責說《法華經》中三車的說法也「是如來方便有餘不了義說」。

我們來看補充資料中印順法師的說法：【息即休息，蘇即蘇醒，蘇息處，意指從生死中得解脫而有的自在，也即是涅槃。《法華經》火宅喻說：諸兒為得車乘玩好，出於火宅，露地而坐，即是此意。**經中雖曾這樣說，但這當然也「是如來方便有餘不了義說」。**】（正聞出版社．印順法師著《勝鬘經講記》p.143）

他總是在前面文字中依文解義而加以註解，但是在依文解義而註解完畢之後，隨即在結論中把經文的義理全面否定；他在這一段註解中仍然是一樣的作法。他的意思其實就是說：法華所說的唯一佛乘，無二無三；其實三乘仍然只是一乘——聲聞乘；將聲聞乘分析爲三乘：聲聞乘、緣覺乘、大乘，只是方便度眾用的，是用來方便度化菩薩性的眾生，才說有菩薩乘的成佛之乘，其實法義內容仍然是聲聞乘，只要用聲聞乘的解脫道修行，永生永世利樂眾生就可以成佛了；而且大乘所證的涅槃仍然是二乘所證的無餘及有餘二種，所以法華分析唯一佛乘（聲聞乘）爲三乘的說法，也是方便說、是有餘說、是不了義說。知道了印順的心思，就知道這才是印順所想要表達的意思。所以印順才會作出這樣的結論：《法華經》火宅喻說：諸兒為得車乘玩好，出於火宅，露地而坐，即是此意。**經中雖曾這樣說，但這當然也「是如來方**

便有餘不了義說」。也就是說，法華所講的唯一佛乘道理，其實就是聲聞乘一乘，無二亦無三；說有三乘當然是方便有餘的不了義說。

你看他的解釋跟勝鬘夫人的說法剛好顛倒，也與法華的眞義正好相反。他註解經文怎麼會這樣註解呢？原因都出在應成派中觀的六識論邪見，所以不得不設諸方便來扭曲大乘經中的義理。但勝鬘夫人的意思是說：法華說的成佛之道的大乘法才是眞正的佛法，三乘佛法原來只是一乘道的大乘法；阿含講的，阿羅漢得蘇息、得涅槃、離生死，那是如來的方便說、有餘說、不了義說，所以聲聞乘的法義與涅槃都是方便說。不但此經中如此說，法華中也是如此說的。結果印順解釋後卻變成：**唯一佛乘的「法華說」是方便說、有餘說、不了義說，唯一佛乘其實就只是聲聞乘；說緣覺乘、說大乘，都是方便說、有餘說、不了義說**。

諸位！你能夠想像印順是存什麼心呢？他的意思就是說：大乘法也就是阿含的解脫道，沒有別的大乘菩提；三乘菩提是方便施設，其實都只是依據聲聞乘來說成佛之道的唯一佛乘；而三乘涅槃的所證，同樣都是歸於並無本際實存的緣起性空——斷滅空，所以並沒有大乘經中所說的實相法界如來藏可以實證，成佛所憑藉的唯一法義也是聲聞乘的涅槃、緣起性空。可是佛說的其實是：**大乘本來常住圓滿，二乘涅槃只是從大乘法中析出而方便度人的；所以唯一佛乘就是大乘，二乘法的蘇息處涅槃，只是如來的方便說、有餘說、不了義說**。但是卻被印順全面的加以曲解顚倒了。而他的門徒們在註解經中的這種說法時，也都是遮遮掩掩，不敢把印順這個見解明著說出來，最多只能口頭上說一說，不敢落實到文字中。印順則是隱晦的落實在文字中，知道他的心思者才能讀得出他心中的想法，一般人是讀不懂的。

而且大乘所講的**於一切法無所得**，不是像印順諸書中所講的**諸法滅盡後的空無斷滅而無所得**，是實相心本來常住圓滿時就已經無所得，是因爲實相心如來藏離見聞覺知，從來不領受一切法，無始劫以來都是如此，所以是本來就無所得，不是曾經有所得而因爲無常所以最後歸於無所得。大乘法中的無生，是本來常住不滅所以不生，這個如來藏的無生是本來就無生；但印順所講的，卻是二乘法所說的一切諸法滅盡以後不再出生而無生，是生後滅了所以無生，不是大乘法中的本來就不生。這在《六祖壇經》裡面，六祖早就破斥過了：

薛簡依據神秀大師的說法而修行，落在二乘緣起性空中，和印順的所墮相同。當他來質疑六祖的無生與外道斷見可能相同時，六祖斥責他說：你這個是斷見外道的將滅止生，我們南宗的大乘頓教卻是本來已無生，這是不一樣的。將滅止生，就是滅盡諸法而不再出生，成爲空無；永遠都空無了所以無生，那就變成斷滅空，這是將滅止生。六祖講的南禪頓教之法卻是說：有生的法就必定會有壞滅的時候，但是眞悟者所悟的法是本來就無生，所悟的這個法是從來都沒有出生過，是本來就在的法而不曾有生；無始以來就不曾出生，所以未來也就永遠不滅，所以必然是永遠無生；阿羅漢們的五陰被出生了，也被無常壞滅了，但是他們都一樣擁有的本來無生的如來藏，還是繼續存在著，只是沒有出生過，所以永遠不會滅。南禪頓教眞悟者所悟的無生法，是這樣的本來無生，不是二乘凡夫所誤會的「二乘聖人將有生之蘊處界等法滅除了以後永遠不再出生的空無」而說爲無生。

但是《壇經》這個實證的內容，是印順法師所無法接受的，背後的原因當然是由於他無法實證這個本來無生的法——如來藏。所以他必須加以否定，所以他說：你們禪宗主張有一個如來藏本來無生，那就是外道，那就是

自性見，富有外道神我的色彩。但是我們回頭來看印順書中宣稱已經證悟禪宗的明心內容，是怎麼說的呢？**原來印順自稱證悟禪宗後，他所悟得的眞心就是直覺**。然而直覺跟自性見外道卻是完全相同的，所以結論是：**他自己所謂證悟了禪宗的開悟境界，正是自性見外道的境界，與自性見外道同樣落入六識的自性中，事實上是與禪宗所悟如來藏離六識自性的境界完全不同**。所以他自己正是自性見外道，卻反過來責罵禪宗迴異自性見外道的賢聖祖師們是自性見外道，這眞是顚倒黑白、指鹿爲馬！所以他對大乘經典的註解，也都是完全違背經意，也都是完全不可被信受的謬說；也都是主觀性的玄學思想，不是實證法界眞相的義學。

所以，勝鬘夫人說的是：阿羅漢、辟支佛觀察解脫生死的四聖諦，而得蘇息處（蘇息處也就是不需要再輪迴生死），可是這種二乘聖人所證的解脫，都只是依如來藏的本來解脫、本來涅槃而施設出來的方便說、有餘說、不了義說。法華也是如此說：二乘的涅槃是方便、有餘、不了義說，只是從大乘法教、大乘涅槃中方便分析出來，使根性較差的二乘種性人可以快速實證而引生對大乘法的大信心，作爲接引眾生進入大乘佛法中的方便。其實佛法仍然是唯一佛乘，唯一佛乘則是經由實證如來藏而具足三乘菩提的成佛之道。現在印順卻用這一段經文來曲解以後而證明說：法華講的三乘回歸一乘只是方便、有餘、不了義說，隱晦的暗示說唯一佛乘就是聲聞乘。他這樣子全面曲解大乘經典的眞實義，與諸經的說法明顯的互相牴觸；但是那些印順派的門徒也能相信，我們覺得很難想像，所以他們眞的是「不可想像法」。我眞的無法想像他們爲何能把白紙黑字講得很分明的法義曲解成這樣，所以眞的要有人來把他們的錯謬處全面說清楚。

接下來勝鬘夫人說：**「何以故？有二種死，何等爲二？謂分段死、不思議變易死。」**我們再來看補充資料，印順說：**【平常說了生死，其實「有二種死」。一般都稱為二種生死，本經但說死。】**（正聞出版社．印順法師著《勝鬘經講記》p. 144）

請注意印順說的這一句「本經但說死」。《勝鬘經》中是「但說死」而沒有說「生」嗎？印順說**這一部經中只有說死，沒有講生與死**。這就值得探討了！有沒有人死了不必再生的？有沒有哪一個法是滅了以後不再生的？沒有！只有阿羅漢、辟支佛才能夠說滅了不再生。所有眾生一切的分段死，都是死了還要再生的，乃至菩薩們的變易生死，也是死了還要再生，並且示現如同一般眾生也有分段生死。然而，說死的時候當然就有生，怎麼可以說「本經但說死」呢！「但」就是「只」的意思：只說死，不說生。佛法中有人可以在說法時「只說死而不說生」的嗎？所以他的這個說法，確實很奇怪。我們只能說：印順的精神狀態一定有一點不太正常，否則不可能講出這種完全不合邏輯的語言。所以我們說：印順的說法是違經之說。

也就是說，一定是有生才會有死。假使對於死，已經能夠了斷了，就不會有生了；死與生是一法的兩面，不是兩個法。阿羅漢們不都是了斷了死亡以後才無生的嗎？他們很清楚知道要怎麼死，知道哪一法一定要滅盡才能眞正的死——不會再出生，那就是要滅盡十八界。不許貪愛十八界，十八界滅盡以後，不再受生了，那就是眞正的死，死得很透。眾生是死不透，死了以後又有中陰身出現；中陰身死了，心中就生起恐懼，害怕落入斷滅空，所以就一定會去投胎受生，不願意不投胎而滅掉，所以眾生死不透，無法了斷分段死。阿羅漢是能死透的，因爲死透了才無生；可是眾生無法了斷死亡，所以死後一定是生；死正是生的另一面，不可能將死與生分開。印順爲什麼要說「本經但說死（不說生）」？他的目的是要顯示說：這部經是不圓滿的。當你懂得他的心思了，他說法時的心態就昭然於文字中。所以他指責說：這部經只說死，不說生；既不說生，就沒有緣生法；沒有緣生法就沒有緣起法，所以這部經是不究竟的。這就是他想要暗示給大眾的思想，我們要讀懂他的思想。

什麼是兩種生死？生死有兩種：分段生死與變易生死。分段生死，諸位已經都知道，是指五陰的生死；從五陰出生到死亡爲止即是一段生死的過程，這一段生死中的認知與前世的認知無法扯上關係，也跟後世無法扯上關係，所以才會有胎昧的存在。因爲世世的五陰是獨立的，這一世的五陰不去到未來世，上一世的五陰也不來到這一世，所以從一個人出生到死亡爲止，就是一段生死；從世間法來說，世世不相干。這個分段生死就好像法律一樣，法律的界定，很清楚分明的說：「人之權利義務，始於出生，終於死亡。」法律這樣界定，佛法中的分段生死也是這樣界定，從入胎出生開始就說是生，到死亡時就說是死，說這樣就是一段生死；但這樣的一段生死，都是從五陰的生與滅來定義的。但是，只要我執斷盡，死後願意自我滅盡，不再去投胎，就永遠沒有生；沒有生就永遠沒有未來世的死，自然就是分段生死已經斷盡，就入無餘涅槃，永遠不再出現於三界中，這就是阿羅漢與辟支佛所斷的生死。由於斷了死，所以就無未來世的生，故說他們已經證得無生了。

可是當他們斷了分段生死以後，是不是就完全沒有生死了？其實不然。所以勝鬘夫人說：「**分段死者，謂虛僞衆生；不思議變易死者，謂阿羅漢、辟支佛、大力菩薩意生身，乃至究竟無上菩提。**」換句話說，分段生死的存在，講的都是虛僞的衆生：**上至諸天天主，中如人類、螻蟻、病毒，下至極苦的地獄有情。**由於初果人極盡七次人天往返就可以出離分段生死，不再生死輪迴，所以他們已經不能叫作虛僞衆生了。二果人一來，三果人往生天界之後就不再來人間，在天上死了以後就入無餘涅槃；阿羅漢則是現生入無餘涅槃；因此這些人就叫作不虛僞衆生，雖然仍是有情，但已經開始離開虛僞，乃至眞的離開虛僞了。因此，說分段死的時候，是指衆生不知如何出離三界的生死。

但是不思議的變易死，阿羅漢、辟支佛、大力菩薩意生身都仍然存在著；必須一直進修到最後，到達無上菩提究竟佛位時，才算是斷盡了變易生死。

如果沒有經過這樣的順序修行，最後到達無上菩提的佛位，這個變易生死是無法斷除的。換句話說，若想要斷除變易生死，必須經歷阿羅漢的證境、辟支佛的證境、大力菩薩意生身的證境，然後才能到達佛地，究竟離開變易生死。所以變易生死是存在於二乘聖人之間，也存在於所有菩薩之間的，等覺、妙覺菩薩之所不免。阿羅漢、辟支佛入了涅槃以後，分段生死過去了，不再有了，可是他們的第八識中種子仍然在自心中不斷流注，只是沒有五蘊而無法與三界境界接觸，所以無法轉易爲究竟清淨的種子而無法離開變易生死。但他的種子仍然不是究竟清淨，只是斷了分段生死的現行罷了！變易生死的染污種子都仍然繼續存在著，所以不究竟清淨而是應該再加以變易而成爲究竟清淨的；既然是可以變易的，怎能夠說他已經斷了變易生死呢？因此說，阿羅漢、辟支佛、大力菩薩意生身的境界，都仍然有變易生死。

可是這個變易生死很難瞭解，因此叫作不思議的變易生死。在我們正覺同修會出來說法、印行書籍以前，不曾看見有誰把變易生死講清楚；不論你去讀誰的書，都不曾看見他們講清楚，總是含糊其詞。但是我們把它講清楚以後，大家恍然大悟：喔！原來是說種子的變易，既然種子的變易已經斷盡了，種子就沒有生死了，永不改變了！種子永不改變，就表示不再有舊的種子滅掉，也沒有新的種子出生，所有種子都已經究竟清淨而不必改變了，那就是種子的變易生死斷盡了。可是種子的變易，是眾生所不能理解的。眾生們不能理解的原因有兩個：第一、種子是什麼？第二、種子在哪裡？問題就出在這裡。所以不思議變易死，他們就想不透了。

以前常常有許多有名的法師在說明：阿賴耶識有許多種子，但是他們也不瞭解種子是什麼。也有法師畫個圓圈說，這譬如阿賴耶識；然後又在圓圈中點了許多的點說「這就是祂的種子」。手就拿著粉筆在圓圈中一直點……。他們只能夠這樣解說種子！但都不能眞的瞭解種子。但是，等到將來他有一天悟了以後，他也可以繼續點著說：種子就是這個，很多、很多、很多……的種子。當你悟了，知道這樣講其實也沒有錯，因爲這是宗門裡的講法；可是換成他這樣子講，可就錯了。事實確是這樣，所以說這個不可思議的變易生死眞的叫作不可思議；因爲你們已經知道什麼是種子，你們也知道種子在哪裡了。

如果有一天，他們來問我說：「種子在哪裡？」我就說：「在這裡啊！你看！」我就一直點、點、點……，全部都點給他看。所以說，他們無法理解種子，問題就是因為沒有證得如來藏，所以不知道如來藏所含藏的無量無邊的種子在哪裡；又不知道種子的意義，所以無從了知變易生死的眞義。這就是他們最大的盲點，他們永遠看不到什麼是變易生死。這個變易生死，一定要經過三個階段，具足三種證境：第一、聲聞的證境，第二、緣覺的證境，第三、菩薩的證境。這三個證境都具足圓滿了，才算是種子不再變易了。

想要成為阿羅漢，要斷除的就是見惑與思惑；見惑、思惑若斷了，我所的執著就能跟著斷除；所以我所的執著都是因為我執而來，我執則是因為我見而來。但是我所的範圍很廣泛，身外之物也是我所，所見的六塵也是我所，乃至心所有的諸法（就是心所有法），也屬於我所；所以五陰中的色陰、識陰以外，其餘的三個受想行陰，一樣屬於我所；端看你是廣義的定義，或是狹義的定義。所以，在阿含道中，對我所的定義是有兩種差別的。身外之物，五陰所擁有的，是我所；你很掛念父母親：**兩位高堂在家裡，行動不方便，我出來共修，他們有沒有什麼困難？**家中這兩尊活佛也是你的我所，這都是身外的，是外我所。可是從心的自身來講，心的種種功能差別也是我所，是心所有的，也是我所，譬如見聞覺知的功能、貪瞋……等心所法，稱爲內我所。這些全都是阿羅漢所斷除的。

如果有人斷了我見之後，對於心所法的執著不能斷除，他就不可避免的會再度回到自性見外道的行列中，重新再投入常見外道的行列中；這是因爲他終究不能把六識心否定掉，所以一定會重新回落到意識心中來。所以阿羅漢所斷的我執、我見，也就是從八苦、三苦來觀行，以及從諸法的無常、苦、空所以無我，去作四聖諦的現觀，用四念處、八正道的方法去實行；斷了我見以後再把我執斷盡，這就是聲聞道的阿羅漢所證的境界相。這是菩薩必須要作的事情，如果缺了這個部分沒作，菩薩也是不可能成佛的。

第二個部分是：緣覺必須去觀察因緣法，也就是緣起法。要如實觀察五陰爲什麼是緣生的？是無因而生或是從本識出生的？是什麼樣的無明而使本識出生了名色五陰？爲什麼從五陰爲緣而產生了種種的流轉法，隨後就成爲互爲因緣法的鎖鏈？也就是名色出生後是如何演變而有生老病死苦？這些都要一一找出來，然後把它們砍斷，這是緣覺法。菩薩不應該在宣稱證悟了以後，竟然不懂因緣法、緣起法而說他懂佛法；這是講不通的，所以菩薩也得要瞭解二乘法的證境，要用實相智慧去觀察二乘聖者所證的解脫智慧。當二乘法的證境已經都了知了，才能夠說他有無生法忍，假使二乘法還不能了知，四阿含仍然讀不懂，根本就不能說他有無生法忍。

有了無生法忍，就能稱爲大力菩薩嗎？就有意生身嗎？並不見得。因爲初地、二地乃至三地都有無生法忍，但是都沒有意生身，到了三地滿心時才有意生身，甚至有些菩薩要到四、五地時才有意生身，除非是三明六通的大阿羅漢迴小向大而到達初地。但是三地滿心時的意生身與八地菩薩仍然不同，只是無漏三昧樂的意生身，由無生法忍及妙定三昧樂的力量而引發了五神通，他才能有神足通、有意生身可以到他方世界去。所以，這個大力菩薩講的是八地，因爲三地滿心時雖然威德很大了，在大乘法中還不算是大力；他的意生身要現起，還得要經過一小段時間的加行才能現起，不是隨時隨地剎那間就可以現起的，這跟八地菩薩的如幻三昧意生身不一樣；這是因爲三地菩薩於相仍未自在，於所變土也仍未自在，所以還不算是大力菩薩。

三地滿心菩薩雖然不算大力菩薩，可是諸天一切天主、天人見了，都會恭敬奉侍於他；因爲他有無生法忍，所以他的意生身與無漏妙慧及無漏妙定相應，威德就比諸天天主大上很多，只是在菩薩法中仍不算是大力。要到八地時才能作各種變現，不受內容的限制，所以說八地菩薩於相於土自在，那才是眞的大力菩薩，這就是八地菩薩的第二種意生身，就是諸法法性意生身——如幻三昧意生身，正是因爲通達法性，所以於相於土自在、隨意變化，這才是眞正的大力菩薩。九地當然更是大力菩薩，又多了種類生無行作意生身，不需要作任何加行，隨時隨地只要作意一生起就可以變現，所以他的功德超勝於八地的大力菩薩。

這些菩薩們的意生身是由意所生，具有三種功德：第一是速疾，一念之間隨自己的意志到達想要去的地方。第二是無礙，這個意生身不會被空間所限制，想要到何處就可以到何處。第三是遍到。遍到與無礙不同：無礙是不會被物質空間所限制，遍到則是任何遙遠的空間都限制不了他。所以大力菩薩跟三地滿心菩薩不一樣，八地菩薩是任何佛土他都可以用意生身隨時隨地去遊歷，但是三地滿心菩薩的「遍到」功德還沒有圓滿，還不能具足遍到。戒慧直往的初地菩薩若是生到色究竟天去，來世**生得**異熟果，有了意生身，也只能到達百佛世界；假使他不生到色究竟天去，繼續生於人間，就沒有**生**

得的異熟果，他哪一個世界也去不了，只能在這裡度人類，只能靜候諸天下來聞法，不能主動上去諸天度化天人，更不能遍到一切世界。

因此，具備了意生身具足遍到的功德，就只有八地開始的大力菩薩。經由這樣的證境再繼續修行，把九地所應修的、十地所應修的，乃至等覺地中百劫純粹修集福德、專修相好，圓滿百劫應修的福德而到達妙覺菩薩位，這個過程就叫作乃至。「乃至」的過程完成了，就是最後身的妙覺菩薩位了；接著就要觀察所化弟子得度的法緣與人間的佛教成就因緣了，如果因緣成熟時就示現成佛；如果因緣還未成熟，就在兜率天等候因緣的成熟再來人間受生，然後八相成道，究竟無上菩提，才能把不思議的變易生死斷盡。

我們再來看印順對這個部分的法義是怎麼說的：【凡夫而外，二乘入無餘依涅槃前，**菩薩未得無生法忍前**，都是分段生死。「不思議變易死」，是「阿羅漢、辟支佛、大力菩薩意生身」，一般所說的入無餘依涅槃的阿羅漢辟支佛，即起意生身的變易生死。大力菩薩，即悲願神通自在的菩薩。阿羅漢、辟支佛、大力菩薩，這三種聖人，都還有變易生死。】（正聞出版社．印順法師著《勝鬘經講記》p.145）

他一開始這幾句話說：「**凡夫以外的二乘人入無餘依涅槃前，菩薩沒有得無生法忍以前，都是分段生死。**」這裡面就有問題！第一點，其實是初地就已經得到無生法忍，可是他們一向都主張說：八地菩薩才有無生法忍。那是不對的說法，因為無生法忍其實是依道種智來施設的，凡是證得法無我的，就是無生法忍。初地菩薩有沒有證法無我？有沒有道種智？（眾答：有）既然有，那初地菩薩就有無生法忍了。可是初地菩薩有沒有離開分段生死？還沒有，還住在分段生死中；因為初地菩薩乃至七地的所有菩薩都是留惑潤生的，但都有無生法忍。所以無生法忍，不是印順所認為的八地以上才有，而是初地就有了。

接下來，印順說：「『**不思議變易死**』，是『**阿羅漢、辟支佛、大力菩薩意生身**』，**一般所說的入無餘依涅槃的阿羅漢辟支佛，即起意生身的變易生死**。」請注意印順最後一句話所產生的問題：**阿羅漢與辟支佛入無餘依涅槃後，會再生起意生身的變易生死嗎？**印順所知的無餘依涅槃究竟是什麼？我們只能說他全然是想像的，印順對涅槃完全無所了知！在阿含道中，四大部的阿含諸經中都說，入無餘涅槃是滅盡五陰、滅盡十八界，意根已經不在了！所以 佛開示說：阿羅漢不許貪愛五蘊，不許貪愛十八界，對自己及法塵，連一點點的愛樂都不許有。所以滅了十八界以後，再也沒有意識心存在了，連意根都滅盡了，這時候怎能有意生身再出生呢？所以印順用意生身來代表變易生死，是很荒唐的事情！這顯示印順是完全不瞭解佛法的。不但如此，即使是二乘聲聞法，印順也是誤會得很嚴重的。

變易生死不是依意生身來說的，而是依種子的變易生滅來說的，所以他這個地方的註解是錯誤的。他說「**大力菩薩意生身有變易生死**」，問題是：意生身的發起以及存在，並不等於變易生死。如果依照印順的說法，三地滿心菩薩已經發起了無漏的三昧樂意生身了，他的意生身可以遠到難以計數的佛世界去；但是三地滿心的菩薩，仍然有種子生滅變異不斷的現象，所以仍有變易生死。假使超過三地，到達四地、五地乃至八地，是否就可以說他沒有變易生死？這是講不通的，仍然應該回歸到如來藏中種子的變異生滅性來定義變易生死，所以印順用意生身來定義變易生死是錯誤的，這顯示印順完全不懂變易生死的意涵。而且三地未滿心的菩薩們，絕大多數都還沒有意生身（除非他生到色究竟天去，或是三明六通大阿羅漢迴心大乘，否則都還沒有意生身），那麼是否可以說這些還沒有生到色究竟天的人間初地、二地、三地菩薩，已經可以往生色究竟天了，所以只有變易生死？顯然不是！都是在分段生死中同時也有變易生死的。所以，若依印順以意生身的生滅來定義變易生死的邏輯，永遠是講不通的。

第三個部分的問題，印順說：「**大力菩薩，即悲願神通自在的菩薩。**」請問：有些證悟菩薩在三賢位中就修成二禪及五神通了，所以他也可以出現神通境界神足通的意生身；這個神足通之身也是意生身，雖然不同於三地滿心依無生法忍而修得的無漏妙定相應的意生身，仍然可以算是意生身；如果他有悲願而永遠不斷盡我執、不入涅槃，那他是不是也可以算作大力菩薩？這又是個問題！再不然，三地滿心菩薩能到百千佛世界去，那算不算大力呢？當然也算！如果依印順所說大力神通的自在菩薩有悲願，就算是大力菩薩，那麼三地滿心菩薩就能算是大力菩薩了！可是三地滿心菩薩仍然是有分段生死，並非只有變易生死。而且眞正的大力菩薩是八地心，於相於土自在變化，才是大力菩薩，而且也是度過分段生死的人。所以三地滿心菩薩是既有變易生死，也有分段生死的，但三地滿心一樣是悲願神通的菩薩，卻不是大力菩薩。所以把悲願、有神通的自在菩薩（不管他是三地或是賢位），說為八地的大力菩薩，是有過失的；因為，有悲願、有神通、有大力，不一定就是有如幻三昧意生身的八地菩薩，所以印順的說法是不正確的。

最後的部分，印順說：「**阿羅漢、辟支佛、大力菩薩，這三種聖人，都還有變易生死。**」這個說法倒是正確的，因為連等覺、妙覺菩薩都仍有變易生死。印順是眞的不懂這一點嗎？印順懂；但印順故意不提，故意用這種方式來解釋。因為，如果要認定變易**生死的斷盡就是種子不再生滅，不再變易**了，那麼他的問題就跟著來了：種子在哪裡？在虛空中嗎？還是在色身中呢？印順明知答案只能有一個，就是：如來藏。那問題又來了：**我印順還沒有證得如來藏，那我要怎麼為人解說大乘法**？所以，印順都依自己的立場去設定應該怎麼說法、應該怎麼解釋經文，從來不理會經文中的眞正義理，這就是印順的一貫作風。

接下來經文中說「**乃至無上菩提**」，看他怎麼解釋這一句：【意生身還是生滅變化的，一直到「究竟無上菩提」——成佛，生滅變化的意生身才沒有。因為，唯有佛地，障習都清淨了，功德都圓滿了，無欠無餘，再沒有變易的

可能，所以讚佛為常恆不變清涼。】（正聞出版社‧印順法師著《勝鬘經講記》p.145）

印順這一段話的前半段是認爲：諸佛是不該有意生身的，因爲諸佛已經滅了變易生死，所以諸佛入涅槃以後是沒有化身可以再來利樂遺法弟子的，當然釋迦牟尼佛是已經灰飛煙滅了。請問：這個說法對不對？諸佛不能有意生身嗎？諸佛在無漏有爲法上的功德應該比三地滿心菩薩更差嗎？印順竟然說成佛時能生滅變化而利樂眾生的意生身就壞滅了！佛陀能示現無量無邊的意生身，稱爲化身——由意所生之身，並且是可以同時示現多身的；依照印順的說法，因爲意生身有生滅變化，所以就是還有變易生死；那麼請問：如果你們晚上睡覺作夢或者入定中，有佛來爲你指示，那麼佛的意生身是有生滅變化的，因爲祂的意生身並不是永遠存在，祂來爲你托夢或定中示現以後就走了，消失了、滅了，依印順的說法，顯然佛地還是有變易生死！印順的邏輯就是這樣。所以印順私心中認爲：諸佛並不尊貴，只要能成爲阿羅漢就夠了，阿羅漢就等於是佛。印順其實是想要讓大家都如此認定，從此以後只要修學二乘聲聞法而不必再修學佛法了，印順的人間佛教理想就實現了！但是，後果是：即使有人能成爲阿羅漢，不必經過三世，人間連阿羅漢法也將滅失不存，因爲修證阿羅漢法而成就的人，捨壽後都不會遵循印順的「教誨」而繼續受生於人間的；這是阿羅漢法的特色，也是實證後必然發生的事情，那麼大乘法當然就更不可能繼續存在人間而留傳、弘揚了。

印順在後半段說：【因爲，唯有佛地，障習都清淨了，功德都圓滿了，無欠無餘，再沒有變易的可能，所以讚佛爲常恆不變清涼。】你看，他故意不說諸佛離開變易生死以後，世出世間法的功德完全具足而能永恆的利樂無量有情，反而是要大家想像爲：佛地障習都清淨了，功德都圓滿了，不再有變易了，所以是不會再示現於三界中利樂有情的，是滅盡一切而成爲斷滅空了。明明是因爲障與習都盡淨了，所以離開變易生死，如來藏中的所有功德就能全部圓滿的顯現出來；但印順不說離開變易生死有這種大功德，反而暗示說佛地是滅盡一切而不再有無漏有爲法功德來利樂眾生了，說這樣的斷滅空就是常恆、不變、清涼。請問：印順這一段話中的意思，有什麼地方是勝鬘夫人所說的常恆、不變、清涼？根本就是斷滅空嘛！但是印順卻故意套進來，閃避了「所知障、煩惱障的斷盡，以及習氣種子的斷盡，所以離開變易生死」的佛法正理。從這裡，就可以看得很清楚：印順是處心積慮用這樣的方式來歪曲解釋佛法，將他所誤會的聲聞羅漢法要來取代佛法，這樣子曲解大乘經典來附和他自己的立場。但其實變易生死從來都不是依意生身的生滅或變易來講的，可是因爲印順不承認如來藏，所以就曲解爲意生身的變易生死，這樣迴避如來藏心中的種子生滅、變易，這也是印順自相矛盾的地方。如果印順不是有此居心，那麼就只剩下一種可能：印順是完全不懂佛法的人，才會如此亂說一氣。

再看補充資料，印順說：【佛在世時，優陀夷與舍利弗，曾諍論意生身有色無色的問題，優陀夷硬說意生身是無色的，被佛呵斥。這樣，**阿那含果得有餘涅槃，有意生身：**】（正聞出版社．印順法師著《勝鬘經講記》p.146）先看印順這幾句話的問題：**優陀夷曾經在四阿含中主張意生身是無色的嗎？**可惜印順已經走了，不然應該寫信問他：**你根據什麼文獻而這樣說？**因爲優陀夷並沒有這樣主張過，他從來沒有談過意生身是有色或無色的問題。優陀夷在凡夫位時曾經講過的是：阿羅漢入涅槃後是空無、斷滅。他未證聲聞菩提以前是跟焰摩迦一樣的，所以他也爲這個問題被　佛陀責備過。優陀夷本來是佛教史中的一個問題人物，他不斷地犯淫戒；　佛陀施設聲聞法比丘戒中的淫戒，大部分是爲他施設的，因爲他不斷地變通去觸犯淫戒；但是後來發起勇猛心，淨除一切貪心而證得阿羅漢。可是優陀夷從來沒有提過意生身有色無色的問題。我所知道的是，曾經有外道異學箭毛優陀夷，與世尊談論天身勝劣的問題，仍然不曾談論意生身有色或無色的問題；印順這個質疑是從哪裡來的？也許是我有所不知，沒讀到什麼文獻說優陀夷有談到這個問題。

印順說：【阿那含果得有餘涅槃，有意生身：】阿那含果一定有意生身嗎？且不說阿那含，只說四果阿羅漢：所有阿羅漢都有意生身嗎？其實是只有三明六通的阿羅漢才有意生身，而這種意生身並不是地上菩薩所證的那三種意生身，只因爲是藉神通而由意所生，方便說爲意生身。俱解脫的阿羅漢，譬如蓮花色比丘尼已經四禪八定具足，滅盡定已證得了，所以是俱解脫大阿羅漢。可是她沒有修習神通，因爲捨壽就全部棄捨了，何必再辛苦的修習神通？由於她不修神通，又因爲長得太美，被惡人抓去關了，準備晚上要強暴她；她既無神足通，就無法自行脫離。後來目犍連尊者以神足通飛進去教導她修習神足通，她是俱解脫者，所以能夠現學現用，就從空中飛走了，所以沒有被強暴。在她被目犍連尊者教導神足通以前，她連普通的五通都沒有，怎能有意生身？如果是慧解脫的阿羅漢，禪定不具足，就更沒有意生身了，印順怎麼能說修證更低的阿那含果就有意生身呢？而且，印順所謂的阿那含果有意生身，是因爲得有餘涅槃的緣故，是由於慧障消滅而得。那是不是說：凡是得有餘涅槃的人都可以有意生身到處飛行了？那更應該所有阿羅漢也都有意生身囉？事實上慧解脫阿羅漢都是還有定障的，而神足通的意生身是由消滅定障爲基礎才能修得的，顯然印順是隨意亂說的。

印順接著又說：【**阿羅漢果**得無餘涅槃，**意生身也沒有了。**】（正聞出版社．印順法師著《勝鬘經講記》p.146）原來印順的認知是：**成爲阿羅漢以後，因爲全都不執著了，所以原來三果時擁有的意生身也就跟著滅掉了，所以就沒有意生身而沒有變易生死了！**但是印順這個道理實在講不通！因爲意生身有三種，不論是否擁有意生身，都與變易生死的斷除與否無關：諸佛都有三種意生身，卻無礙於斷除變易生死。印順的問題是：否定了自己所無法實證的如來藏以後，經文中所說的如來藏中種子變異生滅的問題，就無法如實講解了，只好以扭曲的方法，將種子變異生滅的問題，移植到意生身的生滅題目上來講。那麼他在佛法以及羅漢法的實證上，就再也無法正確實修了；因此才會盡其一生都落在意識思惟所得的錯誤見解中，繼續落入意識境界而無法斷除我見，永遠處在異生凡夫位中；謗法的事情，這裡就暫且不談罷！

印順又說：**【今《勝鬘經》略為不同：阿羅漢辟支佛是有餘涅槃，有變易生死，名意生身；證得無上菩提，才是無餘涅槃，無意生身。】**（正聞出版社．印順法師著《勝鬘經講記》p.146）（導師才剛唸完，大眾哈哈大笑…）你們聽了都笑，因為知道印順錯得太離譜了。阿羅漢、辟支佛，明明是得無餘涅槃、有餘涅槃具足的，雖然還有變易生死，但不一定都有意生身；所以印順是說法顛倒，勝鬘夫人的說法卻是與二乘菩提相符合而無錯誤的。二乘聖者迴心大乘而證如來藏以後，可以成為賢位七住菩薩，是實證本來自性清淨涅槃，不只是二乘的有餘、無餘涅槃；然後進修而證得無上菩提時，仍然不是無餘涅槃，而是無住處涅槃，這時斷盡變易生死，才能具足四種涅槃。印順卻認為：二乘無學聖人都是實證無餘涅槃所以是已斷盡變易生死，等同於 佛陀的境界。印順是刻意要把 佛陀拉下來跟阿羅漢、辟支佛平等的，才說**三者同樣都是證得無餘涅槃，所以就沒有變易生死了**。依照印順的說法，無餘涅槃證得了，就是捨棄意生身而沒有變易生死的人。依印順這個邏輯，佛是不可能再出現變化身了，因爲祂沒有意生身了，所以是與阿羅漢一樣斷盡變易生死的。我們只能這麼說：這眞是現代**人間佛教**的荒唐法。

接下來，印順說：【由此可知，《阿含經》中，約聲聞行者，辨有餘無餘，及意生身。而大乘同據這種舊說，而予以新的解說，】（正聞出版社．印順法師著《勝鬘經講記》p.146）我不曉得印順是根據什麼經證而這樣講。大乘法有作新的解說嗎？大乘法說的有餘涅槃、無餘涅槃是跟二乘法所說是完全相同的，並沒有作出新的解說。可是印順這裡竟然誣衊說：大乘法另外作了新的解說。所以印順的說法是完全扭曲的。譬如他說：**約聲聞行者，辨有餘無餘及意生身**。阿含四大部諸經中曾經這樣講過嗎？四阿含中從來就沒有依有餘、無餘涅槃來定義意生身，這都是印順自己亂說的。連四阿含中從來沒有說過的，印順都可以把自己的意思栽贓成是四阿含所說的，可見他很不誠實。

接下來，印順說：【約二乘果與佛果，而辨有餘無餘與意生身。所以我常說：**佛法本無大小，一切是依著同一的傳說，而作不同的解說**。】（正聞出版社．印順法師著《勝鬘經講記》p.146）這裡又有許多問題存在了，你們注意看！你們當然是已經發覺了，才會有所反應。「**約二乘果與佛果，而辨別有餘無**

餘與意生身。」可是，二乘果與佛果中並不曾去辨別意生身的問題，所以大乘經中與阿含經中從來不說二者的差別。因爲大乘法中從來沒有這樣講過：只有大乘才是無餘涅槃，二乘永遠是有餘涅槃。大乘經中從來沒有這樣講過，包括所有證悟的菩薩所寫的論中，所以這是印順誣衊大乘法的許多手段之一。他把以上的意思講出來以後，眾生信受他的說法了，接著他就可以這樣說：所以我印順常常講「佛法沒有大小，三乘同樣是證得有餘涅槃、無餘涅槃」，成佛或成爲阿羅漢，都是依著同一個修證，而作不同的解說。這就是他特地要讓學佛人確認的知見。也就是這一句話：一切是依著同一的傳說，而作了不同的解說，所以大乘經典是根據二乘法的同一傳說而編輯成不同解說的經典。他要表達給學佛人的知見就是如此，要讓你認爲：大乘法對成佛之道的不同解說，是根據傳說來的，本質其實只是四阿含中所講的解脫道、羅漢法，並沒有別的與二乘不同的實質內容。但是，進入同修會實證了如來藏的諸位都有智慧，當然不信印順這種說法；可是會外還是有很多人繼續在迷信印順，那只能說他們眞的愚癡。接著回到經文來：

「二種死中，以分段死故，說阿羅漢、辟支佛智我生已盡」：「二種死裡面，**是因爲從分段生死斷除的實證之緣故，而說阿羅漢、辟支佛的智慧是我生已盡。」**因爲二乘聖者的我生已盡，其實是根據解脫道的智慧而斷除了分段生死，才說我生已盡，並不是根據變易生死的斷盡來說二乘聖人的我生已盡，因爲他們都還沒有斷除變易生死，仍然還有其餘生死未盡。

「得到有餘果證的緣故，而說阿羅漢與辟支佛梵行已立，是凡夫的人類及天人所不能修習成功的。」所謂的梵行已立，是指我見斷除以及我執、我所執的斷除；是已經把思惑斷盡了，但是煩惱障的習氣種子還沒有斷盡，所知障所含攝的一切上煩惱等種種無明也還沒有斷盡；所以想要成佛的人，這一些梵行及習氣種子都還得要修、斷，而二乘無學聖人在這方面都還沒有修證、斷除。所以二乘無學聖人所證的解脫果、涅槃果都是有餘果，只能斷除分段生死，無法斷除變易生死。所以從這個部分來說，他們的「梵行已立」只是凡夫性的人與諸天所不能完成的功德，並非菩薩做不到的境界；並不是根據菩薩正在修斷的變易生死中應修的梵行已立，而說他們梵行已立。

「七種學人，先所未作；虛僞煩惱斷故，說所作已辦」：七種學人是從初果向到達四果向爲止，總共是七種學人。因爲他們解脫果還沒有究竟，仍須再學，所以稱爲七種學人。阿羅漢與辟支佛的證境，他們所斷的虛僞煩惱是初果向到四果向爲止的學人們還沒有斷除的，是依據這個層次來說他們已經斷除了，所以叫作「虛僞煩惱已斷，所作已辦」。不是依大乘法菩薩道的內容來說他們「虛僞煩惱已斷，所作已辦」。菩薩實證的本來性淨涅槃的實證內容，以及佛地的無住處涅槃，他們都是完全不知的。

【「阿羅漢、辟支佛所斷煩惱更不能受後有故，說不受後有，非盡一切煩惱，亦非盡一切受生故說不受後有；何以故？有煩惱是阿羅漢、辟支佛所不能斷。煩惱有二種，何等爲二？謂住地煩惱及起煩惱。住地有四種，何等爲四？謂見一處住地、欲愛住地、色愛住地、有愛住地；此四種住地，生一切起煩惱；起者，刹那心刹那相應。世尊！心不相應，無始無明住地。世尊！此四住地力，一切上煩惱依種；比無明住地，算數譬喻所不能及。」】

講記：「阿羅漢與辟支佛所斷的煩惱，使得他們不可能再接受後有，所以說他們不受後有，但不是他們已經斷盡一切煩惱了，也不是說他們已經斷盡一切受生的緣故而說不受後有。」這意思是什麼？這是說他們因爲已經斷盡思惑，不可能像菩薩一樣由於悲願而發願再度受生，所以他們不可能再接受後有，因此而說阿羅漢、辟支佛不受後有。可是他們其實還沒有斷盡一切煩惱，也沒有斷盡一切受生，因爲煩惱障所含攝的習氣種子，他們都沒有斷；而且所知障所含攝的無明及上煩惱，他們也都還沒有斷；既然如此，他們的種子變易，仍然是存在的，所以仍然有異熟生死存在；在如此情況下，說二乘聖人已經不受後有，當然只是方便說，不是究竟說。

種子的變易就是變易生死，還有變易生死，就意味著仍然會有異熟生、異熟死。異熟生是當前就在我們大家身上存在的，異熟生是投胎以後就開始的，也是無始以來一直都存在的生；只要生命的型態存在，就已經是異熟生了；而我們處胎時及出生以後在人間不間斷的生活，乃至弘法過程也都是異熟生，因爲這整個過程都要靠種子的流注生滅及熏習，來變易如來藏中的一切種子，才能夠完成生命週期及出世間法的修學，所以有生之時就是異熟生持續存在的時候。既然阿羅漢還有異熟生的種子變異現象存在，當然他們如果迴小向大、轉入大乘，就一定會再接受生死；既沒有失去投胎再受生死的能力，當然就有異熟生死，只是因爲尚未迴小向大而厭惡生死，所以方便說他們不受後有。

假使不是因爲解脫的智慧使他們厭惡生死，當他們迴小向大而轉入大乘法中，仍然還會在人間繼續入胎受生而成爲菩薩，所以仍然可以因爲異熟生死的緣故而繼續生死。只有斷除了種子生滅現象的人，永遠不再有種子變異現象，才能說已經絕對不受生死——連異熟生死都不存在了，那就是諸佛。所以說，二乘聖人都還可以再受生死，他們不受後有的緣故，是因爲所證的解脫智慧及所斷的煩惱，使他們死後不再接受後有，並不是已經斷盡所有的煩惱了。因此，他們不是已經斷盡一切煩惱的人，也不是已經證得種子不再變異而有超越變易生死的能力，而說他們是究竟的不受後有。

勝鬘夫人解釋說：「爲何這麼說呢？因爲有一些煩惱是阿羅漢與辟支佛所不能斷除的。他們所能斷除的煩惱有兩種：第一種是住地煩惱，第二種是起煩惱。住地煩惱又分爲四種：第一是見一處住地，第二是欲愛住地，第三是色界愛住地，第四是有愛（無色界愛）住地。這四種住地煩惱，會出生一切的起煩惱；起煩惱之所以被稱爲起，是因爲這一類煩惱，都是在生起的每一剎那中，由覺知心意識及意根在每一剎那都相應的。」

見一處住地，一般都解釋爲三縛結，也就是身見、疑見、戒禁取見。身見又名爲我見，是因爲眾生都以虛妄的五陰及其功能爲自我的緣故。這是二乘聖人所斷的煩惱。可是三縛結明明只是我見所斷；既是斷我見時就斷三縛結了，爲什麼這個見一處住地有時竟然說阿羅漢、辟支佛沒有斷除呢？其實意思不是這樣的，因爲這是在區分二乘菩提所斷的煩惱與大乘菩提所斷的煩惱中有不共二乘的地方，所以見一處住地其實就是三縛結。但是見一處住地當中，有二乘聖人已斷的部分，也有二乘聖人所不知的部分。爲什麼斷了我見以後就可以歷經七次人天往返而成就解脫果？這是阿羅漢、辟支佛所不知道的，只能聽取佛語而信受，但是菩薩依道種智卻能瞭解。所以菩薩經由明心而斷除見一處住地時，所斷見一處住地煩惱的內容，卻不是二乘人所能了知的，因此也可以方便說爲二乘人所不能斷。但一般都是說二乘聖人已經斷除見一處住地，這種說法也沒有錯誤，因爲是從聲聞法解脫道來說的，所以說這是二乘聖人所能斷的煩惱。

欲愛住地就是欲界愛。眾生會流轉於欲界中，都是因爲欲界愛，也就是對欲界中的五塵有所貪愛。除了往世證悟之後發願要繼續受生在人間的菩薩以外，都是因爲欲界愛而流轉於人間或欲界中。但是有誰能自稱他是往世已經悟過了而發願再來這裡受生的？其實沒有多少人。只有在重新受生以後自己參究就能開悟，或者說讀了我們的書以後自己參禪就能開悟的人，完全沒有經過我們上課教導知見以及引導就能自己開悟，這樣才有資格可以說他過去世曾經悟過了，這一世是乘願再來的人；否則，都是因爲欲界愛住地而來受生於人間的。這些人把他們合計起來，算一算就只能有幾十個人，都只有可能在我們會中，你到別處去是找不到的；這些人，若還沒有回到我們會中，將來因緣成熟時還是會再回來的。所以說，欲界愛住地是繫縛眾生輪轉生死的最大繩索，非常粗重明顯。被欲界愛住地這個粗大繩索繫縛最嚴重的，當然就是西藏密宗的法王、喇嘛們；他們由於離不開五欲中的覺知心，並且是貪著最強烈五欲中的覺知心，也就是貪著樂空雙運境界中的覺知心自我；無論賢聖如何說明五欲中的覺知心是虛妄的，他們仍然永不改變的認定是常住而不壞的眞實心，於是永遠無法遠離覺知心相應的欲界境界，所以被欲界法所繫縛，永遠住於欲界中。這正是最標準的欲愛住地。這個欲愛住地煩惱，是三果、四果所已斷的；但他們只斷現行，還有更深細的習氣隨眠，不是二乘聖人所能斷除的，所以若在二乘聲聞法中來說，都說是他們所已斷的煩惱；但若從菩薩所證的種智中來說，就說他們也是無法斷除這種煩惱的。所以有時說他們已斷欲愛住地煩惱，只是 佛陀方便施設所說，不是究竟說。

接下來是色愛住地，色愛就是執著色身、色塵，不肯捨離色陰、色塵；因此，色界天人爲了保有色身，就無法往四空定前進。因爲到了四禪以後，再過去就是四空天的境界而沒有色身了；可是色界天人認爲沒有色身是不可忍受的事，是他們不能接受的觀念，所以他們必須保有色身，對色身有所貪愛，那就叫作色愛住地。有些人聽聞 佛陀說法：入無餘涅槃以後是沒有覺知心存在的、是沒有六塵的，卻不願歸依佛門，心中自以爲是。所以當他們證得第四禪以後，心中想：「我在第四禪中把覺知心滅除了，豈不是就變成斷滅了？那我要取涅槃該怎麼辦呢？所以我要把色身留著，而把覺知心滅了，那就是入無餘涅槃了。」於是他就在第四禪中把覺知心滅了，以入涅槃想而滅掉覺知心自己，卻把色界中第四禪天的天身保留著，以免變成斷滅空（四禪天的天身雖然沒有骨頭、沒有五臟六腑，仍然是要算是「臭」皮囊）。正因爲不肯離開色界愛，所以他作涅槃想而把覺知心滅了以後，結果變成入無想定而不是入無餘涅槃。

不肯歸依佛門而自以爲是，都會產生嚴重的後果。當他入涅槃卻成爲無想定以後，仍然不肯聽受菩薩的教導，繼續自以爲是證得涅槃了，死時由於自以爲是而「入涅槃」，就會出生在四禪天凡夫最高層次的無想天中；他在無想天中，會立刻進入**自以爲是**的無餘涅槃中，其實只是進入無想定中。在無想定中並無意識存在，如果不中夭，可以類似沈睡一般的安住五百個大劫；到最後壽命終了，覺知心又再度現起時，他想要瞭解自己到底是住在什麼境界中，爲什麼會從「無餘涅槃」中再度出現了自己？到了第三剎那終於瞭解「原來我沒有辦法住在涅槃裡面」，接著就下墮了！前後只有三個剎那就下墮了，想要繼續住在無想天中卻已經做不到了。他若是在無想天中下墮之前，起念毀謗說：「**沒有涅槃可入，佛陀說可以入涅槃、了生死，都是騙人的。**」就會因爲謗法而下墮地獄。如果沒有謗法，以前在人間時又沒有造過惡業，就會再度出生於人間；以前在人間時若曾造過小惡業，這時就得墮入三惡道中受報了。這就是色愛住地的內涵。這都是二乘聖人所斷的色愛住地煩惱；但是其中還有許多是二乘聖人所無法斷除的煩惱，所以從諸地菩薩的境界看來，其實其中有許多是二乘聖人所無法斷除的。因此，有時說二乘聖人已斷除色愛住地，其實也是 佛陀施設的方便說，那就是攝屬異熟生死的部分了；所以色愛住地其實也是從唯一佛乘中析出，爲急求了生脫死的人方便施設的，所以說，二乘聖人並不是已經究竟了生脫死的聖者。

有愛住地是什麼？其實就是無色界愛住地。住地是說覺知心意識所住的境界。有的人認爲色身是個累贅，雖然四禪天的色身是很輕靈的，但它終究是生滅法，無常、不可久住，所以他就捨棄了色身，修證四空定而在捨壽後進入四空天。四空天稱之爲天，其實沒有天可說，因爲沒有外界境界也沒有色身，只是一種純粹精神的狀態；但是因爲已超過色界天的境界，所以稱爲天。往生到無色界之後，是什麼都沒有了嗎？不然！他們是依憑於定力而仍然有覺知心存在的，這個覺知心就稱爲無色界有。在無色界中唯一所擁有的就是覺知心，這是他的意根所擁有的一切；住在其中，沒有佛法可以思惟整理、實修，也沒有善知識可以讓他們親近，只有覺知心住於極微細的一念不生的四空定中。所以是由意識覺知心與定力相應，住於定中，就是無色界有。所以無色界並不是一切法斷滅，還是有三界法所攝的意識與意根繼續存在著。這樣貪愛無色界的意根自己、意識自己、無色界定的境界，就叫作有愛住地；因爲意根、意識、無色界定的境界，都是三界有所攝。當他們貪愛無色界境界中的覺知心等，那就是有愛，因爲那還是三界有。

以上四種住地煩惱，會生起一切的起煩惱。起煩惱是說生起了以後會使眾生沈淪在三界中，是眾生可以相應到的煩惱，而且是與分段生死相應的。見一處住地是我見、三縛結，我見會使眾生不斷地從自我出發，而生起一切貪愛、厭惡、憎惡、歡喜的心行，這些心行的生起，都是從覺知心常住的錯誤認知及對三界境界的貪愛而生起的，所以就叫作起煩惱。凡是從意根與覺知心生起的煩惱都叫作起煩惱，這種煩惱都屬於四住地煩惱所攝，都是三界中的煩惱，都是與三界境界相應的煩惱，這樣解釋就容易懂了。「起」是因爲這種煩惱生起之時，在每一剎那都跟覺知心相應，所以叫作起煩惱。

「世尊！心不相應，無始無明住地」：勝鬘夫人接著說：「世尊！如果有煩惱是與覺知心不相應的，那種煩惱就叫作無始無明住地。」請問諸位，你們在證悟以前，曾經與無始無明的住地煩惱相應過嗎？有沒有？一定沒有。如果有，那已經是起煩惱及上煩惱了，不叫作無始無明住地了。因爲無始無明住地煩惱是跟覺知心不相應的，而你悟後已經跟它相應了，那顯然是起煩惱及上煩惱了。這個無始無明住地從無始劫以來都不跟我們的覺知心相應，一直到你想要探究法界的實相時，才會與你相應，但是你仍然無法打破它；直到明心以後才算是打破它了！

一切眾生都不與無始無明住地相應，住地是說覺知心所住的境界。無始無明住地，是說對法界實相不能了知的無智境界，是無始劫以來就一直存在著，但眾生覺知心從來不與它相應。這種無明也是二乘聖人從來不曾相應過的；要到他們想要確實親證無餘涅槃中的境界，想要探討一切法界中的實相時，才會相應到，卻都無法打破它。只有迴心大乘而修證到了如來藏，才算是打破無始無明了。可是無始無明住地，是一切異生、一切凡夫人、一切二乘聖者所不知道的；所以才說：無始無明住地，是覺知心所不相應的。

然後勝鬘夫人又說：「**世尊！這四種住地力，是一切上煩惱依種。**」換句話說，如果沒有這四種住地來幫助，一切上煩惱也都生不起來的。譬如，悟後專心去斷除思惑，思惑斷盡了以後雖然悟了大乘菩提，卻不能留惑潤生，那麼無始無明住地中的上煩惱也將起不來，因爲已經沒有繼續生存的意願了，又怎麼會去探討與成佛有關的法義呢？當然就不會再有上煩惱生起了。一定要繼續保留著五陰，不想取無餘涅槃，繼續留在人間，無始無明住地所攝的上煩惱才會生起，這就是菩薩留惑潤生的道理所在。如果不保留著一分思惑，死後就不會再去受生；若沒有來世的五陰，就無法跟無始無明住地中的上煩惱相應，就無法修學成佛之道，沒有辦法進求成佛之法；所以勝鬘夫人才會這樣說：「**此四住地力，一切上煩惱依種。**」

二乘聖人所斷除的四住地煩惱的力量，對諸地菩薩而言雖然是很粗淺的法義，但是無始無明住地中的一切上煩惱，卻都必須或多或少的依存於四住地煩惱，維持著世世的五陰不滅，才能在七住位到七地滿心位中發起上煩惱而次第修斷上煩惱，所以四住地煩惱是一切上煩惱所依的功能。要依這四住地煩惱的功能，才會有世世不斷絕的五陰道器，用來探究法界中最究竟的眞相。換句話說，如果入了無餘涅槃，就不可能再有道器及因緣來探究法界的究竟眞相了；就不會有因緣及五蘊可以探究要如何成佛的法義，也不可能實修了，因爲在捨報時已經入無餘涅槃去了。所以說四住地力就是一切上煩惱所依的種子（上煩惱不是種子——不具有三界諸法的功能）。而上煩惱是無始無明住地中的煩惱，不是四住地煩惱的力量所引起的煩惱。凡是依四住地力，也就是依我見和三界愛的力量而生起的煩惱，都是起煩惱，屬於種子類。

說到這裡，應該先來解釋上煩惱了。上煩惱，在明心之後仍不一定會相應到。假使有人明心了以後，心想：「**我開悟了，我成佛了，因為《六祖壇經》說『一悟即至佛地』嘛！**」那就只是打破無始無明，不會跟無始無明住地所攝的上煩惱相應，因為心中已經認為：「**我已經成佛了，我還要像凡夫眾生一樣修什麼法呢？從此以後，只要坐在佛案上給人家供養就好了。**」所以就不會跟無始無明住地中的上煩惱相應。他打破了無始無明住地，可是卻不跟無始無明住地中的任何煩惱相應；而這種煩惱，並不是由四住地煩惱所引生的，所以這個無始無明住地所引生的煩惱，就稱為上煩惱，不叫起煩惱。起煩惱，可以另外給它安立一個名稱，叫作下煩惱，全都是由於三縛結及三界愛而引生的層次低下的煩惱，是與眾生的覺知心剎那、剎那相應不斷的；只要覺知心現起時，只要意根存在時，都是每一剎那全都相應的。

譬如眾生都不想死後斷滅，甚至於斷見外道也是一樣，口中說斷滅法，相信死後是斷滅空；但是死後進入中陰身時，又不肯斷滅而又投胎去了。所以說，四種住地煩惱會引起三界中的一切煩惱；所以說，這四住地會生起眾生每一剎那都會相應的煩惱。由此緣故，在突發的危險事故發生時，眾生都會直覺反應的避開，不必經過意識覺知心的思惟。又如肚子餓了，就會引生食慾；又如見了異性，就會不自覺的喜歡；諸如此類事項，不勝枚舉。乃至成爲阿羅漢了，只是斷除現行而不斷除習氣種子隨眠，所以餘習未盡，才會有畢陵尙慢、大迦葉聞樂起舞、難陀比丘先顧女眾的現象存在。而這些餘習也都是依四種住地而引生的，生起時就是起煩惱；而這些起煩惱，是與眾生心剎那、剎那相應的。但是，即使證悟法界實相了，也仍然無法與上煩惱相應的，還得要悟後起心動念開始探究爲何悟了仍不是成佛時，才會與上煩惱相應，這當然更不是眾生與二乘聖人所能相應的。

我當年明心、見性，一時完成而過重關了，也還沒有相應到上煩惱；那時只是想印證自己的所證到底是什麼，所以把《大正藏》請出來努力閱讀，每天最少讀八個鐘頭。可是後來有一天起了一個念頭：「人家不是說明心見性了就是成佛嗎？所以才講見性成佛。可是我讀這些經典時，裡面還有許多是不懂的；佛能講得出來，我卻還是讀不懂，顯然我明心與見性時還沒有成佛。那麼到底悟後要怎樣才能成佛呢？」就去探討菩薩因地明心及見性時，爲何還無法成佛？這時就是跟無始無明住地中的上煩惱相應了。這個煩惱並非三界愛所引生的煩惱，不同於四住地等三界愛所生的下煩惱——起煩惱，所以就稱爲上煩惱。當這個上煩惱跟你相應了，你心中有了煩惱：我悟後要怎麼進修才能成佛？你已經在探討這個問題了，這時的上煩惱就變成你的起煩惱了；因爲它已經生起了，生起了就成爲起煩惱。因爲它會使你與三界中的煩惱相應了，而這個上煩惱的生起，必須在有起煩惱存在的時候才能引生，所以說：「此四住地力，一切上煩惱依種。」若不依於四住地起煩惱的種子功能，尚且不可能有你的五蘊存在，何況能引生悟後修道的上煩惱？

所以，無始無明住地中的所有煩惱——上煩惱，是眾生心無始劫來不曾相應的。眾生心在什麼時候會與無始無明住地相應？（雖然還不與其中的上煩惱相應，但是已經跟無始無明住地相應了）是什麼時候相應的呢？是你心中生起了一個念頭：「到底生命的實相是什麼，佛法的眞實本質是什麼？諸佛以什麼爲究竟法身？」你想要探討清楚：爲什麼法界中會是這樣的？爲何三界中會有山河大地？爲何會有眾生？爲何眾生會輪轉生死？輪轉生死是根據什麼而輪轉生死？爲何眾生所住境界會有三界的不同？而眾生是生從何來、死往何處？這些事相諸法總不能無因而有、無因而生、無因而死吧？當你想要探討這個眞理時，就表示這時已經跟無始無明住地相應了。

但是相應了，仍然無法打破它，當時你也不知道那是與無始無明相應。得要有人爲你說明：**這樣就是跟無始無明住地相應了**。至於想要打破它，就得自己參究禪宗的明心，或者在善知識幫助下，不管是書籍或者善知識當面教導而努力參禪。有一天證悟了，終於知道：啊！原來**一切法都從這裡開始**！你已經找到了如來藏，現前證實：**一切的煩惱都從祂開始，出世間羅漢法也依此而有，所有佛法也都依此而有，修證成佛之道也是要從這裡開始，而眾生的生死流轉也是從祂開始的，而祂卻是無始的**。那就表示你已打破無始無明住地了。可是把它打破以後，有沒有和無始無明住地中的上煩惱相應呢？仍然沒有！一直要等到你想到說：爲什麼我證悟法界實相了，卻還沒有成佛？這時你**起**了**煩惱**了：**我一定要弄清楚，我爲什麼還不是成佛？我既然正確的開悟了，爲什麼沒有成佛呢**？這時候才眞的與上煩惱相應了。

假使悟後自滿而不深入探究，自以爲是成佛了，就永遠不會與無始無明住地中的上煩惱相應。而這一些上煩惱的數量是無法計數的（所以又名塵沙惑），所以要經過三大阿僧祇劫的歷緣對境實修以後，才能斷除淨盡，卻都是與眾生心不相應的，乃至二乘聖人也都是無始劫來不曾跟它相應過。所以，除了最後身的妙覺菩薩降生人間成佛以外，一切人證悟時都不可能成為究竟佛；所以六祖講的「一悟即至佛地」只是方便說，只是**六即佛**中的**相似即佛**罷了，距離究竟佛地還遠著呢！如果你往世跟它相應過，不只是打破過它，就確定你一定是乘願再來的人——即使如今還沒有離開胎昧。三地滿心以下的已悟菩薩都是如此，乘願再來的定義就是這麼簡單。

但是二乘聖人所斷除的起煩惱所攝的煩惱很有限，它就只是見惑與思惑，而這四個住地煩惱，當然會有力量導致眾生輪轉生死不斷。但是這四住地煩惱的力量，要是比起無明住地的力量來，那又差遠了。因為阿羅漢成為阿羅漢之後，辟支佛成為辟支佛之後，為什麼他們不會所有人立刻都取無餘涅槃？都是因為無明住地力所攝的異熟生的緣故，使他們繼續留著色身，每天跟著　佛學法；　佛去到哪裡，他們就跟到哪裡，想要一直聽　佛說法，佛陀說法對他們有很強烈的吸引力。這表示，無明住地的力量其實還是很大的，所以他們多數人不會在成為俱解脫以後就立即入涅槃。而且，四住地的煩惱也是依無明住地的力量而有的，可是反過來，無明住地中的上煩惱，卻要依四住地煩惱的力量才能生起；所以二者互相有關聯，卻必須在證悟以後進修，親聞或閱讀地上菩薩對這二者的細說或著述以後，才能實際上理解二者之間的關聯所在。直接讀經是不可能讀懂的，所以證悟後還得要依止大善知識修學；未悟者當然更不可能讀懂此經的眞義，當然是不該註解的。

但是無始無明住地中的上煩惱，是無量無邊的；這些上煩惱的斷除，要經由將近三大無量數劫的修行，藉由善知識的教導及歷緣對境悟後起修，才有辦法全部斷盡，並非悟後就自己有智慧、有能力開始斷除的，可見它的深邃與廣大。所以四住地煩惱的力量很小，比起無明住地中的上煩惱的力量，其實微不足道；而四種住地起煩惱的數目內涵，比起無始無明住地中的無量無邊的上煩惱內涵，一樣是微不足道的。所以阿羅漢與辟支佛斷除了分段生死，利根的人一生就完成，遲鈍而極精進的人，歷經四生也可以完成。但是無始無明住地中的上煩惱斷除，不論你如何的利根，都得要將近三大無量數劫才能斷盡。你想，這四住地的力量跟無始無明住地的力量，能用什麼樣的算數或譬喻來相提並論呢？都是沒有辦法比喻的。

假使你說四住地煩惱的數目，比喻為一個杯子盛滿了沙子，那麼無始無明住地上煩惱將會是好幾個恆河沙數的杯中沙數量，你要怎麼計算差距呢？恆河沙是很細的，六顆合起來大約等於一顆白沙灣的沙子；恆河又那麼寬廣，以超過恆河沙的數目來比擬無始無明上煩惱的話，四住地的煩惱大概只能有這一杯子中的沙子。所以說，無始無明住地所攝的上煩惱，你沒有辦法用算數譬喻去說明它的數量。

無始無明所攝的上煩惱，不但是數量多，而且都是眾生心不能相應的；阿羅漢與辟支佛都相應不了，連剛明心的菩薩們也相應不了。如果你們明心後，有一天找親教師請問（又如早期也常常有很多人悟後來問我）：「**我們開悟以後，接著要怎麼修行才能成佛？**」恭喜你！你跟無始無明住地的上煩惱相應了！但是卻也有人不成器，我幫他們證悟後，他們卻自以為已經成佛了，自以為證境比我更高了，結果卻是落回到意識中，成為佛門中的常見外道。這其實是退轉以後而自以為增上了，眞可憐！不論我怎麼想辦法拯救，都救不回來！原來都是新學菩薩，修學佛道以來才只有短短的幾劫時間，十信位的功德都還不具足圓滿呢！這就如同《菩薩瓔珞本業經》中說的八萬人退失一樣，如同過去劫中的王子法才、舍利弗退失一劫乃至十劫之久。

如果你悟後很努力把我的書深入研讀，也將經典不斷地研讀，想要弄清楚怎樣才是眞正的成佛之道與過程，那就是你已經跟無始無明住地的上煩惱相應了。從此開始，就說你是：**心相應無始無明住地**。不再說你是：**心不相應無始無明住地**。但是，久學菩薩悟後就會與所有上煩惱相應嗎？不然！大部分人都會只是歡喜的享受禪悅而不會很快去探究悟後起修之道；只有極少數人會很快與上煩惱相應，因爲還有很多是你悟後所不知道的。所以由這裡看來，在同修會中證悟後，很悲哀的是：**並不是悟後就沒事了，悟後反而更多事**。但是依據這一句經文來看：**其實你才是不悲哀者，你才是眞幸福者**。因爲你正是經文中所說的眞悟菩薩，也是正在邁向初地的久學菩薩；也因爲這個緣故，所以說：四住地煩惱「**比無明住地，算數譬喻所不能及。**」

現在請大家把雨傘撐起來（把雨傘圖拿出來看）。（讀者請見次頁附圖：）

全傘即是如來藏全體

初地入地心，無生法忍，能知佛法全貌概略，不由他聞。

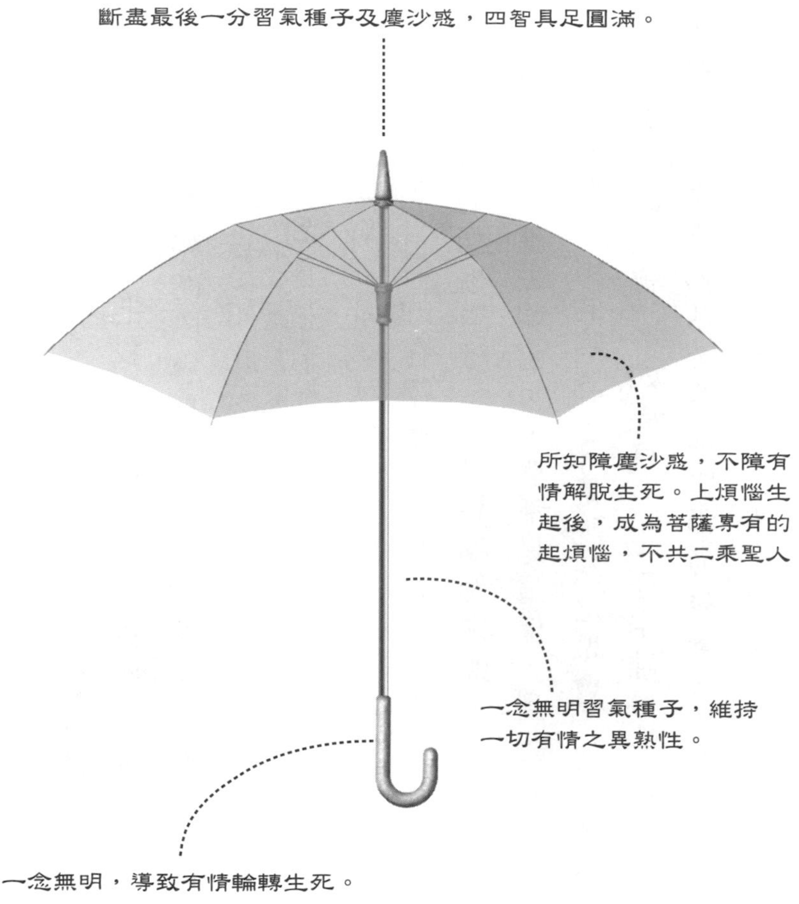

斷盡最後一分習氣種子及塵沙惑，四智具足圓滿。

所知障塵沙惑，不障有情解脫生死。上煩惱生起後，成為菩薩專有的起煩惱，不共二乘聖人

一念無明習氣種子，維持一切有情之異熟性。

一念無明，導致有情輪轉生死。

破參明心是打破無始無明、一念無明。窺知雨傘全貌是入地心，名通達位

如果還沒有拿到雨傘，請你舉手，由義工菩薩們補發給你。第二、三講堂有沒有義工菩薩在分發？好！現在請把雨傘撐開，來看這一支雨傘；關於這支雨傘，整支傘就是如來藏。傘的本身是可以看得見的，這看得見的傘身就譬喻我們這個色身，所以請把我們的色身當作是這一支傘。一般人都只看到傘的本身，並沒有看到傘的內容是什麼：**都沒看到色身裡面的內容是什麼**。即使面對眞正的傘時也是如此，如果你問他說一支傘中有些什麼零件，一般人可能大概只會注意到那個骨架跟那一片布，其他的零件與構造，可能都不太會注意到，只有比較細心的人才會注意。

同樣的，學佛人如果有眞的在學佛（一般說的學佛人其實都不是眞正學佛的人，他們大多是在事相上互相攀緣，今天到哪個山頭去作義工，明天聽說什麼地方有法師或居士很靈感，就去朝山，大概都是這樣，到處攀緣。如果談到法會時，大概只會想到一定是有梵唄的唱誦。凡是說法之聚會，他們都不會叫作法會，其實說法的聚會才是眞正的法會），如果是眞正在學佛，一定會去探究：「**我們學佛到底是在作什麼？難道就只是參加唱誦的聚會，法器敲敲打打就好了？是不是行善就是學佛？是不是吃素就等於學佛了？**」一般人不會這樣探究。

然而我們這一世初學佛，就已經在探究到底什麼才是眞正的學佛。所以我這一世初學佛兩、三個月時，有人介紹我參加某寺的念佛會；有一天我忍不住就找人問（因爲都沒有人談論這個問題），我忍不住就問一位法師（他的名號就不提了）我問他說：「師父啊！我們這樣佛號一直唸、一直唸，唸到後來到底是要作什麼？」他也沒答覆我，大概覺得我這個人是來找碴的，所以扭頭就走了，他也出過三、四本書。但是我這個問題始終放不下，所以後來就設法去找一些談念佛法門的書；雖然讀了一些淨土類的書籍，也談不出個所以然，說來說去都只是求生極樂，就沒有別的說法了。但是我想，學佛一定不只如此；所以後來聽說有禪坐會，我又參加禪坐會；原來念佛會的共修又繼續參加一、兩個月以後，就停掉了，不再參加了。我覺得應該是坐禪比起念佛更與學佛相應，所以就開始跟著打坐。

坐呀、坐呀、坐呀，坐上差不多半年，有一些過去世修成的定境與法門開始出現了；可是我問別人都問不出個所以然，因爲他們都沒那些體驗。然後我就想：這樣打坐的目的都是要一念不生，可是禪的目的是開悟、開智慧，這樣坐在一念不生中，跟開悟智慧到底有什麼關係？有一天遇到同一位法師，我又提出來問，還是答不出個所以然來。我就這樣一直混在佛門中，混到後來，自己倒是把無相念佛功夫修起來了。後來才知道看話頭原來是這樣，終於知道什麼是話的前頭，原來看話頭就是看住一句話的前頭，不讓語言文字跑出來而了了分明的看住它。接著我想：開悟應該就只是一念相應，突然間就知道什麼了。但是到底要知道什麼內容？我也不知道。根本不知道悟的內容是什麼，因爲以前學佛時師父教的就是要坐到虛空粉碎、大地落沉，說就是開悟了；但我覺得這樣就等於是將心待悟，根本就悟不了。

那時看話頭的功夫很好了，見山不是山的情形一直在經歷著，可是到底是要悟個什麼？一直都不知道。後來 觀世音菩薩說了：「開悟哪有那麼簡單？心肝那麼沒閒。」因爲我一直都在作義工，所以很忙。祂的意思就是說：開悟沒那麼簡單，你得要靜下心來自己用功。我就想：是呀！我原來修的知見與方法都可能錯誤了！既然這個見山不是山，已經混了一年半了，這樣繼續下去總不是辦法。就把義工工作全部推掉，在家裡面關起門來，不出門了；報紙不讀，連電視新聞都不看，就是專心參禪。

我用這一世的師父教的方法，參了十八天半，都沒半點消息；到第十九天中午，依舊沒什麼消息；那天中午用完齋，又上去三樓佛堂靜坐；坐到三點半過後，我突然認爲：可能師父教的方向與方法都不對，我不如自己來吧！我就開始探討：禪宗講的是明心見性，那一定是有個心可明，有個性可見；因爲禪宗是講**明心見性**，不是講**見心見性或明心明性**，所以一定是兩個不同的東西。我先把這個理路建立起來，然後就開始探索：「到底是要明什麼心？總不會是我們現前這個覺知心吧？這個覺知心，不論定境再怎麼好，不管一念不生的功夫能維持多久，祂都始終是覺知心。如果說明心就是明這個心，那麼佛也不用來人間了，因爲覺知心是大家都知道的。那一定是另外有一個什麼心，是我們所不知道的，所以明心以後就會開始有智慧。」

但是那個時候想要明心，眞的很困難，因爲百年來都沒有人教導說眞心的體性是怎麼回事，根本不知道要怎麼明心。是我們出來弘法以後才有在開示：**眞心是離見聞覺知的，不思量的，不作主的，睡著了也不會滅，悶絕時祂也在**。但這是我們出來弘法時才開始講出來，以前沒有人講過。所以我就坐在那邊探索：**到底明心是要明什麼心？**眞是連一個線頭都沒有。後來突然間就一念出現了（那一定是過去世的記憶），我就知道是哪一個心了，篤定的告訴自己：**就是這個，一定沒有錯**。然後從這個心來看覺知心，就發覺說根本不可同日而語，完全不同；一個是眞的，一個是假的，那麼分明。可是當時覺得並沒有什麼奇特，有些失望。這個明心部分就過去了，探討到這裡就知道眞心的所在了，我當時也沒繼續整理，就擺著。

接著下來是要弄清楚**見性**了，明心過了就是要**見性**；可是，**見性**到底是見什麼性？卻沒有去探討覺知心的體性等等，也是像明心一樣突然間就一念蹦出來，知道佛性是什麼，當下就看見了，原來聲音中都有自己的佛性；聽了好一會兒，就緩慢的張開眼睛，想要試一試能否在事物上看得見佛性；於是就看見了面前白色粉牆上自己的佛性。就這樣子，很簡單，眞是非常、非常簡單；原來我自己弄，比較快，被人家教導反而是繞路繞得更遠。所以那個時候才開始知道說，原來諸方大師是這麼回事。就這樣前前後後不到二十分鐘，這個參究過程，明心與見性兩關總共不到二十分鐘。

當時見性之後就把明心給丟了，都不管它，專心在那邊領受佛性：太棒了！當時我住的舊宅窗戶外面就是幼稚園，吵死了！因爲他們剛好放學，眞的很吵。可是那個時候吵聲卻都不吵了，都覺得很好聽，因爲我不是在聽孩子們的笑鬧聲，而是在聽佛性。整整聽了二十分鐘以後，把眼睛張開看著白色的粉牆，牆上也有我的佛性；就這樣看了五、六分鐘，轉頭看一看，也是到處都有。然後才下座打開了窗戶看窗外，小朋友們在那邊玩；我看著他們的佛性，看到入神了，當時應該是像一個不正常的人一樣。然後忽然間發覺自己怎麼會掉眼淚？我又沒有任何的情緒，怎麼會掉眼淚？原來看到一個小孩子正在哭，我的如來藏跟他相應了，就不知不覺的掉眼淚了，就這樣而已。那時才知道：原來你整個身體根本就是如來藏，六塵、六識也都是如來藏，如來藏以及佛性都是與五蘊同在一起的；只是祂沒有為你唱那一首歌：「**當我們同在一起**。」只是這樣而已。開悟前，我也不知道祂跟我在一起，祂也不了知這件事而不會告訴我。

後來我就把見道的報告呈給這一世的師父，不過我那時根本就不重視明心的內容，只看重見性的內容，也就沒有提到明心的內容。可是報告呈上去以後，沒有人理我，沒有人願意告訴我那是什麼境界（後來才知道他是沒有能力知道我所證得的明心與見性的境界，當然無法告訴我說那是什麼境界），我只好自己探討了。閱讀經藏探究以後，很有把握是明心與見性了，但是仍然側重在見性的部分，根本就不重視明心的內容。可是我發覺：**明心已經明了，見性也已經見了，爲什麼我仍然不是佛？**才開始每天閱藏至少八小時，終於明白爲什麼仍不是成佛的原因所在。所以，我這一世是從那時開始才與《勝鬘經》所講的法義相應，這時才算開始與心不相應的上煩惱相應了。明心之時就是打破無始無明住地了，但是無始無明中的上煩惱，卻是在探討爲何仍不是究竟佛時才相應的。

因爲那個時候要探究：**我明心了，也看見佛性了，眞的是確實能以肉眼看見佛性，可是爲什麼我還不是佛呀！到底問題出在哪裡？佛在明心、見性以後就成佛了，我們爲什麼還不行呢？要如何進修？要進修哪些法義與境界才能成佛呢？**當時探究到這個問題，就是跟無始無明上煩惱相應了。這是眾生心不相應的上煩惱，就是無明住地中的上煩惱；這也是阿羅漢、辟支佛不能相應的無明住地中的煩惱，所以是上煩惱。它是與眾生的覺知心不相應的，直到你悟後開始探究：**爲什麼我明心了、見性了，卻還不是佛？**這時才與無始無明上煩惱相應。所以我那時讀了《勝鬘經》，才開始懂得經中意思；開悟以前閱讀，根本讀不懂。

我這個參禪及自我印證的過程，是一段很辛苦的摸索過程；至於 佛的召見，以及提示此世的因緣，則是悟後一小段時間以後的事了。所以，接著整整兩年多的時間，每天就在佛堂中的矮方桌前把腿盤起來，將《大正藏》請出來閱讀，一再地從教證中確認了自己的所悟正確。所以破參以後，我每一天最少要盤腿八個鐘頭，痠了就上下換腿；這樣子一直讀經，整整讀了兩年多才終於瞭解：**爲什麼佛明心、見性以後是成佛，我們明心、見性以後還不是佛，並且距離還很遙遠**。終於懂得原由了。這是一段很辛苦的摸索過程，都沒有人幫忙，完全是自己去摸索。

到那個時候才知道說，原來根本整個十八界都是如來藏法，從頭頂到腳底全部，都叫作如來藏。但是那時有誰知道如來藏是怎麼回事？根本就沒有人知道。因此說，能夠把一支如來藏雨傘從外到裡，全部都瞭解的人，在世間是很難見的；我希望大家都能快速而容易的理解，所以就畫出這一張傘來，請人幫我用電腦畫美一些，印給大家。諸位要認知：這一支雨傘就等於是你整個身體、整個如來藏。身體並不是只有身體，身體裡面有很多不可思議的佛法，包括涅槃都在裡面；但你的身體不是涅槃，也不等於是如來藏，所以佛法是很難理解的。當你悟了以後說：身體就是涅槃，但涅槃不是身體；覺知心就是涅槃，涅槃卻不是覺知心。有誰能夠聽得懂？我講出來了，也只有你們聽得懂，當代所有大禪師、大法師們都是聽不懂的。

所以禪師才會說：「飯籮裡坐，餓死人；海水沒頂，渴死人。」很多人學佛而想要證悟實相時都是這樣的，總是坐在飯籮裡，整個飯籮裡都是飯，他卻找不到飯吃而餓死了；有人根本就是沉沒在海水裡面，竟然說沒有水可以喝而被渴死了（當然海水是不可以喝的，住在內地的古人不知道，才會有這個譬喻；而這個海水只是指非常多的水，不一定是說海水，海水只是譬喻水如同大海一樣多）。眾生也都是這樣，一天到晚生活在如來藏裡面，等到你問他說：「你的如來藏在哪裡？」他卻回說：「我不知道。」事實上是眾生們每天都在如來藏中生活，卻沒有一個人能找到如來藏，還有人在大力否定如來藏呢！一切有情都不能自外於這個道理，二乘聖人也是一樣。所以，一般人都只看到雨傘表相，但我們不能只是看到雨傘的表相。

現在將這一支雨傘代表我們整個的身體、整個五陰；可是這裡面，眾生假使開始要尋求解脫生死，他對於這一支雨傘是無法如實知道的，反而會認爲這隻雨傘是生滅法，所以他還不知道雨傘——如來藏全體——在哪裡。當他懂得解脫之道就是斷我見、除三縛結，也知道要進而斷除思惑而出三界生死，但他還是不知道雨傘（五陰）的眞正內容；等到有善知識爲他開示「什麼是五陰，什麼是十八界」，終於弄清楚這就是雨傘（五陰表面）；可是雨傘的細部，譬如說雨傘的手把在哪裡，他還不知道。

終於在善知識教導下，把五陰作爲眞實我的邪見滅除了，我見斷了。我見斷了就是惡見斷了、五利使已經斷了，這時才發覺原來學佛是要從這裡入手。也就是說，他已經抓到手把了；這雨傘最下端彎彎的手把，他終於抓到了。接著他知道要把自我的執著全部滅盡才能出離生死，但這一點是最難的；因爲五陰的內涵究竟有多少？他仍然不知道。粗的部分在斷我見之後就可以了知，細的部分就得要深入去作觀行，才有辦法斷除自我的執著，這是最難的。除非是利根人，否則都要在善知識指導下，才有辦法斷盡我執。

當他斷盡我執之後，譬喻這一支雨傘的整個手把已經弄清楚了；可是傘骨、支架、傘布，以及最上面那個尖頂（那不是寶塔頂層的定風珠，該叫作什麼呢？有沒有誰是做雨傘的？請告訴我們它叫什麼），他都還不知道，也接觸不到；這都是阿羅漢與辟支佛們所不知道的，所以阿羅漢與辟支佛所知道的就只是最低的、下面被手握著的手把。這樣說明以後再來看解脫道的斷我見、斷思惑，它和整個佛法的關係及比例，就可以稍微有一點點瞭解了。換句話說，斷盡我見與我執而成爲阿羅漢、辟支佛以後，也只是摸到雨傘的手把而已，其他的都還不知道；所以二乘聖人就被禪宗祖師們稱爲聖者愚人，因爲他們雖然貴爲二乘聖人，卻依舊愚於法界實相。

我們就先來談談這個手把，這個手把（一念無明）導致有情輪轉生死；一念無明也就是前面講的四種住地煩惱：「**住地有四種，何等爲四？謂見一處住地、欲愛住地、色愛住地、有愛住地。**」一念無明共有四種住地煩惱。如果加上無始無明住地，那就是五種住地煩惱了。現在先不談無始無明住地，先談四種住地在佛法中的地位。現在是講這個雨傘的手把，雨傘的手把代表四種住地煩惱。四種住地，簡單的說，見一處住地就是我見以及三縛結。假使你能把我見斷了，三縛結就斷了，這時候就是大乘通教的初果人了，或者是聲聞初果人了；可是這個初果人在四住地煩惱中，只斷了見一處住地，其餘三個住地還沒有破除。

爲什麼叫作見一處？也就是說處處生起我見。在哪幾個處呢？欲界處、色界處、無色界處。處處起見時，總是把欲界、色界或無色界中的自我當作是眞實常住法，認爲是永遠不會壞滅的。這就像道教中所講的：「這個覺知心是常，所以死了也無所謂，最多只是再喝一杯孟婆湯，忘了往世就重新再來投胎，二十年後我又是好漢一條。」可是法界中其實沒有孟婆湯，那是人們妄想施設出來的；因爲他們的說法有這個胎昧的盲點，所以必須施設孟婆湯來圓滿自己的說法，否則就講不通。而且，二十年後的好漢並不是由此世的覺知心去當的，而是由下一世的五勝義根爲緣才出生的另一個全新的意識心；因爲，如果這個意識心是可以去到未來世的心，那麼意識心應該也是從前世投胎過來的。現在問題來了，既然是從前世來的，爲什麼會忘記說話、走路、作事，種種生活技藝，待人處世之道，出生時怎麼會全都忘了呢？

意識若是通三世的常住心，照理說，應該在母胎中就已經每天在想：「媽媽有沒有在講我什麼事？媽媽有沒有在爲我準備衣服、玩具？」也應該一出生時就會慰問說：「媽媽！您辛苦了！感謝您！」可是明明每一個人都沒有這樣子，沒有人是在出生時開口說話的；種種事情也都不懂，都沒把往世所學的世間知識帶到這一世來，所以顯然這個意識並不是從上輩子轉過來的。所以前後世中間有了斷層，那要怎麼連結呢？就發明個孟婆湯：「這意識還是前輩子的意識，只是因爲喝了孟婆湯，所以全都忘光了。可又不許不喝，若沒有喝孟婆湯，就不許投胎。」這樣的說法，也有很多人相信。我們小時候沒智慧，聽老人家這樣講，也是很信受；可是後來覺得不太對勁，所以我們開始探討。

所以當一個人處處起見，錯把意識心或其他的「名」，也就是受想行識的全部或者局部，錯認爲是眞實常住的不壞我、眞實我，時時刻刻都想要**作自己、把握自己**，這就是標準的我見。這個我見的最低層次是從欲界中的地獄眾生就已經存在著，次第上來是餓鬼道、畜生道、人類、欲界六天，處處都有見一處住地煩惱；總是在在處處起見說：「**這個五陰就是常住的我，最主要的就是能分別、能思惟，懂得作主而生起貪厭的心行，這個覺知心就是眞實我。**」這就是欲界中所生起的見一處住地。於三界中處處生起這樣的見解，所以即使定境很高而生到非想非非想天了，還是無法解脫生死。

然後修習禪定而生到色界天去，也是一樣生起這樣的看法；到了色界天，還是起這種見解；再上生到無色界天，他還是這樣，所以是處處起見。但是每一世都只能夠在一個處所、一個地方起見，所以就說是**見一處**。而眾生所見的永遠都只有一處，就是五陰，永遠只有見這一處，不會見別處。除非被外道作了邪教導，才會見別處而住；譬如盧勝彥說虛空就是眞如，那就是邪見、邪教導。但那也是依他的我見而生的，所以還是見一處。所以見一處住地若是打破了，就是初果人了，就是大乘通教中的初果菩薩；那他同時也具有二乘法中，也就是聲聞教中的初果的證德。這就是見一處住地。

把我見斬斷了以後只是初果人，從通教或聲聞教中來說，已是聖人；其實本質上還不算是聖人，因爲他只有見地，所以他的身口意行都跟凡夫一樣，好吃的也是貪得不得了，遇到不如意的事也是氣呼呼的，跟世俗人沒有差別；他只是知道自己是假的，他還不算是眞的聖人，所以叫作預流果；是預先把他算入聖者之流中，還不是參預於聖者之流，所以叫預流果。預流果三字的意思就已表示他仍然不是聖人，只是預先把他算是聖人中的一分子。什麼時候開始變成聖人呢？當他知道自我虛假，所以這些都虛妄、無常，無常所以是苦，苦所以是空，所以是無我。既然如此，貪瞋癡就降低了，貪瞋癡淡薄了，淡薄了就表示他對欲界的貪愛已淡薄了，所以就稱他爲薄地。

初果人是見地，二果就叫薄地；因爲薄貪瞋癡了，所以他捨報後會生在欲界天中，表示他把第二個住地煩惱（叫作欲愛住地）已經降伏了，可是欲心仍然還沒有全部斷除，所以無法發起初禪，無法生到色界天去，因此要進一步把欲愛斷除。在已斷見一處住地的前提下，進而斷除欲界愛以後而離開欲愛住地了，終於發起初禪而成爲三果人；他可以生到色界五不還天的下四天中，仍然到不了色究竟天。

所以斷我見的人進修而使貪瞋癡淡薄了，雖然只是二果人，但是當他斷除欲界愛而證得禪定之後，就必定轉入三果；這時是色界天的境界，他就墮入色界天境界的貪愛中，那就是說他還有色界愛住地無明及有愛住地無明。色界愛是第三個住地煩惱，當他再把這個色界愛也斷除了，也就是說他對色界的天身、色界的受想行識都沒有執著了，那就發起四空定而進入四空天的境界中，到達無色界的境界，那就只剩下有愛住地了。

到了無色界，雖然沒有色陰了，可是仍然還有對受想行識自己的貪愛，以及對四空定境界的貪愛，這四陰及四空定境界仍然是三界有，所以名爲有愛住地。假使他有智慧，修到了無所有處定，不入非想非非想定中；或是終於懂了，就退回無所有處定中，把意識滅了，就進入滅盡定中。如果他再笨一點，就進入非想非非想定中，然後馬上轉入滅盡定（這是在入非非想定之前就必須先有滅除意識的作意存在），這樣就表示他已經成爲俱解脫者，這就是有愛住地也滅了。到這個階段，他總算把雨傘的手把全部弄清楚了。阿羅漢弄清楚了卻還沒有究竟，因爲只是將這個手把摸清了全貌，可是手把裡面還有一些東西，譬如辟支佛的因緣觀是怎麼觀的？他還是不太懂。如果他是辟支佛，阿羅漢的四聖諦、八正道是怎麼修的，他也不太懂，所以都沒有完全弄清楚，只是整個的表面形狀、軟細度等等弄清楚了，材質可就不知道了，這就是阿羅漢與辟支佛，這就是成佛之道的手把、如來藏雨傘整體中的手把。

這經文中剛剛講的那一小段後面還有兩句：「**此四種住地，生一切起煩惱；起者，剎那心剎那相應。**」意思就是說，一切的起煩惱都從四種住地中引生的。我們可以來探究一下，是不是眞的如此？先不必觀察他道眾生，只觀察人道眾生；先來看看人們（不論是別人或自己），有時候跟人家起爭執，都是因爲不能接受自己這個五陰被誹謗、被毆打或者被羞辱，都是由於這個五陰，誤認爲五陰是眞實有。特別是我這個覺知心是眞實常住的眞我，所以我有自尊；假使我沒有被尊重，我就要求他尊；自尊、他尊都要，這就是我見：認爲自我眞實常住不壞，才會這樣計較。所以，有時候假使媽媽心情那一天不太好，飯煮好了拉大嗓子說：「兒子！吃飯！」兒子回說：「不餓了！」剛才還喊餓，現在卻說不餓了！爲什麼呢？因爲兒子今天的心情也不太好。媽媽覺得奇怪，提出詢問，兒子才說：「媽媽！妳這是什麼口氣，把我當作是狗嗎？我是你兒子欸！」他寧可不吃了，這也是因爲我見作祟。

我見還算是比較容易斷的，如果有正知見，自己就可以如實觀察而斷除，除非被作了錯誤的教導。可惜的是，現在佛教界普遍都是錯誤的教導，都教徒弟們說意識是常住心，所以就極力否定如來藏心的存在。如果是利根人，他讀過一些正確的佛書以後，自己觀行也可以斷除。可是斷了我見以後，他知道自我確實是虛假的，可是你如果要他說：「那你現在捨報好不好？」「不好！」一定不好，因爲假固然是假，可是很好用，也可以用來享受：我可以爬山，我可以吃飯、享用美食，我可以欣賞美景，聽好聽的音響等等。他還是放不下，這就是執著，最粗淺的執著就是這一些我所的執著。你說：「既然這些你放不下，不然這樣好了，我供給你所需要的享受，你每天好好跟我打坐，好不好？」他說：「不好，打坐沒有味道，沒意思。」不管你跟他說什麼，他都會從五陰這個我作中心點，來思考他所接觸到的一切。

從我所的執著到向內的自我執著，其實都根源於我執。但是我執主要有三個大類：第一大類就是對欲界境界中的自我產生執著，第二是對色界境界中的自我，第三是對無色界境界中的自我產生執著。所以斷我見與斷我執，是顯然不一樣的。我執斷了，就不會在打坐時突然間生起一念想要去作什麼，他打坐時就只是打坐；如果他入了滅盡定或入了四禪八定中，絕不會突然再生起一念想要作什麼。我執斷盡時，就是這樣。所以我執沒有斷盡的人，打坐時還會生起念頭，有時想起某一件事情該去作了，而且往往是記掛著某一件事情而在擔心。

可是我執斷盡的人，絕對不可能有這些事。人們會有那些妄想生起來，都是由於四種住地的無明所引生的，靜坐中所產生的種種念頭與妄想，都是源於四種住地而來，使人不知不覺之間就有一念出現而不能常住於定境中，所以這四種住地的無明就簡稱為一念無明。假使他出生到色界天去，譬如說色界天凡夫境界中最高的境界無想定，意識已經滅了；可是因爲我執沒有斷盡的緣故，或是我見仍存的緣故，所以他在五百大劫中也許會中夭，在三百大劫時突然生起一念，這一念出現就立刻下墮欲界中了，所以就稱爲一念無明。

假使有人覺得說自己是阿羅漢，可是打坐時還會生起一堆念頭，於是坐不住了或是出定了，那他一定不是阿羅漢；如果曾經宣稱自己是阿羅漢，他就是早計證果、因中說果，是還沒有證果而太早認爲自己證果了。由於這個一念無明、四種住地煩惱的緣故，他會引生種種煩惱，這些煩惱都是三界中的煩惱，與增上慧學無關，與佛法中的般若種智等等都沒有關係、沒有關聯，完全是三界中世俗法上的煩惱。有這一些煩惱存在，從一念無明（就是四種住地煩惱）中作爲生起的因緣，出生了種種妄想或煩惱，這就叫作起煩惱。因爲這個煩惱會使得眾生對三界法產生貪愛，而三界的貪愛最主要的就是對自我的貪愛，所以一念無明必然會導致有情輪轉生死，就是因爲它會使眾生不樂自己斷滅而會引生起煩惱的緣故。

假使要說一點比較切身的，我們就講中陰境界好了。在中陰身時，一般的亡者如果對生前的眷屬、財產有貪戀，他就不會很快往生去投胎，他會留在家中一段時間。乃至成為大法師以後，他會留在寺院裡面看看徒眾們有沒有在爭權奪利。他一時之間也不想去重新投胎，因為覺得中陰身眞棒，有小五通，要看什麼，都可以看得見；要到什麼地方去，應念即到，所以覺得中陰身是比人身好用。可是到了第七天，他終於懂了：為什麼沒有人想要一直住在中陰境界裡面，原來中陰身的生命只有七天。到了第七天，那個中陰身即將壞掉，他發覺自己覺知心越來越昏沉、越來越沒有功德力，該怎麼辦？到最後撐不下去了，依舊斷滅了；當第二個中陰身出生時，才知道中陰身只是一個投胎前的過渡身，得要趕快去投胎了。

為什麼他會去投胎？正是由於我見、我執的作用，因為恐怕受想行識消失而斷滅，所以他一定會去投胎。但是在第一個中陰身將滅之前起了念頭要趕快去投胎時，已經來不及了，因為他的中陰身已經沒辦法用了，只好等下一個中陰身生起了，再去投胎。下一個中陰身出生的時候，他就會每天觀察：跟我有緣的父母在哪裡？當他一旦看見了，就會趕快去入胎了；那時絕對不會遲疑，並且是有些快樂的投胎；因為他知道：投胎了，未來世就仍然會有這個見聞覺知心，不會成爲斷滅空。所以，這時想要去投胎，都是由於他的起煩惱；而他這個起煩惱是從哪裡來的呢？還是從一念無明來。

但是這個一念無明四住地煩惱，跟起煩惱之間有什麼差別？起煩惱不是常常在的，可是四種住地煩惱是時時刻刻都在，包括睡著了、悶絕了，一直都是存在的，從來沒有一剎那間斷過，所以會常常引生了各種起煩惱，正是**剎那心剎那相應**。它一直存在，但是它會引生的起煩惱卻不是一直存在的；有時候引起某一個煩惱，那個煩惱生起了就與覺知心相應了，所以這一種起煩惱它是剎那心剎那相應，只要生起了就一直都相應的，一直到解決以後那個起煩惱過去了，終於不相應了。可是起煩惱滅了，過去了，是因爲問題解決，所以它消失了。但是一念無明四住地煩惱，卻是一直都存在著，不曾有一剎那間斷過；它會在什麼時候斷除呢？在你斷我見的時候先斷見一處住地煩惱，剩下欲愛、色愛、有愛三個住地煩惱，還是一直存在而與眾生心剎那、剎那不斷相應，乃至悶絕、睡眠時都仍有意根在每一剎那中相應。

由於這三個住地煩惱，所以使得初果人打坐時有時出現一個念頭，有時出現別的念頭，然後心中就有了煩惱，於是靜坐中的語言思想就在覺知心中出現了。等他進而把欲愛住地斷除了，就發起了初禪而進入三果中；同樣的，五下分結斷除了，色愛住地也就斷了；五上分結斷了，有愛住地也就斷了。因此三果人也會有起煩惱，他們有時候會想起來：「我為什麼還不能成為阿羅漢？就差這麼一點點，為什麼無法成功？」他就會去探討，為了探討這個問題，於是就有了起煩惱：「不曉得我那位阿羅漢師父什麼時候有空？我可以去請法。但我師父那麼忙，什麼時候才有空閒接見我？」這就是他的起煩惱。然後接下來也許又會想：「師父若為我開示了，那時我到底會不會聽懂？我會不會被責罵『太笨了』。」這也是他的起煩惱。所以起煩惱是某些時候才會出現的，出現的時候當然是每一剎那都會跟覺知心相應。但是四住地煩惱還沒有斷除的部分，卻是永遠存在的：當眾生晚上睡覺的時候，當他們打坐一念不生的時候，它也是一直都存在而不曾與意根脫離的；所以起煩惱有生起、有斷滅，但是四住地煩惱是沒有間斷的；除非你有證果，然後隨分斷除，但是還沒有斷除的部分是永遠在而不間斷的。講完雨傘的手把（一念無明、起煩惱、四住地無明），諸位就懂一念無明與無始無明之間的關係了。

我們再來看這一支雨傘還有些什麼？手把接上去是傘骨，傘骨就代表一念無明的習氣種子，也就是四種住地煩惱的習氣種子，這些種子又稱爲異熟種。二乘極果聖人只斷除四住地煩惱的現行，不斷除四住地煩惱的習氣種子隨眠。正因爲仍有異熟種的變異生滅，才能使諸地菩薩得以留惑潤生，繼續於人間受生修行、利樂眾生；也正因爲有異熟種，所以一切有情可以不斷的在三界六道中輪轉生死，永無窮盡；也是因爲有異熟種，所以使得阿羅漢、辟支佛成就解脫果的究竟果以後，還可以繼續在人間隨緣度眾；也是因爲還有異熟種，所以八地菩薩斷盡思惑而且於相於土自在之後，仍然可以繼續在人間、天界受生，這都是異熟種子的功德。

一念無明（四住地煩惱）的習氣種子，具有異熟生死的特性，所以使得阿羅漢、辟支佛、大力菩薩，可以發願在人間繼續受生而世世不離人間；而這一些習氣種子都屬於煩惱障所攝，這是初地菩薩就開始斷除的。從初地開始到七地滿心爲止，菩薩都不去斷盡思惑，都是仍然留著最後一分思惑，可是卻已經開始一分一分去斷除習氣種子了。習氣種子都屬於三界中的法，與法界實相的修證無關。

也許有人覺得奇怪：**這個習氣種子，阿羅漢與辟支佛究竟有沒有斷？如**

果有斷，爲什麼還有習氣種子？爲什麼還不能成佛？如果是還沒有斷，明明他已經是阿羅漢或辟支佛，爲什麼卻是還沒有斷？這也需要探究。前面說這四種住地煩惱，二乘無學聖人所斷的只是現行，不是斷習氣種子。換句話說，阿羅漢與辟支佛把四種住地煩惱的現行斷除了，可是習氣種子是微細的，這些部分都還沒有斷除；只要把現行斷除了就可以出離三界生死，不會再受生於三界中。可是初地菩薩可以不斷色界愛、有愛住地煩惱，可以繼續讓它們現行，卻已經開始在斷習氣種子了，這就是諸地菩薩與二乘聖人大不相同的地方。這樣開始斷習氣種子，而這個習氣種子其實是和四住地煩惱緊緊鎖在一起的，是含攝在四住地煩惱中的；所以這個煩惱障所攝的習氣煩惱種子（傘骨），是與煩惱障一念無明（手把）聯結在一起的，不可分割。假使離了四住地煩惱就沒有五蘊了，諸地菩薩所應修斷的上煩惱就不可能生起了，所以勝鬘夫人說：「**此四住地力，一切上煩惱依種。**」而雨傘的使用，一樣是要有手把來支撐的，你說這支雨傘的譬喻妙不妙？就正好用傘來表示。

我們再來看看這支雨傘傘骨上方的支架——在傘布下面還有支架，並且有個控制支架的樞紐，還有傘布，這一些都是代表所知障含攝的塵沙惑。所知障不會障礙有情解脫生死，所以解脫生死輪迴的實證，並不需要破除所知障，也不需要斷盡所知障，亦不需要滅除煩惱障的習氣種子；只需要把煩惱障四種住地煩惱（雨傘手把）的現行斷除了，就可以出離三界。

但是，所知障雖然不會障礙有情解脫生死，到底是由於什麼原因？大家有沒有想過？都不知道。因爲到目前爲止，我所知道的大師們都沒有談過這件事情；甚至於世界級的大師，那位曾經在紐約與達賴喇嘛作**世紀對談**的大法師，對所知障都還完全不瞭解，眞的太不應該了。他有一本小冊子說：「**所知障就是因爲所知太多，所以被障礙了。**」意思大約是如此。他連所知障的基本道理都不懂，何況是對於所知障不障礙解脫生死的道理，又怎麼能懂呢？莫說是他，連佛教界許多人拱爲導師的印順法師，也是一樣不懂的。但這個道理，我們在八、九年前早就講過了；我們有許多同修以前在共修時聽我講《護法集》，都懂得什麼是所知障。可是那位大法師寫出來的錯誤解釋，是在我們印出《護法集》以後才出版的，竟然還不知道什麼叫所知障；所以我才會說現在是末法時代，不因爲學人是末法根器，而是因爲大師們是邪見的弘法者，所以才叫作末法。末法二字不是罵你們，只有罵大師。

我們回頭來看，所知障爲什麼不會障礙解脫生死？那當然要弄清楚所知障的內涵是什麼了。所知障的意思是說，對於法界的眞實相所知不足或者有所不知，所以被這個所知的不足而障礙了；因此，對於法界的眞實相無所了知，才叫作所知障。而這個障是障什麼呢？只是障礙成佛，不障礙解脫三界生死。如果對於法界的眞實相無所知，他就無法修行菩薩道；縱使每天高唱著菩薩六度萬行，但是他其實連一行都無法行。問題出在哪裡呢？就出在對法界萬法背後的眞相完全無所知。

如果想要出離三界生死，只要把四種住地煩惱的現行斷除了，就可以不再投胎了，也不會受生於天界中。換句話說，即使是最遲鈍的聲聞慧解脫阿羅漢，當他捨報時萬一有一點點退失，一不小心就使中陰身出現了，即使他是很遲鈍者，智慧那麼不好，但是無妨，仍然可以在中陰身七天到的時候，不去投胎，不生天界，甘願讓自己消滅掉；當他在那時下定決心甘願使自己消滅掉，他就入了無餘涅槃；可是他入涅槃前、入涅槃後，都是對法界實相完全無所知的。佛說涅槃中有個本際，所以滅掉五陰十八界以後不是斷滅空，當他入涅槃之前信受了 佛說，因此安心的滅掉自己，從此以後三界中再也看不到他了。無餘涅槃中那個本際就是出生一切法界、出生萬法的實際，這個實際就是如來藏，所有法界都從祂而來；可是阿羅漢生前並不知道祂在哪裡，更無法體驗，所以對法界根源的實相一無所知，當然對於如何成佛就更不知道了。而進入無餘涅槃，並不需要把煩惱障習氣種子滅除，只需要讓四住地煩惱不現行就夠了，就不會再去投胎；這四種住地煩惱就是煩惱障的現行部分，不牽涉到習氣種子。所以所知障中的過恆河沙數上煩惱，以及煩惱障所攝的習氣種子，對於解脫三界生死並沒有障礙，原因就在這裡。而這些煩惱障所攝的習氣煩惱種子（傘骨），能繼續支持所知障含攝的塵沙惑上煩惱（支架及傘布）繼續現起，使已悟的賢聖們可以經由習氣煩惱種子而生起大乘修道位所應斷的塵沙惑上煩惱，所以勝鬘夫人說：「**此四住地力，一切上煩惱依種。**」這是譬喻上煩惱與四住地所攝的習氣種子的關聯。

講解完一念無明四住地所攝的習氣種子（傘骨），我們接著就應該來探討上煩惱及無始無明住地到底是什麼？上一週講的這一段經文後邊有說「**心不相應，無始無明住地**」。這意思就是說，無始無明住地煩惱與眾生的覺知心從來都不相應。這個無始無明住地，什麼時候才會與眾生心相應呢？就是有一天突然起心動念了：「聽說正覺同修會可以幫人家明心見性、證得法界的眞實相；我到底要不要去那邊學？因爲我師父說那裡是邪魔外道。可是他們有很多證據已經證明是可以幫人家悟的，可以證到法界實相的，而責備同修會是邪魔外道的師父，卻根本讀不懂同修會的書籍，更無法破斥同修會的法是邪在何處。爲什麼會是魔？師父也都講不清楚、提不出證據，那我到底要不要去學？」當他一直想來同修會弄清楚實相的時候，就表示他已經跟無始無明住地相應了！

他在思考而生起了無始無明相應的總相煩惱了，因爲他一直想要弄清楚：生從何來？死往何處？到底法界的眞實相是什麼？原子彈從哪裡來？汽車從哪裡來？我們人的色身從哪裡來，受想行識從哪裡來？萬法從哪裡來？萬法就是一切法界，可是一切法界背後的眞相到底是什麼？一直想要去弄清楚，這才算是跟無始無明住地相應；但這只是第一次相應，還沒有打破無始無明，更沒有與無始無明中的上煩惱相應到。後來終於下定決心，踏入正覺講堂，報了名；又聽說每週二在講經，於是也來試聽看看。聽久以後，上癮了！因爲不論去到哪裡，都聽不到這種深妙的正法。

剛開始聽法時心中有一點懷疑：這蕭平實說法好像有一點誇大。不太相信，就作筆記下來，回去把經典請出來比對，可是看來又好像都完全契合經義。一次又一次聞熏，聽到後來有信心了，上癮了！外面的法再也聽不下去了。因爲外面的大法師們說的法、寫的書，總是言不及義，並且都很粗淺而老套；而且正知見建立起來以後，一聽或者一讀，就知道那些大法師們的落處所在，知道他們連我見、連三縛結都還具足存在；知道他們都落在意識常見中，當然是不可能實證法界實相的人，所以那些大師們的講經、書籍，都讀不下去了。最後終於開課正式學習了，學到後來有一天破參了，找到如來藏，馬上就想起來觀自在菩薩怎麼講：不生不滅、不垢不淨、不增不減，不但如此，而且還是不黑不白、不藍不綠、不美不醜呢！所有的中道實相都有了！這時馬上就想起來，原來《心經》是在講這個，原來眞心才是法界的實相：生也從祂來，死也歸祂去。這時就是打破無始無明了。

可是在想要探究法界實相之前，跟這個無始無明住地是完全不曾相應過的。乃至想起以前在別的地方修了什麼法，也說是在學禪（其實都是在修定，以定爲禪），那時縱使已經被印證說開悟、證果了，但是有沒有打破無始無明住地呢？根本就沒有。因爲那時都還落在五陰之中，特別是落在離念靈知意識心中。所以，打破無始無明住地是在眞正明心之後，確定自己的明心是正確的，確定自己所明的心眞的是如來藏，並且與經教完全符合，才能算是打破無始無明住地。

眾生心是與無始無明住地從來不相應的，因爲很多人去學禪宗的禪，總是學錯了。學錯了就越修越慘，不是學禪了。爲什麼慘呢？每天要跟腿痛對抗，要練腿功；很久以後終於把腿功練起來了，雙盤一坐就是六個鐘頭，中間都不必放腿，這個腿功眞是不得了。可是問題來了，到底哪個是眞心？都說離念靈知就是眞心，把經典請出來印證時，又傻眼了：**一切諸法離諸覺觀，無覺觀者名爲心性。**慘了！怎麼就是讀不懂？這到底在講什麼？因爲：「**我悟的是離念靈知，師父跟我印證說這就是眞心，可是第一義經中爲什麼說『無覺觀者名爲心性』？**」不信！再找出念佛法門的淨土經典來：**大精進菩薩諦觀佛像，如佛像無出入息，實相亦無出入息；如佛像離諸覺觀，諸佛亦復離諸覺觀。**又死在這裡，根本就沒辦法解決。

你看：人家大精進菩薩只看著一幅佛像，說佛像沒有出入息，所以實相也沒有出入息；佛像沒有覺觀，實相也沒有覺觀；人家就這樣證入初地去了，就這麼簡單！可是爲什麼有人被師父印證開悟了，而且他的師父是名聞四海的大法師，印證說離念靈知就是開悟，爲什麼這些經典請出來時，竟然都讀不懂？這時候想一想：**有問題！我得要再尋找明師。**於是一再的閱讀與觀察以後，終於進入正覺講堂來。當他找到如來藏，把《心經》用來檢查，確實沒有眼耳鼻舌身意，也沒有色聲香味觸法，沒有眼界也沒有意識界，什麼都沒有；可是在什麼都沒有之中，卻是什麼都有。

可是問題又來了：「**我明心了，經典聖教也已經印證沒有錯了，爲什麼我卻還是沒有大圓鏡智？佛陀明心時卻有？**」這時候開始起了煩惱。這表示說，這個所知障中的上煩惱已經有一個跑上來了，跟你的心相應了。這個上煩惱生出來而與你的心相應時，它就改名爲起煩惱；可是它還沒有跟你相應以前，就是一大堆的上煩惱，猶如恆河沙數那麼多，都不曾與你相應，你都不知道什麼叫上煩惱。綜而言之，悟後所生而與成佛有關的塵沙惑，就是上煩惱；生起以後與你相應而成爲你心中的煩惱了，使你不得不藉由事相上的行爲去向善知識請益，這就稱爲起煩惱了。但這是由無始無明中生起的煩惱，不是由一念無明四住地煩惱生起的煩惱，而且你在這上面所生的煩惱中，在事相上必須去尋覓善知識的煩惱屬於起煩惱，但是法義本身弄不清楚的煩惱雖然生起了，卻仍然是上煩惱。

我們有許多人禪三明心時被印證回來，心中好高興；可是到了增上班上課以後發覺：怎麼這個我也不懂，那個我也不懂，於是生起煩惱來了：什麼時候才能懂？回去好好努力再複習，還是不懂。這時表示你與上煩惱相應了，不是仍然停留在眞見道位而是轉進相見道位了。這時既與上煩惱相應，當然無始無明住地已經不再是心不相應了，已經是你的心常常相應的。當上煩惱生起之後，連同從上煩惱引生的起煩惱，都只是菩薩專有的修道所斷煩惱，不共二乘聖人；因爲二乘聖人連無始無明住地都沒有打破，如何能夠跟上煩惱相應？對他們而言，無始無明住地是心不相應的，何況是打破無始無明住地開始進求成佛之道以後才會相應的上煩惱？當然更是心不相應。

所以塵沙惑，講的就是如來藏中的無量無邊種子；必須要一一親證，現前領納，幾乎是完整而沒有一點一滴的遺漏，斷了無量無數的上煩惱；這時就表示在無生法忍的修證過程中，已經過將近三大阿僧祇劫的修行，同時已經把習氣煩惱種子也斷除到差不多了，同樣只剩下最後一點點。那個最後一點點，就是雨傘最上邊的尖端（也許可以叫作傘帽），它就是最後身菩薩所應斷盡的最後一分習氣種子及塵沙惑。換句話說，對傘帽的內容已經全部了知、內外俱知時，就會發起大圓鏡智、成所作智，當然妙觀察智與平等性智也都是上品具足了。這時終於可以自知成佛了。

「破參明心是打破無始無明、一念無明。」為什麼我說是打破無始無明與一念無明？因為當你破參明心時，實證法界實相如來藏的眞實存在而打破無始無明時，我見一定會同時斷除；而三縛結隨後都可以檢查出來，確定已經不存在了，已經解開了，這就是一念無明打破了，這時見一處住地煩惱對你的繫縛已經解除了。可是這裡說的只是打破無始無明、一念無明，並不是說斷盡。這意思是，一念無明四住地煩惱中的欲愛、色愛、有愛仍然還存在，無始無明也只是打破而已；因為你終於進入佛法的殿堂了，看見萬法都是從這個如來藏直接、間接或者展轉生起的。假使沒有如來藏，根本不可能有飛機、原子彈，連佛像都不會有，也不會有一切有情。

也許有人講：「那我知道，如果沒有如來藏的話，那就叫作寂靜的春天，

只剩下山河大地。」但我告訴你：如果沒有如來藏，山河大地也不會存在了，因為山河大地也是由共業有情如來藏中的種子來共同成就的。所以對法界的眞實相的無明，你已經打破了。這時知道一切法的功能差別都是從如來藏來的，因此打破無始無明了。從此以後無始無明就不再是像以前一樣與覺知心從來都不相應，而是開始相應了，並且將會漸漸的開始與無始無明中的上煩惱相應。

我在雨傘圖下緣有一句話：「**破參明心是打破無始無明、一念無明。窺知雨傘全貌是入地心，名通達位。**」入地心菩薩對於一念無明與無始無明的關係，必須已經瞭解，否則絕對不是已入地菩薩。對這兩個部分的內容不瞭解，對二者互相之間的關係也不瞭解，而說他入地了，那都是大妄語。對於一念無明的位階——它的地位到底在佛法中應該放在何處？仍不知道，就沒有資格說是入地心。什麼時候開始斷習氣煩惱種子，也不知道；而無始無明中的上煩惱也都不曾相應過，不曾有一部分變成他的起煩惱，正是相見道位的實修還沒有開始進行的人，那麼他根本不是初地的入地心菩薩，何況能是初地菩薩？必須要對這一些法都通達了，對於一念無明與無始無明之間的關聯也通達了，也能把一念無明在佛法中的定位弄清楚了，他才可以說是初地的入地心菩薩。但是想要住地、或者想要滿地，還早著呢！所以我在雨傘圖上方才會有這一行：「**初地入地心，無生法忍，能知佛法全貌概略，不由他聞。**」這就是說，凡是到了初地心，都是像經中說的：從目前的位置要到達成佛的位置（古城），路途該怎麼走，會經過哪些事，都已知道，不必由別人舉出來教導他。這樣才是通達位的初地菩薩，否則不能稱爲通達位的初地入地心。

今天諸位得到這支雨傘，心中就有個底了，知道解脫道與佛菩提道間的關係，至少有了基本的認知了；這對於你們未來的菩薩行，一定會有直接的幫助。但是，從初地到達佛地詳細的內涵，那就是在增上班的課程中才會說，那就是《瑜伽師地論、成唯識論》所講的內涵。可是《瑜伽師地論》，今天我們說它是根本論，佛教界也都如此承認，說它是一切論的根本，所有菩薩道的論都要以它爲本；然而玄奘大師的年代，那些冒稱大乘法師的二乘人卻毀謗說：《**瑜伽師地論**》**是外道論**。當諸位知道這個故事以後，假使再度聽到有人誹謗蕭平實是邪魔外道，你就不會再生氣了；因爲連妙覺菩薩都會被凡夫們斥罵爲外道了，何況我們離等覺、妙覺位還那麼遙遠，被罵似乎是應該的；理解了這一點，心中對那些愚癡凡夫們就只有憐憫而無絲毫瞋恚了。《瑜伽師地論》，如果濃縮下來，那就叫作《成唯識論》。所以如果對《成唯識論》的法義無法通達，對《成唯識論》的法義誤會了，而說他入了初地心，那顯然是大妄語。這個知見今天說給大家，你們從此以後心裡就有個底；什麼人是眞善知識，什麼人是假名善知識，就有能力判斷了。

這把雨傘經過這樣說明以後，諸位對大乘佛法函蓋二乘菩提的義理，已經有了基本的認知，對這一段經文也就能如實理解了。接著就可以再來看看印順老法師，對這一段經文有些什麼錯誤的說法；比對清楚以後，對這一段經文中的義理，就可以更深入了知。印順說：【煩惱剎那生起，與剎那心相應，名剎那心剎那相應。煩惱是心所，心是心王，王所是相應的。如眼識了別色境，與之相應的煩惱，也在色境上轉。心與煩惱，所緣同，行相同，同時的相應而合作，名為相應。但住地，是不與心相應的，如心起善時，並無起煩惱相應，而住地煩惱還是潛在的；它不與剎那心同緣同事。這「心不相應」的，為「無始無明住地」。依上文說，煩惱有二種：（一）、住地，（二）、起。住地有四，從四住地生起的是起。起煩惱是心相應，心不相應的，名為無始無明住地。此無始無明住地，與四住地是同還是異？四住地，是心相應還是不相應？四住地，是住地，當然也是心不相應的。依本經所說，四住地而外，別有無始無明住地。所以一般所說的五住煩惱，實以本經所說為本。在本經譯者——求那跋陀羅所譯的《楞伽經》（卷四）中，每說『四住地無明住地』。雖對校魏唐的《楞伽》譯本，只說四種熏習，四種地，或四種習。但依本經及《瓔珞經》，四住地外，應別有無始無明住地。所以依本經辨析，起煩惱有二：（一）是四住地所起的——恆沙上煩惱；（二）是無始無明住地所起的——過恆沙上煩惱。住地煩惱也有二：（一）是四住地，（二）是無始無明住地。】（正聞出版社．印順法師著《勝鬘經講記》p.153~154）

印順這個說法，是在註解上週講的那一段經文的第四行：「此四種住地，生一切起煩惱；起者，剎那心剎那相應。」他對這幾句經文的解釋是否正確呢？他說：【煩惱剎那生起，與剎那心相應，名剎那心剎那相應。煩惱是心所，心是心王，王所是相應的。如眼識了別色境，與之相應的煩惱，也在色境上轉。心與煩惱，所緣同，行相同，同時的相應而合作，名為相應。但住地，是不與心相應的，如心起善時，並無起煩惱相應，而住地煩惱還是潛在

的；它不與剎那心同緣同事。這「心不相應」的，為「無始無明住地」。】

印順完全弄錯了！他把無始無明住地跟四種住地煩惱合併為一個，所以接著的解釋當然就會錯誤。但他為什麼要這樣作？我們當然要探究一下原因，這是因為他一向都把解脫道認作是成佛之道，他一向的企圖就是以羅漢法取代佛法。如果解脫道就是成佛之道，就沒有大、小二乘的區別了，那麼大乘就是小乘了，所以他才會主張大乘法就是小乘法的延伸。他有一句很有名的話：**中論就是阿含緣起性空的發揮**。反正不管什麼大乘法都是從阿含羅漢法發揮延伸出來的，所以他把解脫道認定為佛菩提道。他絕對不承認阿含羅漢法的解脫道不能使人成佛。他認為只要修學羅漢們所證的解脫道，發願不入無餘涅槃而繼續修福德，並且世世在人間幫助眾生、利樂眾生；你已得解脫了，而你幫助眾生也得解脫；當你幫助眾生，到了自己的福德圓滿時，那你就成佛了。

在這樣子認知的前提下，印順當然不允許無始無明住地存在，必須將無始無明住地等同於一念無明住地。這是因為：如果無始無明住地與一念無明四住地的無明不一樣，無始無明與四住地內容是不同的，那就與印順用羅漢道取代佛菩提道的成佛之道完全不同了，就回歸大乘經所說的四住地修斷完了之後還要修斷無始無明住地——成爲阿羅漢以後還必須進斷無始無明才能成佛，那就變成有羅漢法解脫道，還有另一個菩薩法佛菩提道，就與印順的思想完全不同；那是印順所不能接受的，所以印順才要這麼講，故意把煩惱住地（四種煩惱住地）來跟無始無明住地合併爲同一個，所以他才會說：這個無始無明其實就是四住地煩惱。

可是印順如此註解，馬上就產生了自相矛盾的地方，因爲四種住地煩惱，是剎那心剎那相應的，而無始無明住地是心不相應的，阿羅漢與眾生凡夫們自無始劫以來，連一剎那都不曾相應，那麼印順要怎麼解釋這個矛盾？所以印順就繞了一大圈以後再把它接起來，矛盾就不很明顯了！因爲繞了一圈以後，大家就在思惟印順是怎麼講的、是什麼意思？就忘了經文與他所說的矛盾處，就不知道印順說法之中的錯誤了。這是印順最慣用的手法：讓你讀不懂或者難懂，然後你就會認爲我的證量很高，所以讀不懂而相信我。所以很多人相信印順，大多是因爲不懂他的思想；凡是懂得印順思想的人就不會再信受他了，因爲印順說的法義處處自相矛盾。

印順說住地煩惱時這麼說：「**但住地，是不與心相應的。**」可是經文明明說有兩種住地，第一種是與心相應的，是剎那剎那相應的；第二種住地則是心不相應的，是眾生與二乘聖人無始以來都不曾相應的。印順卻把這二種住地合爲一個，故意曲解，居心叵測。

第一種是與心相應的煩惱，是剎那剎那都相應的；也就是說我見與我執——見惑與思惑，這是每一剎那都跟眾生心相應的；即使有人悶絕了或是眠熟了，又如進入定中，這四種住地的煩惱都是剎那剎那相應的，從來都沒有間斷過。當你正在歡喜時，突然被打了一巴掌，馬上就起瞋質問對方：「**你爲什麼打我？**」這就是我見、我執的剎那相應，於是就起瞋了。見思惑的種子其實只是在平常沒有生起來而已，但卻是每一剎那都相應的；不但如此，被打了以後變成起煩惱，連瞋的種子也都現行了。所以說，見惑、思惑種子平常雖未看見，但其實是剎那剎那都與意根、意識相應的。可是第二種的無始無明住地，卻是從來都不跟眾生心相應的，乃至成爲阿羅漢了，都還沒有跟無始無明住地相應過；一直要到他迴小向大的時候，他迴心了：「**我還是應該成佛，不要入無餘涅槃了。**」可是成佛到底是要怎麼走，請教了以後，原來是應該要去探究法界的眞相，這時候才跟無始無明住地相應。

所以，這兩種住地是完全不同的：一個是剎那心剎那相應的，是每一剎那都跟心相應；一個是從來不與心相應，要到緣成熟了才會相應，所以說**心不相應無始無明住地**。這兩個住地是性質相反的，怎麼會是同一個？印順的解釋是說不通的。我們從印順這一段的說法中，可以知道印順處心積慮要把三乘菩提的大部分勝妙法滅除掉，只保留小部分較粗淺的二乘菩提，然後以粗淺的二乘菩提來取代勝妙廣大的大乘菩提。假使印順的取代是成功的，倒也還好，至少眾生還可以證得阿羅漢果或初果；但問題是，印順所講的二乘菩提偏偏又是錯誤的，對學佛人是無所助益的。所以我對印順的法，只能夠給他四個字的評語：**一無是處**。

接下來，印順說：【**依上文說**（印順這個上文指的就是《勝鬘經》的上文），**煩惱有二種：(一)、住地，(二)、起。住地有四，從四住地生起的是起。起煩惱是心相應，心不相應的，名爲無始無明住地。**】你看！有好多人聽了就搖頭，起煩惱哪有與心不相應的？起煩惱一旦生起，絕對跟眾生覺知心相應，只有上煩惱是不跟眾生覺知心相應的，除了悟後進修成佛之道的菩薩們。可是印順在這裡說「從四住地生起的是起。起煩惱是心相應，心不相應的，名爲無始無明住地」，這明明是有無始無明住地與四住地無明二種，爲什麼印順在前面又說「無始無明住地就是四煩惱住地」？起煩惱既是從四住地中生起的，四住地又是刹那刹那都與心相應，當印順在這幾句中說與心相應或不相應時，明明就不能自圓其說了！這也是印順的自相矛盾。

印順接著說：【此無始無明住地，與四住地是同還是異？四住地，是心相應還是不相應？四住地，是住地，當然也是心不相應的。】你看，印順的說法與經文義理剛好顛倒。如果是依文解義，講得不夠詳細，讓人不容易理解，那倒也罷了，偏偏印順講的正好顛倒。四住地無明既然是心相應的，印順在這裡又說是心不相應的，與他自己前面的說法再度自相矛盾。

印順在前面是將四住地與無始無明住地合而爲一的，可是這裡又顛倒過來說：【依本經所說，四住地而外，別有無始無明住地。】本經所說的是四住地以外，另外有個無始無明住地，可是印順在前面那幾句話中，爲什麼說「無始無明住地就是四住地」？這要讀者們怎麼讀懂印順的書呢？說穿了，連印順自己都不知所云了，讀的人當然只有茫然無知了！當大家都讀不懂時就只好說：「他的智慧太高了，我們眞的讀不懂。」印順就這樣子建立起佛學學術界的地位了。可是若眞的要說實話，在佛學學術界中，印順其實沒什麼地位；反而是徒眾們藉著佛學學術界去弄一些排場，每年搞印順思想研討會，好像學術界已承認印順是大師，使得佛教界誤以為印順眞的是大師。其實佛學學術界大部分人並不承認印順的法義眞是佛法。因此，我們先試辦一次印順思想研討會，我們也來研討一番，研討出來的成果，未來再公開給大家看。（編案：詳見《正覺學報》期刊。）

接著印順說：【所以一般所說的五住煩惱，實以本經所說為本。在本經譯者——求那跋陀羅所譯的《楞伽經》（卷四）中，每說『四住地無明住地』。雖對校魏唐的《楞伽》譯本，只說四種熏習，四種地，或四種習。】但實際上經文中並不是像印順這樣說的，所以印順眞的是誤解經文很嚴重。如果不是誤解經文，那就只剩下一樣：居心叵測。因為經文中明明說的是五種住地無明，《楞伽經》中也是如此講；而《勝鬘經》本段經文及下一段經文中，也都說有五種住地無明，不是只有四種，也不是說只有二種，所以印順的說法是公然曲解、變造的。印順一貫的作法都是要加以扭曲的，因為只有這樣才能附和他自己的六識論立場；所以，印順並不是依照佛法中的眞義來註解的，是把佛法加以扭曲的。扭曲之後，多數人不會信受，印順就講一些很複雜的想法、觀念，用一大堆語言文字讓讀者隨著他的文字繞來轉去，繞轉了幾圈以後讀者迷糊了，就覺得印順層次很高而不可理解，於是崇拜而相信印順了，這就是印順一貫的作風與手法。如果隨著印順的語言文字去繞，可是你對法義很清晰，也知道他在繞圈子，就知道印順並沒有迷糊，只是故意迷惑人，你就不會信他。所以說，信受印順法義的人都是迷糊人。

接著印順說：【但依本經及《瓔珞經》，四住地外，應別有無始無明住地。】從他這個說法中可以看出他是故意曲解經文中的意涵，印順的意思是說：在這《勝鬘經》和《瓔珞經》中講，四住地煩惱以外，還有無始無明住地；可是別的經典中都說只有四住地，沒有無始無明住地。換句話說，印順心中並不承認《勝鬘經》及《瓔珞經》所說的四住地以外別有無始無明住地的說法，印順是在暗示讀者：別的經中都只說四住地無明，以外並沒有無始無明住地。無始無明住地只是這二部經中特地編造出來的，眞正佛法中實際上並沒有無始無明住地。但其餘諸經中是這樣說的嗎？根本不是。所以印順註解《勝鬘經》的目的，只是要貶抑及曲解《勝鬘經》；把它曲解貶抑下來以後，配合他極力主張的大乘經典非佛說的觀念，大家就不再信受《勝鬘經》了，如來藏妙法就會被揚棄了。印順想要傳達給讀者的意思是：《勝鬘經》講得不好，那個編造《勝鬘經》的人編造得不好。印順就是要在讀者心中種下這樣的印象。因爲《勝鬘經》如果廣大的發揚起來，印順學說就沒得混了，所有的傢伙都要收起來了，沒有人會再來看他表演了；所以印順極力而一心要把《勝鬘經》加以貶抑，就像印順曲解及貶抑《楞伽經》的道理是一樣的。

接著印順又說：【所以依本經辨析，起煩惱有二：（一）是四住地所起的——恆沙上煩惱；】這句話還是說錯了。明明說恆沙等數上煩惱是無明住地所起的，不是四住地所起的煩惱，而且是心不相應的上煩惱而不是起煩惱。如今印順顛倒過來說：恆沙等數上煩惱仍然是四住地所起的，成佛之時既是要斷盡恆沙上煩惱，這些恆沙上煩惱其實是四住地煩惱，所以只要專修解脫道而不入涅槃，世世努力精修而把習氣種子斷盡就成佛了，不必另外實修佛菩提。這就是印順的理論基礎，就這樣把《勝鬘經》的法義扭曲完成了。

印順接著說：【（二）是無始無明住地所起的——過恆沙上煩惱。】印順發明了新的煩惱：**四住地所起的煩惱是恆河沙數的上煩惱，無始無明住地所起的是超過恆河沙數的上煩惱。**印順在恆河沙數煩惱及過恆河沙數煩惱上面用心，有什麼意義呢？《勝鬘經》中說的所有上煩惱，不論是恆沙等數或是過恆沙數，都是屬於無始無明住地所生的，不是一念無明四住地所生的，印順不該把上煩惱移栽為四住地所生的。凡是與四住地相應的煩惱，都是二乘解脫道所應斷的起煩惱，都仍在見思二惑範圍之內，與大乘菩薩所斷的無始無明無關，更與大乘菩薩所斷無始無明所攝的上煩惱無關，所以印順不該把起煩惱與上煩惱混同為一。而且上煩惱從來與二乘無學聖人的覺知心不曾相應過，只有證悟後的菩薩想要探究如何進修才能成就究竟佛果時，才會與心相應；在證悟前開始探究法界實相時，只跟無始無明相應，還無法與無始無明中的上煩惱相應，世尊或勝鬘夫人都不曾說過上煩惱是與眾生心相應的。但四住地所起的煩惱，或是無明住地所起的上煩惱間接引生的煩惱，卻都是起煩惱所攝，都是與悟後起修成佛之道的三賢位菩薩心，剎那剎那不斷的相應著，不曾間斷過，除非是阿羅漢迴心大乘菩提而開悟明心。所以印順將無始無明中的上煩惱，移栽到四住地無明引生的起煩惱中，是錯誤的說法。

印順又接著說：【住地煩惱也有二：（一）是四住地，（二）是無始無明住地。】像這樣依著印順的前後文讀下來，讀者眞的會迷糊了！印順有時說住地煩惱有兩個，有時又說兩個就是一個，有時候則說住地煩惱有四個，而四個住地同時又是無始無明住地，所以四個也就是一個；如此錯亂無章，使讀者越讀越迷糊，所有的讀者讀後根本沒有聞所成智可言。印順自己不懂而亂說，又想藉經文否定如來藏而故意亂說；這樣隨著自意而胡亂註解經典的人，可以被尊稱爲導師嗎？到底要把大家導向哪裡呢？問題很嚴重！

關於這一段經文，印順法師的錯誤註解還有兩點需要再談，請大家先看補充資料，印順對這一段經文的末後幾句是這麼註解的：【羅漢不斷習氣，辟支佛稍侵習氣，唯有佛，煩惱習氣一切斷盡。　二乘不斷的習氣，在聲聞學派中，稱為不染污無知。　無知即無明的別名；習氣，是極微細的無明，這與大乘的無明住地一致。　龍樹說：『聲聞辟支佛習氣，於菩薩為煩惱』。聲聞學者，以為習氣是不染污的，無礙於生死的；而在大乘學者看來，習氣是微細的染污，還是要招感變易生死的。二乘不斷，而唯佛斷盡的無明，大乘學者說，菩薩在修行中，已分分漸除；佛究竟斷盡無明。所以，或分無明為十一重，二十二愚等。大乘所說的無明住地，實為根本教典所固有的，不過與聲聞學者解說不同。】（正聞出版社．印順法師著《勝鬘經講記》p.155）我們就把它分段加以辨正。

印順說：【**羅漢不斷習氣，辟支佛稍侵習氣，唯有佛，煩惱習氣一切斷盡。**】請大家看下面楷書部分，我對他這一段註解加以評論的第一點：「『**辟支佛稍侵習氣**』，**印順之說謬也！**」也就是說二乘聖人在凡夫位都沒有在斷習氣的，他們具足證得二乘菩提以後仍然如是，因爲他們認爲煩惱障的見惑與思惑已經不會再現行了，就一定可以在捨壽時取證無餘涅槃了。所以他們認爲斷除分段生死的部分已經是所作皆辦，應修已修，不需要再作任何的加行了，因此他們對於習氣的部分都是不加注意的；不但阿羅漢如此，辟支佛也是如此。印順卻說「辟支佛稍侵習氣」，意思是辟支佛有稍微在斷除習氣，這是特地高抬辟支佛的錯誤說法，目的是想要讓大家覺得：辟支佛與菩薩的修證是差不多的。

再看印順法師接著怎麼講：【**二乘不斷的習氣，在聲聞學派中，稱爲不染污無知。**】請看下面楷書我對印順評論的第二點：「**聲聞學派說的不染污**

無知，方是無始無明，不礙解脫分段生死故。」由於聲聞聖者還有不染污的無知，卻不會障礙解脫分段生死而出三界；以此緣故，學術界的聲聞學派中說：二乘聖人認為自己仍然有不染污的無知，這就是阿羅漢們對自己與 佛陀差異處的認知。但印順卻企圖推翻這個說法，想要顯示阿羅漢的修證與諸佛完全無異，只有福德不足是其差異，或說只因習氣種子尚未斷盡而有差異。事實上，正因為自知還有不染污的無知，所以一切阿羅漢（不管是慧解脫、俱解脫或者三明六通的大解脫），在 佛陀入滅之後，都不曾有一個人敢自稱成佛來紹繼佛位。這意思是說，他們瞭解到自己確實是已經出離三界生死了，但是仍然有不染污的無知；這是與分段生死煩惱（四住地煩惱的染污性執著）不同的另一類煩惱，所以稱為不染污的無知（是不染污的無明，只會障礙成佛而不會障礙出離三界生死）。這就是《勝鬘經》講的無始無明住地，或簡稱無明住地。

但是印順法師又說：「二乘不斷的習氣，就是聲聞學派中的不染污無知。」再一次移花接木。這是印順一貫的心態，想要把三乘佛法定義在解脫道的修證上，一心要把佛菩提排除於佛法之外——以聲聞菩提全面取代佛菩提。所以印順就把無始無明定義作不染污的無知，而不染污的無知又定義爲思惑的習氣種子隨眠；如此認定以後，就不必修學佛菩提道，當然就用不著修學禪宗來實證如來藏的所在了，更不必修證如來藏中含藏的一切種子了，那麼佛菩提道也就沒有繼續存在的必要，只要弘揚四阿含中所說的聲聞解脫道，就是弘揚成佛之道了。這就是印順的心態。

在八、九年前，我曾經跟某些同修們談過，我說：「印順法師在台灣或者在大乘佛教中的地位，將來一定會受影響；原因是印順的法義本質就是二乘的解脫道，所以隨印順學法的人遲早會走向南傳佛法。修學南傳佛法的時候就會直接向南洋的比丘們學，那些人將來不免會漸漸遠離大乘佛法而離開印順。因爲修學大乘般若即等於解脫道，那麼何必一定要學大乘呢？直接跟隨南傳佛法的比丘們去學四念處觀等法也就夠了，而且他們是專修解脫道而不曾修習大乘般若的，應該更是專精。」後來也驗證了我的說法，八、九年來已經有一些佛教道場轉向去學南傳佛法了。是哪一些道場呢？當然諸位大約都知道了，我們就不用再點名了，而那些道場原來正是修學印順所說法義的。這是因爲印順把二乘的解脫道等同於大乘佛法，用二乘解脫道的法義取代大乘成佛之道的法義，這就是他的法義本質，也是他一向的心態，我們從他對《勝鬘經》的註解中，都可以看得出來。

在《勝鬘經》中，勝鬘夫人很清楚的表達了**大乘菩提不同於聲聞菩提、緣覺菩提**的所在，但是印順卻藉著自己的註解，扭曲大乘菩提等同於二乘菩提。印順這種婉轉細膩移花接木的手法，在他的很多著作中都有出現過，而且是常常出現的。譬如世親菩薩的《攝大乘論釋》，列舉了很多項的理由，來證明確實有阿賴耶識可以親證——證明如來藏確實存在。但是經過印順移花接木的註解以後，作了結論說：**所以世親菩薩在論中是認為阿賴耶識並不存在**。像他這種強加扭曲的情形，很普遍存在於《妙雲集》等書中；諸位在本會的**印順思想讀書會**中探討他的法義時，一定會常常發現這種情況。

所以，聲聞部派佛教的法義，是否就是印順所講的那樣呢？並不見得。我們還要再加以求證，再去確實檢討。因為印順這種犯行已經是屢見不鮮了，所以我們對印順所說的一切都必須加以檢討；乃至印順所引據的經文，也都必須一一比對經典原文，把確實的證據列舉出來，讓大家瞭解原來印順都是剛好作了相反的扭曲。這裡也是一樣，聲聞學派講的不染污無知，是說它不會障礙三界生死的解脫，與三界生死流轉的染污煩惱是不同的；所以這個不染污的無知（無知就是無明，阿含中說「明即是知」，所以無明就是無知），這個無知既是不染污的，不會引生染污性的三界生死煩惱，當然就是《勝鬘經》講的無始無明住地，不是印順扭曲後的思惑所攝習氣種子隨眠。

佛陀入滅後，聲聞學派中所餘不多的阿羅漢們很清楚瞭解到這一點，證實是有不染污的無知存在；而這種無知是不障礙解脫分段生死的，它只會障礙成佛。因此，聲聞學派講的不染污無知，不是印順所講的習氣種子隨眠，而是無始無明住地煩惱，不屬於四住地煩惱；因為四住地煩惱是染污性的，習氣種子現行時也是染污性的，並非不染污的。因此成佛有兩個部分：一個就是證一切種智，把一切無始無明住地（簡稱無明住地）全部斷除；還有一個部分是與阿羅漢相應的，但卻是阿羅漢所未曾斷的，就是煩惱障所攝的習氣種子隨眠，屬於微細的染污無明，不障礙解脫分段生死。這兩個部分都究竟斷盡，那就是成佛了。假使依照印順所說的，不入無餘涅槃而生生世世留惑潤生，用解脫道來利益眾生，一直到未來三大阿僧祇劫滿足時，把習氣種子隨眠都斷盡了就是成佛之時；事實上仍然是無法成佛的，因為無始無明所攝的上煩惱，他都還不曾稍稍涉及呢！所以不染污無知不等於習氣種子的隨眠，而是無始無明煩惱，這一點是印順明知而故意加以扭曲的地方。

印順又說：【無知即無明的別名；習氣，是極微細的無明，這與大乘的無明住地一致。】請問，這樣的說法是正確的嗎？無知就是無明的別名，那麼四住地的煩惱算不算無知？對這個煩惱不知，算不算無知？（有人答：算）當然也算是無知。可是四住地煩惱斷盡了成爲阿羅漢，對於所知障仍然是不知的，這就是聲聞學派講的不染污無知。因此印順說習氣就是極微細的無明，然後當作是無始無明住地而統一爲同一個無明，這正是印順以聲聞法統一佛菩提道的一貫立場。所以從印順的註解來看，他對《勝鬘經》的解釋，都是剛好與經義顚倒的。

再請大家來看楷書字體的第三點，我對印順這幾句註解的評論：「二乘所不斷的不染污無明，不是指印順說的習氣種子，而是對法界實相的無明，即是無始無明。但習氣只是覺知心相應的三界思惑起煩惱種子隨眠而已，故極微細的大乘無始無明住地，是指法界實相的所知障無明，與印順所說大異。」所以印順的法義，對於一般讀不懂的人來講，只能崇拜而無法置一詞；

因爲實在太高了——大家都讀不懂。有的大法師心想：「連我這位佛學大師都讀不懂，實在太高了，我只好崇拜他。」其實是印順自己也不懂自己所說的法義，因爲如果印順懂得自己的法義，就會知道其中的錯誤之處不勝枚舉，就會羞於見人而不敢再販售他的著作了。我們既然在演講這部經典，就把印順對這部經典的註解中比較大的錯誤舉出來，小的錯誤就不談它了，眞是講不完的。所以說，印順如果知道自己的問題所在，根本就不會寫那些書出來；正因爲印順自己也不知道錯誤何在，所以很高興的把它出版，並且願意讓別人寫一本書來讚歎他，把他的傳記副書名叫作《看見佛陀在人間》。然而連等覺、妙覺菩薩都不敢讓人家以這種書名來寫傳記，印順一個凡夫卻敢作，就該知道印順的來歷絕對不單純。

我們接著再來看印順怎麼說：【龍樹說：『聲聞辟支佛習氣，於菩薩爲煩惱』。聲聞學者，以爲習氣是不染污的，無礙於生死的；而在大乘學者看來，習氣是微細的染污，還是要招感變易生死的。二乘不斷，而唯佛斷盡的無明，大乘學者說，菩薩在修行中，已分分漸除；佛究竟斷盡無明。所以，或分無明爲十一重，二十二愚等。大乘所說的無明住地，實爲根本教典所固有的，不過與聲聞學者解說不同。】但是，其實十一重、二十二愚，並不是一般大乘菩薩所修的，而是從初地開始才漸次修斷這些法。這是從初地開始到等覺菩薩位等十一地中的菩薩們才應該修斷的；在每一地都各有一個較重的煩惱要斷，也都各有兩種愚癡要除盡；是初地到第十一地（也就是等覺地）應該修斷的，不是一般菩薩們所能修斷的。證得如來藏之後，進入修學般若別相智而成爲第七住位滿心時，乃至眼見佛性而滿足第十住位的如幻觀時，也仍然還到不了這個地步，因爲這不是三賢位的菩薩們所能修斷的，何況是未斷我見、又未明心的印順法師，怎能理解呢？所以印順只是從經論中抄出來讓大家覺得他很高深罷了，並無實義。

這個部分，我們今天沒有時間講它。如果對十一重、二十二愚，諸位有興趣，可以去請閱《成唯識論》，在第九或第十卷中有談到，但是恐怕你讀了還是不懂（這部《成唯識論》，我們可能要等到十年後才有機會再重講一遍；因爲《瑜伽師地論》現在已經講解快三年了，而五巨冊的第一冊才只講了一半多一些吧！我們一直在開快車，可是快不起來，沒辦法，因爲前面很注重總相，假使講得太粗略，恐怕大家會聽不懂；想要讓大家都聽懂，就必須講詳細一些；接下來的部分應該會快很多。這是題外話，就不多談了）。我們看印順引用龍樹所講的：「聲聞辟支佛的習氣，於菩薩爲煩惱。」這話是沒有錯的，這叫作修斷習氣種子的隨眠；既然有習氣種子隨眠著，而這個隨眠是很深細的，所以必須要歷經三大阿僧祇劫歷緣對境的進修才能除盡。從龍樹菩薩所說的語意中，也證實聲聞及辟支佛都是不曾在習氣的斷除上用心的。其實佛菩提道中關於習氣種子修斷，並不是在初地的入地心才正式開始的；因爲習氣種子在三賢位中有時也會遇見，但是不多，主要是從初地的入地心才開始特別注意習氣種子的修斷，所以多是第二阿僧祇劫開始修斷，直到成佛前才能斷盡。

印順說：「聲聞學者，以爲習氣是不染污的，無礙於生死的；」這倒是說對了！因爲聲聞學者所要斷的只是分段生死，不必斷變易生死。可是變易生死的對治內容，並不是只有習氣種子的隨眠而已，還包括所知障的極微細無明隨眠。所知障只是隨眠而不能稱爲種子隨眠，是因爲它無功用，但會障礙成佛。習氣種子會有功用，會使人的心性產生改變，或者有不良的反應出現，所以叫作種子。可是所知障隨眠只是無明，沒有引生造惡修善的功用，也沒有引起生死輪迴的功用，它只障礙佛道的成就而已，所以不稱爲種子。

可是佛道的成就，並不單是習氣種子的隨眠要斷盡，所知障的隨眠也得要斷盡；而所知障隨眠還沒有斷盡之前，眞如心如來藏中的習氣種子就隨著無法斷盡：有很多極深細的習氣種子都不會現行，要等到你對所知障隨眠斷除到某一個程度以後，才能發覺到極深細煩惱障習氣種子的存在。

也就是說，一切種智修學到一個深妙階段了，你才能發覺到極深細的習氣種子存在，才會跟它們相應到，那時候才有辦法斷除它們。所以在大乘法中的變易生死並不是只有習氣種子的隨眠一種，還包括所知障上的恆河沙等數的上煩惱也要全部斷盡，才能說是變易生死已經斷盡。所以，所知障固然不障礙出離三界生死，也沒有任何世間法上的功用，但是它會障礙成佛，因為它會導致成佛之道中的無始無明上煩惱不能現行。假使上煩惱不能現行，你就無法斷除它；一定要現行之後，成為你覺知心相應的起煩惱了，然後才有可能斷除它。所以無始無明雖然只是隨眠而不是種子，「是現非種」：只有現行而不是種子，但是這個隨眠會在成佛之道過程中引生上煩惱，上煩惱出現了，你才能斷除它。

上煩惱就是悟後去探究：**我要如何成佛**？但是諸地所斷的上煩惱是很微

細的、很廣泛的，我們發給諸位的那一支雨傘，顯示的大部分內容都屬於上煩惱以及習氣種子——四住地煩惱的比例是極低的；而上煩惱與起煩惱是有互相關聯的，起煩惱攝在上煩惱中，一狹一廣，而上煩惱會引生菩薩修道時相應的世間法中的起煩惱。當無始無明住地的上煩惱還沒有現起，還沒有與你相應之時，你不會有成佛之道中的修道上煩惱。當你到了初地，不斷的在探究：**初地要完成什麼修斷與實證**？到了二地初心，你要探究二地要完成什麼修斷與實證？都必須一一去探究它。這時的上煩惱就一部分又一部分慢慢地出來了，然後就跟覺知心相應了；這平常是絕對不會跟你相應的，等到它跟你相應時，它就成爲你覺知心中的起煩惱了。由上煩惱變爲起煩惱：要在世間尋覓一位能教導你上進的人，要在世間法上爲了親近大善知識而增加了許多世間法中的事務，譬如乘車前往、修道資糧、供養善知識、安排家人的生活以免遭受反對……等。

上煩惱本身並不是**剎那心剎那相應**的，可是升上來變成修道上的起煩惱，以及衍生了親近大善知識學法上的起煩惱以後，就開始成爲**剎那心剎那相應**了。對二乘聖人來講，對凡夫大法師們來講，上煩惱（也就是無始無明住地煩惱），都是心不相應的，從來都不相應。可是當它出現了，使悟後的你起了一個煩惱：「原來我悟了以後，對一切種智仍然無所知。那我當然得要尋找大善知識，或者要尋找大菩薩的論藏，要深入去探究它。」這時候你就有了煩惱，雖然這個煩惱跟你的分段生死不相干，只與能否成佛相干，但是你已經跟它相應了（當你悟後想要探究成佛之道，就跟上煩惱相應了）。

可是在你悟後不久，還在禪悅之中，就不會與上煩惱相應。那時還沒有想到說：「我明心了，我也見性了，為什麼我還不是佛，到底是什麼原因？」當你悟後一段時間開始探究了，這就是與無始無明相應的上煩惱第一次出現了，接著它就成為你心中的起煩惱，時時會與覺知心相應了。即使你在做別的事情時，它也會是你覺知心所掛念而不曾捨棄的煩惱；只要你有閑暇了，它就會再出現在你的心中，這就是變成起煩惱了。因為你將會為了解決上煩惱，而引生與解決上煩惱有關的各種事務，所以這時上煩惱與起煩惱是同時存在的。這種上煩惱，與二乘聖人從來不相應，也與佛門中的凡夫大師們從來不相應；所以這種上煩惱，正是聲聞學派所講的不染污無明；但絕對不是印順所扭曲的習氣種子。因為習氣種子是屬於與貪瞋癡習氣相應的微細起煩惱，是染污無明，不是不染污無明。而貪瞋癡習氣是與覺知心相應的，是時時刻刻**刹那心刹那相應**的，一旦歷緣對境時就會現起了，並不是與心不相應的煩惱，不是《勝鬘經》說的**心不相應無始無明住地**。因此，**心不相應無始無明住地**不等於習氣煩惱，講的正是聲聞學派所說的不染污無明，所以印順的說法是與事實完全顛倒的。

印順又依據自己對這部大乘經典的扭曲解釋，扭曲了部派佛教中聲聞學派的法義本質；把它們都扭曲了以後，然後主張說：**佛陀時代的佛法流傳到聲聞部派佛教時，乃至流傳到現在爲止，一直有在演變**。但其實佛法是從來沒有演變過的，有演變的都是歷代不同的凡夫弘法者對法的認知不同，而產生向上修正或下墮於意識境界的各種演變。可是從四阿含、般若、方廣種智等三乘經典來看，佛法的本質一直都沒有任何演變，我們現在仍然可以用三乘經典來證實它們從來沒有演變。

所以印順說佛法有演變，是不正確的。假使眞的有演變，那麼問題就來了：兩千五百年前　佛陀拈花微笑，金色頭陀證得如來藏了，從那時演變到現在下來，是不是我們現在所證的如來藏應該要與金色頭陀所證的不同？既有演變，當然應該不同。而大乘經典流傳到現在也應該不同了，因爲都會演變，所以現在不應該仍然存在大乘經典，因爲歷經二千五百年的演變以後，早就應該修改而不該存在了！那麼四阿含現在也不該繼續存在，因爲佛法必然要演變，越演變越好，四阿含早就該廢除了。可是，事實不然！

又譬如以前有人說：「**你們正覺都用禪宗公案在勘驗別人，那些老掉牙的東西，已經一、二千年了，現在是科學昌明的年代，你們還在用那種古老的東西來勘驗印證現代人開悟的內容，不對吧？**」那麼問題又來了，兩千年前悟的那個明心，跟現在悟的明心，或者中國禪宗一千多年來所悟的明心，是不是應該同一個心？（大眾點頭）大家都只能點頭嘛！如果古今所悟不該是同一個心，而是應該演變爲別的心，才可以說：「**那些公案是老掉牙的東西，現在不該用。**」如果兩千年前、一千年前明心的內涵是同一個心，那麼現代人證悟的內容當然也該是同一個心，那就不該說公案是老掉牙，因爲公案中的尖牙如今還是很銳利的呢！你們看那些公案中，祖師們的尖牙利嘴，現在都還在咬悟錯底人，如今也咬死了許多野狐禪師，讓他們都死在公案下。

所以，古今眞正佛法本質是沒有演變過的，也是永遠都不會有所演變的，因此不該說佛法有所演變；所有曾經演變的事相，全都是凡夫弘法者的修正或偏離的事相，與歷代實證者弘揚的佛法全然無關。印順的目的就是要把佛法加以演變：演變之後我印順就可以不依照經典來，不論四阿含或般若中觀、方廣唯識都一樣，我印順可以不依照經典中的內容來弘法。因爲佛法要演變，而兩千五百年後，演變到我印順的年代，佛法就應該像我所說的沒有本識恆存的一切法空、緣起性空；而般若就是性空唯名，是只有名相的戲論，佛法應該這樣演變。由於這樣的立場，所以印順自認爲已經超越諸經而成佛啦！不然印順的傳記副書名怎麼會叫作《看見佛陀在人間》呢？

因此對於佛法是否演變的事，我們必須要去詳細加以瞭解，否則印順用文獻學的考證作藉口，而考證的前提是把它扭曲，引據的考證資料又是故意偏用較無證據力的後期文件，然後說是經過學術考證的；那麼大家在沒有實際深入理解的情況下，心想：「印順考證過了，應該是可相信的結論。」但問題是：考證的本身有沒有扭曲？對文獻內容的解釋是否正確？以及取材有沒有錯誤？這都是文獻學取材上必須注意的大前提，印順等人卻都避而不談。還有一個重要的問題所在，是他們對於部派佛教以及現在仍然可以考證出來的**名文俱在**的經典句義，都可以加以扭曲了；而我們現在已經都證實印順故意扭曲，那麼他們的文獻學考證又有什麼意義？而且又是大多取用後代人寫的文句來考證經典，這是很荒唐的行爲！我們正覺教育基金會每年梓行的《正覺學報》中，都會逐漸把它列舉出來、證明出來。

印順對這一段經文的註解，我還有一點要提出來辨正，印順說：【四住的起煩惱，最明顯無諍；而習地的稱為無明，也是一般所公認的，所以本經在說到起煩惱的心相應時，即說心不相應的無明住地。**而心不相應的四住地，與無明住地的起煩惱**，且略而不論。天臺宗說：煩惱有見思、塵沙、無明的三惑（註）。見思惑即四住地，塵沙惑即從無明起的過恆沙煩惱，無明惑即無明住地，這實依本經而立。】（正聞出版社．印順法師著《勝鬘經講記》p.156）（註：印順此說不正確，天台宗並非如此說。但天台宗所說，仍有錯誤，並非完全正確；塵沙惑攝屬無始無明而非煩惱障所攝的四住地無明故，亦不是四住地無明所攝的習氣種子故。）

印順以上的說法是跟《勝鬘經》的意思顛倒的，這是他一貫的扭曲手法。我們仍然把它分段辨正。首先，印順說：「**四住的起煩惱，最明顯無諍；**」

但是他自己卻不斷的在諍，怎麼諍呢？我們接著讀他的文字：「而習地的稱爲無明，也是一般所公認的，所以本經在說到起煩惱的心相應時，即說心不相應的無明住地。」你看！印順正好扭曲而完全顚倒了。明明本經說起煩惱的心相應時，說的是四住地煩惱，印順卻把它扭曲成爲說心不相應的無明住地。經文都還在，可以證明印順的公然扭曲。我們來看這一段經文：「此四種住地，生一切起煩惱；起者，剎那心剎那相應。」明文寫著四住地煩惱是剎那心剎那相應的，印順卻把它等同於心不相應的無始無明住地。但是印順說，起煩惱是四住地的煩惱，可是卻又說：「所以本經在說到起煩惱的心相應時，即說心不相應的無明住地。」在這一句話中就把經義完全顚倒過來，這正是藏密慣用的李代桃僵的手法，是公然曲解經文的說謊行爲。經中說的明明是心不相應無始無明住地，而起煩惱卻是剎那心剎那相應的，然而印順把二者統一爲同一個法，將經文眞義作了完全顚倒的解釋，竟然也有那麼多印順派的法師們會相信，眞的很奇怪！

印順說的「而心不相應的四住地」，請看楷書部分的第一點，我對他作了文字上的簡單評論：「1、四住地煩惱是剎那剎那都與心相應的，這一段經文中也說四住地出生一切起煩惱，而這個念念生起的煩惱都是與心剎那剎那相應的，所以印順說四住地的起煩惱與心不相應，是誤解、曲解經文的說法。2、見惑思惑，既然是四住地無明，當知與覺知心剎那剎那相應，否則三乘聖人即不可能修斷也！」如果不與覺知心剎那剎那相應，而是印順所解釋的無始無明住地，是不與心剎那剎那相應的，請問：從來不曾與無始無明住地相應過的二乘聖人們，要如何修斷它？必須是與覺知心相應的煩惱，才能斷除，不相應的怎能斷除？所以印順公然把經義扭曲成正好顛倒的意思，這個問題是蠻嚴重的。

這就是說，印順對《勝鬘經》其實是很不滿的，可是印順對越不滿的經典就越要註解，因爲可以藉註解的機會加以扭曲，成爲符合他所宗奉的應成派中觀六識論的思想。印順註解《攝大乘論》時不也如此嗎？明明論中舉出好幾個理由來證明有阿賴耶識，結果印順註解後所作的結論卻是說：因爲這些理由，所以證明阿賴耶識是不存在的。印順的《攝大乘論講記》就是這麼註解的，這些都是瞞天過海的公然撒謊！我覺得：身爲一個僧寶，對於佛陀的經典乃至諸大菩薩的論典，都不應該加以扭曲。我認爲印順是明知故犯，是極用心特地加以扭曲，而不是無意之間的錯解、誤註。所以印順的法義遺毒影響將會很深遠，當然我們必須要加以處理；但由於印順的著作達到四十一冊，所以這是個大工程，但我們應該繼續努力。

【「世尊！如是，無明住地力，於有愛數四住地，無明住地其力最大。譬如惡魔波旬，於他化自在天，色、力、壽命、眷屬、眾具，自在殊勝；如是，無明住地力，於有愛數四住地，其力最勝；恒沙等數上煩惱依，亦令四種煩惱久住，阿羅漢、辟支佛智所不能斷，唯如來菩提智之所能斷；如是，世尊！無明住地最爲大力。」】

講記：這一段經文中，勝鬘夫人又繼續說：「世尊！就像前面所講的，無始無明住地的力量，對於有愛數四住地來說，其實無始無明住地的力量是最大的。」她這樣講，一定有她的道理。

有愛數四住地，爲什麼要講「數」？因爲它可以計算得出來，不是不可量、不可計的。無明住地，也就是無始無明含攝的上煩惱，是無量無邊而不可計數的，所以不能用數來計算。但是出離三界生死，無非就是斷見惑與思惑，縱使細分爲結使，還是可以計算的：或說八十八結使，或說九十一品煩惱。惡見又名五利使，使人不能斷除三縛結，所以稱爲見一處住地；見惑斷了以後就只剩下貪愛了，叫作三界愛，也就是欲界愛、色界愛、無色界愛；再以結使細分下來，都仍是可以數目計數的。

三界愛中的無色界愛，所講的無色界中，並不是一切都無，仍然有「名」，也就是受想行識，仍繼續存在，所以「名」又稱爲三界有、無色有。對這些「有」的貪愛，無非就是覺知心的自我貪愛，仍屬於三界有，所以稱爲有愛住地。這樣，歸納起來，一念無明——四住地無明——總共就只有四個：第一就是見一處住地，第二是欲界的愛，第三、第四則是對色界、無色界的貪愛，如是而已。欲界的代表是貪，色界的代表是瞋，無色界的代表是無明。而四住地無明歸納起來，就只是見惑與思惑等結使，所以是可以計數的，而且是以覺知心**三界有**爲主要，勝鬘夫人因此說爲「有愛數四住地」。

但是，無始無明住地的力量，對於「有愛數四住地」，也就是對於三界有的貪愛以及對於邪見的影響，其力量是很大的。假使能夠找到生命的實相——找到如來藏了，就能現前觀察萬法都從祂而生，蘊處界都從祂而生，當然「有愛數四住地」也是從祂而生；那麼，從此時開始，三界愛以及惡見，對你來講，都是可以當下即斷，或者分分斷除的，沒有不能斷的；因此說，無明住地（無始無明）對於有愛數四住地，具有絕對的影響力。

反過來觀察：四住地煩惱斷盡而成爲阿羅漢、辟支佛以後，對於無始無明住地卻是完全無法發生影響力的。由此看來，無始無明的住地力是最大的，斷盡我見、我執的四果聖者，仍然是無法打破無始無明的；可是打破無始無明的菩薩們，至少都可以斷除見一處住地，也就是斷見惑，這是最基本擁有的功德。如果在悟前已經得到世間禪定的境界了，譬如說四禪八定具足了，這時你只要打破無始無明，也就是親證如來藏了，當場就可以成爲俱解脫大阿羅漢，並且也是俱解脫的大菩薩，同時也是大乘別教中的第七住賢位菩薩。只是一個親證如來藏而打破無始無明的功德，就有這麼大的不同，所以說無明住地的力量，對於三界有貪愛四住地的影響，其力量是最大的。

「又譬如惡魔波旬在他化自在天的所有天人中，他是最自在的人，沒有人能比他更自在；因爲在他化自在天中，他的色身最莊嚴；他也最有威德，他的威神力是他化自在天中最強大的；而他的壽命是一般他化自在天人之所不及，壽命最長遠；他化自在天中的一切天人都是他的眷屬，而他處於所擁有的眷屬中也都能自在，所以他在他化自在天中是最自在、最殊勝的；他也可以對化自在天及他化自在天中的所有生活資具及享樂之樂器，都能自由自在的擁有及使用；並且他所擁有的色身、力量、壽命、眷屬、眾具，都是他化自在天中最殊勝的。」

如果你想要成爲他化自在天的天主，也未嘗不可；可是去那邊當上了天主，那就是魔王，天魔波旬的境界就是這樣。天魔波旬也會修定，但是他發不起初禪；由於他的未到地定非常的深厚，並且曾在人間廣修許多、許多的福德，在世間法上利益了非常多的人，因此他的福德非常的廣大；加上他的未到地定具足圓滿，世間無人能比，配合無邊廣大的福德，捨報後的果報就是他化自在天王。

也許你會想：「爲什麼他有未到地定的深厚工夫，就可以成爲他化自在天的天主呢？爲什麼他到不了初禪天？爲什麼他不可以比欲界天的他化自在天更高呢？因爲未到地定的圓滿是超過欲界的。」確實是有問題，因爲他化自在天再上去就是初禪天的梵眾天，初禪天下來就是欲界天，但在欲界頂的他化自在天及初禪天之間，沒有天的境界可以生存或安住。天魔雖有最佳的未到地定，但**未到地**的意思就是還無法到達初禪地，所以名爲未到地定；他既然超過他化自在天而到不了初禪天，往生時當然是要落在他化自在天中。但並不是證得最深厚的未到地定就能生到那裡當他化自在天主，還得要修集無人能比的廣大福德。如果一生都能像證嚴法師這樣修，福德足夠到達他化自在天，還要能比所有他化自在天人的福德更大，才能當得上他化自在天的天主；但是如果沒有最好的未到地定，還是當不了天魔，只能當他化自在天的天人，受天魔波旬所管轄。如此，請問：證嚴法師捨報後有沒有資格去當他化自在天主？（眾答：沒有）當然沒有資格，因爲她沒有未到地定的修爲。縱使她努力修定，而定力尚未成爲未到地的究竟地，也無法當第六天的天主。所以，惡魔波旬對於他化自在天的一切都能得自在，是因爲他的未到地定功夫最深厚，也是由於他在人間修集的有漏福德最廣大的緣故。

「譬如天魔波旬於他化自在天中得自在，無人能干涉他；就好比無始無明住地的力量，面對有愛數四住地的時候，也是一樣可以得自在。可是見惑與思惑等有愛四住地煩惱，對無始無明住地卻是沒有影響力——絲毫的影響

力都沒有；就像是這樣，無明住地的力量，對於有愛數四住地，無始無明住地的力量是最強盛的。」所以有愛數四住地（一念無明）對無始無明住地完全沒有影響力。而無明住地就是無始無明住地，它是恆河沙數的上煩惱所依，也使得一念無明四種住地（就是有愛數四住地）的煩惱可以久住。

這個意思是說，見惑與思惑等煩惱，其實是依於無始無明煩惱而存在的，是籠罩在無始無明之內的，只是無始無明煩惱裡面的一個很小部分。假使我們要作一個譬喻，可以這麼講，諸位想像一下就知道了：我們把這一間講堂內的所有空氣，譬喻為無始無明住地，那麼一念無明（有愛數四住地）煩惱就猶如我的虛拳所握住的這麼一點點空氣（還得要把我的手掌厚度扣掉）；而這個空拳仍是被包含在整個講堂的空氣中。你們來比喻看看，二者的差距有多大？所以一念無明四種住地煩惱，只是無始無明中的一個極小部分罷了！

也許你們之中有人會這麼想：「這不過是你根據猜想而講的吧？」其實不然！我們可以依據聖教來說明，譬如說一個人修學解脫道，如果確實有遇到明師，佛說此人可以當生斷我見，乃至到捨報前證得阿羅漢果。假使是最遲鈍的人，如果眞的有下定決心，一心要取證阿羅漢果，他對三界境界也都沒有貪愛，只是智慧差；像這樣鈍根而極精進的人，繼續留在人間修行，最遲四生一定可以取證阿羅漢果。四世，就算他很長壽好了，每一世都活一百歲，那也不過四百年就成阿羅漢而出離三界生死了。可是遲鈍的菩薩始從初住位修布施，二住位修持戒，三住位修忍辱；這樣一直修到成佛時，須要三大無量數劫。請你想想看：同樣是遲鈍的人，四生成就與三大無量數劫成就，差距有多大？

看來我剛才用講堂中的空氣與虛拳中的空氣互相作對比來譬喻，還是講得太客氣了。所以無始無明住地中的上煩惱——塵沙惑，它是無量無邊的，如恆河沙數一樣多，不是阿羅漢所能知道。所以有很多阿羅漢聽了佛說的大乘法以後，雖知大乘法的勝妙與究竟，卻仍然在捨壽時入了無餘涅槃，不敢迴小向大。因爲聽到要三大阿僧祇劫才能成佛，而人生是這麼痛苦，留下來受生度眾的意願不大；他們認爲離開三界中的痛苦才是最重要的，眾生能不能得度，那就譬如別人家的孩子，跟自己無關；捨報前能度幾個就算幾個，可是絕對不再來人間受生。因爲成佛的內涵，如是難知、難解、難證，而且極難圓滿，單是一個入胎識在哪裡都不知道了，只能相信 佛陀說有這個識常住，所以定性阿羅漢雖然信受了，捨壽時還是入涅槃了。迴小向大而實證大乘法的阿羅漢們，才不會捨壽後入無餘涅槃。

所以勝鬘夫人說：「**無明住地，是恆河沙數的上煩惱所依，它同時也使得四種住地煩惱久住。**」假使眾生無始劫以來已經了知無始無明，已經打破了無始無明，見惑當下就斷除了，而思惑也一定不久就有能力斷盡，卻已成爲菩薩而留惑潤生。找到如來藏時，一定能確實檢驗證實：**祂就是離念靈知的根源，祂就是意根的根源；祂是色身的根源，也是受想行三陰的根源，確實是十八界法的根源。**如今已經現觀而確實了知了，我見就不可能再存在了。假使證悟如來藏之後還會退轉，只有兩個原因：第一是我見根本還沒有斷，他對自我放不下，所以寧可退回去認定生滅性的意識爲常住法；第二個原因是他所謂的證悟是聽來的，對於如來藏並沒有參究過程的體驗，所以他的大乘無生智慧無法生起來，因此就無法確定萬法都是從如來藏所生。

假使你眞的是自己參究而親證如來藏的，不是去探聽而向別人問來的，那麼確定所找到的心眞的是如來藏時，在確認的當下，見惑就已經不在了，並且也會懂得三界一切貪愛的內涵，這是遲早終究會了知的；那時就知道，其餘三種住地煩惱只是早斷與遲斷的差別而已，終究沒有永遠不斷的事。可見四住地無明所攝的起煩惱，全都含攝在無始無明住地中；若沒有無始無明住地，就不會有四住地等三界有的貪愛無明；因此說，四種煩惱其實也是依無始無明住地而存在的；當無始無明去掉一小部分時，四種住地煩惱必定都已經不存在了，這就是迴小向大的阿羅漢們悟得如來藏本識時的智慧境界。

菩薩爲什麼要到七地滿心時才會把思惑斷盡呢？菩薩入地後歷經第二大阿僧祇劫的修行，習氣種子已經斷盡很多了，早在初地的入地心時就可以斷盡思惑了，可是思惑中最後剩餘的有愛住地煩惱的現行，爲什麼在七地住地心時還會存在著？那就是留惑潤生。是由於大慈悲心的緣故，是被十無盡願的悲心所持的緣故而故意不斷盡的；那就是初學佛人常常講的「不忍眾生苦，不忍聖教衰」，確實是單純地由於十無盡願所生的增上意樂而留惑潤生的。菩薩不會這樣去計較：**我如果爲眾生而留下最後一分思惑，以滋潤未來世再受生的種子，那我成佛的時間會不會拉得很長？**菩薩絕不計較這個，所計較的只是**眾生會不會繼續受苦？會不會繼續被誤導而永遠在歧路中修**

行？會不會因此而使得聖教衰微？他只記掛這個，都不計較自己的四住地無明（見、思二惑煩惱）有沒有早日斷盡。

由此緣故，勝鬘夫人說：「無始無明住地中的上煩惱，如同恆河沙數那麼多（所以又叫作塵沙惑），這是阿羅漢與辟支佛的智慧所不能斷除的，只有如來所弘傳的佛菩提智才有力量能斷除它。」所以勝鬘夫人作了一個結論：「如是，世尊！無明住地最爲大力。」

接著請看補充資料，印順說：【無明住地的力量，比起四住地的有限力量來，是不可以用算數譬喻去較量的。「如是，無明住地」的「力」用，比「於有愛數四住地，無明住地其力最大」。在四住地中，有愛住地最勝，所以舉以例餘，數即等類的意思。這裡的無明力大義，不是約感招生死說，是從它的深細，不容易斷除，為一切煩惱所依說。】（正聞出版社．印順法師著《勝鬘經講記》p.158）

現在看楷書部分，是我對他的評論：「印順常有說法前後矛盾之處，此亦一例。前說四種煩惱加上四煩惱習氣所生的住地共爲五種煩惱，今說四住地加上四住地外的無明住地爲五種；若然，則應成爲六種，可見其無知於正法。」印順的意思是認爲：無明住地的內涵就是習氣種子，無關於法界實相的認知；萬法是從哪裡來的，不必認知。所以如果推究印順所說的佛法本質（他所謂緣起性空的本質），一定會發覺到一點：印順的萬法的緣起，都是無因唯緣而生起。印順所講的佛法是：眾生的蘊處界都是生滅法、都是無常的，無常一定會空，所以說一切法空，全部空掉以後並沒有一個繼續存在而常住不滅的本際，萬法都是無因唯緣而起滅。所以印順其實是無因論外道。

但是蘊處界法的生起，是從何處來的？又是如何生起的？他也曾想到這個問題，但是無法解決，就把這個問題推開、置之不理，純粹從現象界上來說：一切諸法都是緣生緣滅，不需要有根本因；都是唯緣起滅，藉緣而生、緣散則滅；若把執著消滅了，蘊處界就可以消滅；蘊處界全都滅掉以後，成爲斷滅而空無，這個斷滅的空無是無法再被滅除的，所以這個滅相是不會再滅了，這就是常。換句話說，印順心中認定斷滅空就是常。所以印順認爲：緣起性空法是緣於蘊處界而來，而蘊處界又從哪裡來的？是由父母所生嘛！藉著父母的助緣，加上四大合成，就有了這個蘊處界，不必有如來藏來入胎出生蘊處界。蘊處界滅了，就是一切法空，蘊處界是緣起的、無常的，所以無常就性空，名爲緣起性空。而般若中觀講的也是這個道理，所以般若中觀就是緣起性空法，只是從聲聞解脫道的緣起性空衍生出來的法相，純粹只有名相的討論而已，並無實質；所以般若中觀仍然是在說明四阿含所講的緣起性空，並無不同於四阿含聲聞道緣起性空的實質，當然要判定爲性空唯名。於是在印順的判教中，第二轉法輪的般若法義，就跟二乘法的緣起性空畫上等號了！這樣一來，只需要修學四阿含的聲聞羅漢道，世世繼續在人間受生度眾而不入涅槃，最後就可以成佛了！印順就這樣以聲聞道取代佛菩提道。

所以，印順所說的「無明力大義」就說：「不是約感招生死來說，而是從它的深細，不容易斷除，作一切煩惱所依來說。」這就有大問題了！事實上，勝鬘夫人所說的意思是：無明力之所以大，不是約感招生死來說，也不是因爲它的深細而不容易斷除來說。因爲印順所說的深細而不容易斷除，講的只是習氣種子的隨眠；但是勝鬘夫人講的無始無明住地力量之大，是因爲眾生無始以來，心並不與無始無明住地相應，而無始無明住地是指萬法的本源；但眾生心最多只能與四住地煩惱相應，連無始無明是什麼都不知道，何況能打破或斷除？印順對此完全無知，他的問題就是出在這裡。

眾生心自無始劫以來，不曾與無始無明相應而無從了知它的內容；除非有佛降生人間來爲我們開示，以外就沒有人能了知它的存在。因爲眾生即使努力修行很多世，卻連無餘涅槃都會錯到一塌糊塗；在 釋尊出現於人間之前，在人間還沒有佛教之前，一切的外道各說各的涅槃，都不相同，也都沒有一個是正確的；直到 釋尊出現以後，才終於有一個是正確的。這就像我們出來弘法以前，大家各說各的開悟境界，但沒有一種開悟是正確的；等到我們出來弘法以後，他們都不服：「爲什麼大家都錯了，偏偏只有你一個人的開悟正確？有這個道理嗎？」可是確實有這個道理，因爲事實上證悟的人永遠都是少數嘛！因爲二乘涅槃難知難證，大乘所破的所知障更加難知難破，所以只有我們所證的涅槃正確，也只有我們所悟的實相是正確的。

能知能證涅槃的人永遠是極少數，能知能破所知障而證悟實相的人也永遠是極少數。譬如軍隊派出去，只能有一個大將軍，旗下可以有十萬兵、百萬兵，但是大將軍永遠只有一個；不可能有十萬、百萬的大將軍，卻只有一個兵。所以證悟者永遠是極少數人，錯悟者永遠是大多數人；二乘涅槃的修證本來就是如此，大乘佛法的實證更是如此。因此，印順對二乘涅槃及大乘佛法的誤會，我們是能理解及體諒的；可是印順不誠實而故意加以扭曲，我們就不能接受了。誤會佛法，在一般人的情況下都是難免的，這是正常的，我們不但接受，也能體諒。可是對於不知道的法義就假藉不實的考證而推翻掉，再加上一百八十度的扭曲而註解出來，我們就不能接受了。

特別是我們發覺印順的錯誤以後，特地為他寫了《眞實如來藏》一書，我還親自用掛號郵件寄給他，然而直到他死時為止，都沒有一言一語的回應；對於明知自己誤導眾生的事，都沒有任何的回應，所以我們就無法接受了。而我們不是等印順死後才辨正，他的門徒們不可以狡辯說：「人都死了你才開始評論，讓印順法師百口莫辯。」我們是在印順生前許多年就開始辨正他的錯誤，但是他連一語回應都沒有。本來我是心存善念，不想讓他生前難堪，要等到印順過世以後才對他評論，可是有人建議說：「老師！你如果這樣作，人家會說你對他不公平：等到人家死了，你才寫，他根本沒有機會可以回辯。應該在他生前就寫出來辨正，讓他有機會回辯，也讓他在生前可以有機會改變觀念，他的惡業就可以消除了。」我想一想，覺得也對，但我還是猶豫了一些時候；因為這會影響他的名聞、利養，所以我一直在想著這件事；想了兩三個月以後，我終於下定決心，還是應該作，應該給他有機會回應，所以我不是以惡心來評論他。可是很強勢的印順，直到捨報爲止，竟然都沒有任何回應；這表示印順的心態是不美好的，我只能這麼說。

接下來針對勝鬘夫人所說：「**恆沙等數上煩惱依，亦令四種煩惱久住。**」我們來看印順對這句經文是怎麼註解的？印順說：【本經的無明住地，即所知障；四住地及上煩惱，為煩惱障。煩惱障是以我我所執為本的，由我我所執而起貪等煩惱，由此而招三界分段生死苦。所知障，是迷於一切法空性，而不能徹了一切所知的實事實理；為一切法空智的障礙。煩惱障是人執，所知障是法執。我執必依於法執，煩惱障是依所知障的；所知障或法執，是煩惱障或我我所執的所依，即此處無明住地為上煩惱及四種煩惱所依的意義。】（正聞出版社．印順法師著《勝鬘經講記》p.160～p.161）

我們先來看印順在第一行中怎麼說：「**本經的無明住地，即所知障；四住地及上煩惱，為煩惱障。**」印順所謂的所知障，到底講什麼？根據印順前面所講的無明住地就是習氣種子煩惱，在這裡又說無明住地就是所知障，那麼他的所知障當然就是習氣種子煩惱，而不是對於法界實相的知與不知而成障的問題了，這樣一來，印順就迴避了自己無法打破所知障的問題；只要堅決主張而不改變，印順就不須面對所知障的問題了；如果不這樣堅持，他的說法就無法符合自己所弘揚的密宗應成派中觀的六識論思想。

因爲，不論是中國的傳統佛教或是印度傳統的大乘佛教，都是以如來藏爲中心的法；只有證得如來藏的人才能打破所知障，因爲所知障是指無法了知現象界背後的實相，不知萬法都從實相心如來藏來，所以不能生起實相般若智慧；因爲二乘法的緣起性空觀，二乘法所證的涅槃，都從祂來；二乘涅槃只是依如來藏不再出生蘊處界而施設的，所以二乘法都是方便施設而非究竟。可是如果要依法界實相而這樣講出來，假使要依據三乘法義的眞相而這樣講出來，印順將要怎麼弘法呢？難道自大的印順肯承認自己還不能理解法界的眞相嗎？難道印順願意承認自己不懂涅槃嗎？

因爲印順這個人是不甘屈居人下的，連他的師父太虛大師，他都是不服氣的。「如果我承認得要親證如來藏才算是證悟般若，可是我印順還沒有證得如來藏，我有什麼立場能爲人說法，而不招來別人的質疑呢？」在這些考量之下，印順就把無明住地與四住地作了這樣的解釋，然後加以錯誤的歸類、合併。可是本經說的無明住地，當然是指所知障；但是這個所知障無明住地，眞的是印順所說的習氣煩惱的種子隨眠嗎？不是的。所知障是指對法界實相、對萬法的根源無所知，是對無始劫以來都不曾與覺知心相應的實相法界的無知而說的。所以無始無明就是無始劫以來都不知道諸法法界的實相，這個實相就是二乘涅槃中的本際。針對所知障下手實修的目的，是在探究萬法的根源，萬法的根源探究到究竟而無可探究了、圓滿了，塵沙惑（也就是無始無明住地過恆河沙數上煩惱）都斷盡了，那才是成佛的時候。所以，成佛並不是依習氣種子的隨眠有沒有斷盡而說的，主要是依所知障的隨眠有沒有斷盡來講的，這是跟三界煩惱無關的，而習氣種子是跟三界煩惱息息相關的，都屬於四住地煩惱所攝，絲毫都不歸所知障所攝。

所有的習氣種子有三類：貪、瞋、癡。惡見（身見等）並沒有習氣種子，惡見是**斷除時就當下斷盡的**，所以它稱作五利使；並不是鈍而難斷的，是很容易斷除的，所以說爲利（利就是容易的意思）。阿羅漢所斷的貪瞋癡則只斷現行，貪瞋癡的習氣種子（也就是三界愛的微細習氣種子）很多，都因爲是無始劫以來就一直在三界中熏習不斷的，所以這三類的微細習氣種子很多。但這習氣種子只有三類，不超過三類：第一類是欲界貪，第二類是色界瞋，第三類是由於愚癡而對受想行識自身貪愛不捨，都屬於一念無明四住地所攝。習氣種子只有這三類，雖然習氣種子數目很多，要歷緣對境中經過三大阿僧祇劫的實修才能斷盡，但也就只有這三類。可是無始無明所攝的上煩惱，無法加以分類，連初地、二地、三地、四地、五地菩薩都一樣無法加以分類，但有層次深淺的不同；都要仰仗無生法忍的實證到了某一個階段以後，才會跟另一階段的許多上煩惱相應到，否則是不可能相應的；而這些所知障含攝的上煩惱，都不是習氣種子，因爲都屬於對法界實相的無知，都屬於無始無明住地所攝，都與三界貪瞋癡的習氣種子無關；因此說，無始無明住地不等於習氣種子，習氣種子不等於所知障，所以印順的說法是錯誤的。

印順說的「**四住地及上煩惱，爲煩惱障**」，他這樣說法，問題很大！依照印順這個說法，四住地煩惱應該就是見惑與思惑，加上《勝鬘經》所講的無明住地所攝的上煩惱，印順全都攝屬於煩惱障中。那麼這些無明住地所知障所攝的上煩惱，顯然就不跟法界實相相關了，就變成是與煩惱障所攝的貪瞋癡等習氣種子相關了，那麼大乘法中就不該會有般若系諸經來探討法界的實相，就不必探討佛地所證的四種涅槃，只需要證得二乘涅槃就夠了，這時只要加上廣大福德就可以成佛了！但是無始以來卻不曾有過未得法界實相智、未得如來藏一切種子智慧的佛。你看印順這樣說法，有沒有錯到一塌糊塗呢？眞是太離譜了。

印順又說：「**煩惱障是以我我所執爲本的，**」既然是以我、我所執爲本，可是所知障完全不以我和我所執爲本，而是對法界實相的無知，那麼聲聞羅漢所修證的解脫之道當然只是針對我、我所執而已，根本不需打破所知障，也不需斷除所知障含攝的上煩惱就可以成佛了。可是，所有大阿羅漢們明明不曾有一人敢紹繼佛位，智慧也都遠不如 釋尊，怎能將解脫道等同於成佛之道呢？因爲成佛之道是必須要具足解脫道以及佛菩提道所斷的習氣種子隨眠，再加上無始無明住地的一切上煩惱斷盡，這可是與所知障有關，或是完全屬於法界實相的內容的；因爲習氣種子也都含藏在實相心如來藏中，所以聲聞聖者無法斷除。所以印順這個解釋，已經顯示他的說法與大乘眞實義的差距是非常大的。

印順又認爲：「**所知障，是迷於一切法空性，而不能徹了一切所知的實**

事實理；」印順說的一切法空性，其實是講：一切法都是緣起性空，所以叫作空性。印順認爲：對於一切法的緣起性空若不瞭解，因此就無法徹底的了知一切所知的實事實理。而印順所謂所知的實事實理是什麼呢？就是對於蘊處界等一切法的緣起性空不能瞭解。然而蘊處界的無常、苦、空、無我，都是意識思惟就可以知道的，是眾生心所能知的，印順竟然把所知障作這樣的解釋。因此信受他的思想者（譬如聖嚴法師信受了他的說法），所以三、四年前在一本小冊子中解釋說：所知障，就是因爲對於世間的事情所知太多，而障礙了佛菩提。然而 佛說的所知障卻是說：因爲對於法界實相的不知而被障礙，不能成佛。反而是所知不足而障礙，不是所知太多而被障礙了。

所知障講的是迷理無明。迷理無明講的是迷於法界的實相，不是迷事無明。事相上的無明，是對於蘊處界等世間事相的緣起性空無知，叫作迷事無明。蘊處界都屬於事相──三界法，所以迷事無明講的是對蘊處界的緣起性空無所知，這才是迷事無明。般若諸經一切法空背後的實相智慧，講的是法界實相的智慧，不是蘊處界緣起性空等事相上的智慧。印順把實事與實理混合爲一，等於是把實事用事相法的緣起性空來解釋，再把實理用一切法空來解釋，說迷於一切法空性就是不知實理。印順是要讓你相信：對事相蘊處界緣起性空的道理無所知，就是對實相正理無所知的迷理。這樣暗示，讓你接受迷事就是迷理。這樣一來，蘊處界等事相的緣起性空及一切法空，就成爲大乘佛菩提道了，就可堂而皇之將聲聞羅漢法取代佛菩提法了，大乘就不能獨尊於二乘之上了；從此以後，大家修學聲聞法（印順的聲聞法也還是錯誤的）而不必實證涅槃，生生世世都以凡夫身分來行菩薩道，久而久之就可以成佛了！**凡夫菩薩行**的**人間佛教**就這樣提出來了！所以印順對所知障的定義仍然是：**對於蘊處界緣起性空的無所知而成爲障礙變易生死的斷除**。印順註解所有大乘經典的用意，就是要把所知障、煩惱障融合爲同一法——對蘊處界的緣起性空、三界中的一切法空無所知。迷事無明統一了迷理無明以後，佛教界從此以後就不必再理會印順有沒有開悟明心的事了，當然印順就可以順理成章地成爲佛教界的導師了。印順以六識論來扭曲而註解大乘經典的目的也就在此。

接下來，印順又說：「煩惱障是人執，所知障是法執。我執必依於法執，煩惱障是依所知障的；」煩惱障是依所知障的，可是《勝鬘經》講的不是這樣。印順是把它作了一層、一層又一層的曲解以後，然後全部套在一起，他的歪理就通了，可是卻跟《勝鬘經》所講的理不通。在這個部分，印順仍然是依照他所說的來作定義，所以他認爲煩惱障是我執，而所知障是不如實知萬法緣起性空，也不如實知習氣種子，因此印順認爲無始無明住地的上煩惱也就是習氣種子，同時也是不知蘊處界以外一切法的無常空，這樣就成爲他所說的：「煩惱障是人執，所知障是法執。我執必依於法執，煩惱障是依所知障的；」就成爲煩惱障是依習氣種子及對一切法無常空的無知而存在。

可是勝鬘夫人說的，正好與印順相反：煩惱障的我執是依四住地無明而存在，而四住地無明是依無始無明而存在；習氣種子不屬於所知障所攝，仍然是煩惱障所攝；而無始無明是對萬法本源的無知，是對法界實相的無數極微細的無明仍無所知。印順的註解剛好相反，都是因爲印順拋棄了第八識的取證，專門用**六識論**來理解佛法，不是以第八識來理解佛法，才會產生這種荒誕說法的結果。因爲印順三十四歲開始宗本的應成派中觀，只承認有六個識；印順也主張在四阿含諸經中只說有六個識，沒有講過八個識，所以一直跟隨著應成派中觀的六識論歪理來寫書、弘法，連四阿含中所講的意根都不願意接受，辯稱意根也是從意識中細分出來的，卻無法與四阿含所說的意根、**法塵作爲因緣而出生意識**的聖教契合。

自從我們寫書出來以後，他當然知道自己闖大禍了，可是仍然不願意改變。我們一再從四阿含中引證經文聖教的原文，已經證明四阿含確實在許多地方都說有八個識，只是印順及他的門徒們都讀不懂罷了！譬如十八界中的識陰就有六個識了，而識陰必須有另一個俱有依——意根，才能存在；但是意根不是色法，是心法，而且是先於意識存在而成爲意識的俱有依，當然就有七個識了，怎會是只有六個識呢？這是聲聞部派佛教中，不論哪一個部派都承認、都公認的；乃至印順法師還活著時，也不敢太明目張膽的公然主張說：意根不是心而是色法。

不過他曾在一篇文章中說，意根就是腦神經。那好！我倒是想要請問諸位媽媽們：你們的兒子、女兒來投胎時，有沒有帶著腦神經來入胎？因爲意根是帶著阿賴耶識來投胎的。人人都有過去世的，印順也不敢否認；既然意根是腦神經，那麼印順死時應該是要把腦神經帶著去中陰境界中，否則他就不能投胎受生了。但是印順捨報時明明頭腦還完整存在，腦神經並沒有被他帶走。這樣的印順法，還能說是佛法嗎？因爲印順否認了第七識意根的存在，而四阿含中處處說有意根，也都說意根是先於意識存在的，不是從意識心中細分出來的；所以印順只能暗示說不是心，那就必須解釋爲腦神經了；不然他對意根要如何解釋？

接下來，第八識到底是存在或不存在？四阿含中說：入涅槃時，五陰十八界都要滅盡，五陰中的識陰就有六個識了，加上意根就有七個識。這七個識入涅槃時是要全部滅盡的，滅盡後的無餘涅槃是不是斷滅空呢？不是啊！因爲證得有餘涅槃，將來可以入無餘涅槃的阿羅漢心境，佛有特別說明那個涅槃是：寂滅、清涼、寂靜、眞實。還特別說：常住不變。從阿含聖教來看，再從實證如來藏的智慧境界來看，無餘涅槃中都是眞實而不是斷滅；這不但是阿含中的經文講的，也是實證如來藏者的現觀。那麼請問：**眞實、常住不變，是不是已經證實無餘涅槃中還有一個常住不壞法的存在**？無餘涅槃中，一定還有一個法常住不變，才能說是眞實、常住不變。

那麼無餘涅槃中獨存的那個法是不是色法？不可能！如果是色法，一定是生滅法，怎麼叫作眞實呢？如果不是色法，只能剩下一個：心法。而這個心法是什麼？當然不可能是識陰等六識，也不可能是意根，當然是入胎識——是入胎而製造了色陰及四陰的本識如來藏。那麼，意根及六識就有七識了，再加上出生七識及色身的入胎識，不就是八個識了嗎？正好是八個識。阿含中的密意說得太多了，等到《阿含正義》在下個月開始出版時（編案：七輯都已出版了），書中會說到許多以前你們在會外都沒聽過的阿含聲聞道，包括十因緣與十二因緣的關聯；這些法都是以前沒有人講過的，然而曾宣講因緣法的人也都不懂。所以十二因緣觀有很多人在修、在觀行，但都無法成功，原因就是不懂十因緣與十二因緣之間密不可分的關聯性，總是如同印順一般解釋作增說與減說，不知道二者是不同的觀行。他們不懂的緣故，都是由於一開始就錯認六識論爲正理，才會久修而無絲毫實證。十因緣與十二因緣的不同與關聯，我們在《阿含正義》中都會詳細講解，有許多聲聞解脫道法義都是以前諸位沒聽過的。把整套《阿含正義》讀完之後，你將會如實理解阿含佛法，才會知道原來當今佛教界所謂的阿含專家都不是專家，其實眞正的阿含專家都在正覺同修會中，而且不是只有我一個人。所以《楞嚴經》說了：「因地不眞，果招紆曲。」那些所謂的阿含專家連解脫道都誤會到一塌糊塗，都是由於誤信印順的密宗應成派中觀六識論邪見而導致的；所以他們在解脫道上的修行果報一定紆曲不直，更別說是實修成佛之道了。

【「世尊！又如取，緣有漏業因而生三有；如是，無明住地緣無漏業因，生阿羅漢、辟支佛、大力菩薩三種意生身；此三地，彼三種意生身生，及無漏業生；依無明住地，有緣，非無緣；是故，三種意生及無漏業，緣無明住地。世尊！如是有愛住地數四住地，不與無明住地業同；無明住地異，離四住地，佛地所斷，佛菩提智所斷。何以故？阿羅漢、辟支佛斷四種住地，無漏不盡，不得自在力，亦不作證；無漏不盡者，即是無明住地。」】

講記：勝鬘夫人說：「世尊！又譬如取，它是緣於有漏業爲緣因而出生三有的；同樣的道理，無明住地是緣於無漏業的因，而出生了阿羅漢、辟支佛、大力菩薩等三種意生身；可是這三種聖人的境界，他們三種意生身的出生以及無漏業的出生，都是依於無明住地，所以這仍然是有緣，而不是無緣所生的；由於這個緣故，說三種意生身以及無漏業都是緣於無明住地，都是以無明住地爲因而出生的。世尊！就像是這個樣子，有愛住地的這一種可以數得出來的四種住地無明，它是不與無明住地的業相同的（業是不同的）。無明住地不同於有愛數四住地，無明住地的內涵與四種住地的內涵並不相同，它是佛地所究竟斷盡的，是諸佛的菩提智才能斷盡的。爲什麼呢？因爲阿羅漢、辟支佛只能斷四種住地的煩惱，無漏法並沒有窮盡，所以不能得到自在力，也沒有能力親自去證實它，所以我說阿羅漢與辟支佛所證的無漏，是還沒有究竟斷盡諸漏的，這意思就是在講無明住地。」

這樣語譯的結果，當然還是會有許多人無法眞正的聽懂，所以我們要再詳細解說。勝鬘夫人說：「**又如取，緣有漏業因而生三有。**」取，印順把它解釋爲四取，也就是**欲取、見取、我語取以及戒禁取**。但實際上，「取」字只能作這樣的解釋嗎？眾生會輪轉生死的取，難道只有欲界所攝的這四種取嗎？欲取、見取、戒禁取、我語取等四取都是欲界中法，並沒有函蓋色界愛及無色界愛等二種取，所以他將這個取字當作四取來解釋，並不合乎佛理。

實際上，分段生死的取，導致後世的三界有，必定是要包括色界愛及無色界愛在內。如果不包括色界愛與無色界愛，那麼只要斷我見而得初禪，來世生到色界天去，就應該算是解脫三界生死了。但實際上是如此嗎？不然！

所以取的範圍是很廣的，而四取中的**見取、戒禁取、我語取**多屬於五利使所攝，多是屬於欲界的見所攝的範圍；而最後的欲取，就只是欲界愛所攝而已，不曾函蓋整個三界，怎能解釋爲「四取緣於有漏業因而出生了三有」？三有必然函蓋三界有，四取在原則上只函蓋欲界有，因爲四取是在欲界人間斷我見的聲聞見道中就斷除大部分的了。所以，如果依照印順的註解而說「取」就是四取，那麼應該證得斷我見而證初禪或證二禪之時，就已經是超越欲取而住於三界外了，也就沒有取了，那麼十二因緣法就該算是斷盡了。如果印順這個說法是正確的，那麼我在好幾年前就應該已經是住在三界外了；也應該說我現在是住於三界外而爲你們三界內的人說法；因爲斷了我見而能住在初禪中說法的人，都是已離四取的人。但事實上是不是眞的已離三界了？其實，離四取而發起初禪的人固然都能住在初禪等持位中爲人說法，卻都仍然未曾脫離色界境界，仍在色界有中，印順怎能解釋爲**四取緣於有漏業因而出生了三有**？他只能註解爲**四取緣於有漏業因而出生了欲界有，斷四取緣於有漏業因而出生色界有**。因爲斷了四取的人尚未出離無色界有，仍有色界有及無色界有的緣故，所以取字不能用四取來解釋。因爲斷了四取的人，來世固然可以生在初禪天中，都還是在色界境界中，還沒有到達無色界。所以取字絕對不能只用四取來解釋，而是應該包括色界取、無色界取在內。

但是三界的取，導致後世有的存在，都是緣於有漏業因而生的三有。這裡所講的是三有，不是只有欲界有，所以顯然這個取字不是只有四取的狹小範圍。「取」字應該是包括取有，有字則是包括三界有所說的有，所以不該狹義的解釋取字是四取，而應該函蓋為取名色的名。「取」而產生了有，所緣的都是以有漏業為因。什麼是有漏業的因？那就是說，有漏業是屬於三界愛。而見一處住地只是見惑，與業因無關，是邪見而不是業因。業因，是因為曾經造作了有記業或無記業，是具足身業、口業中的一種，並且要有意業配合的，才能成為後世的業因，這也是取。譬如造作欲界中種種貪愛的事相以後熏習成種，雖屬無害他人的無記業，也會成為欲取所攝的有漏業因；若是造下害人之業，當然更是業因了！若是造作色界境界的貪愛事相以後熏習成種——喜愛每天住在初禪或二禪境界中，仍是成就色界取的有漏業因。這都屬於欲取或色取境界，仍然屬於取；多劫熏習成種以後，這種習氣種子就很難轉變，這些都因為欲取或色取而產生的有漏業因，也有可能是無記業。

譬如造作色界愛——不斷地修禪定，喜樂住於初禪乃至四禪的境界中；這個喜樂，經由無量劫來熏習的結果，使他成為貪著於色界境界的覺知心；這個種子一直存在阿賴耶識中，未來世遇緣時就會現行，現行時就會特別喜歡證得禪定而喜愛定境，捨報時就會出生於色界天中，這也是有漏業因，所以出生了色界有。雖然修禪定是善業，但它是良善的有漏業，這個有漏業因導致他捨報之後出生到色界天去，就是色取。如果不斷地熏習無色界的種子，這個習氣種子積集之後，將會使他愛樂四空定；證得四空定以後，喜歡四空定中的境界，所以捨報後就會往生無色界天——出生了無色有，這就是無色取。但他往生無色界天，也是有漏業因；是由於對於無色界的境界貪愛，造作了來世往生無色界的業果；都是由於每天不斷進入四空定中加以熏習，所以這個習氣種子存在了，捨報後就生於無色界中。

這固然是善業，但還是屬於有漏業；因為這種無色界境界不可能長時間的永遠保持不失；因為無色界生命壽盡時就會下墮而失去無色界的境界，無法永遠不壞，所以是有漏的善業。當他生到無色界去，天福享盡以後就是定福享盡了，他的善有漏業也就不存在了，還是要下墮，所以修習無色界定（四空定）仍是有漏業。因此說，凡是出生在三界中而持有三有之身，或如無色界持有名色中的名——受想行識四陰，都是緣於有漏業因而生的。所以說，眾生會出生三界有中，都是緣於有漏業因；不論是善性或惡性的有漏業因，全都如此，也全部是取，不僅僅是四取。

但是無明住地，並不屬於三界中的有，所以已能出離三界生死的阿羅漢、辟支佛、八地（或留惑潤生的初地滿心至七地心）的菩薩們，仍然可以因迴小向大而再起一分思惑以潤未來世生，或者留惑潤生（特地留下一分思惑而潤未來世生），再度出生於人間或天上，繼續廣行菩薩道。這樣故意起惑潤生或留惑潤生，都是緣於無漏業因而再度出生於人間，並非是由於有漏業因而再度出生於人間，而他們都還有無始無明住地上煩惱尚未斷除或尚未斷盡；由此緣故，從另一個層面說他們在人間的色身是由自己的意志力而重新再受生於人間，名爲由意所生的色身；不因爲他們已經能出離三界生死，就無法再受生於人間了，所以說這三種聖者都同樣還有無始無明住地，但卻無妨已解脫三界生死，也無妨繼續乘願世世受生於人間，而他們在無明住地仍然存在的情況下的受生，不是像一般人緣於有漏性的善惡業因而受生，而是緣於無漏性的淨業因緣。

至於另一種層面所說的意生身，譬如三明六通的大阿羅漢（當然也包含大乘通教的大阿羅漢），同樣有三明六通的辟支佛，或者八地大力菩薩等人，都擁有無漏妙定意生身（三地滿心菩薩已有此意生身，八地另增一種意生身，九地再增一種），這三種人的意生身都是可以在三界中現行的，但他們都有能力出離三界，也都能滅掉意生身而只依色身繼續住於三界中。不論是二乘聖人或者八地菩薩，當他們有意生身在三界中現行時，這三種意生身的出生，也都是緣於無明住地無漏業因而出生的。這表示他們的無明住地還存在，但無明住地是緣於無漏業因而有的，不是緣於有漏業，所以無明住地的存在，無關三界分段生死，只與變易生死有關。

譬如三明六通大阿羅漢，可以運用神通示現意生身，但這個意生身仍然是依無漏業而生；一直到他捨報入無餘涅槃，才會永遠消失掉；辟支佛、八地菩薩也是如此，而他們的意生身並非由於有漏業而出生或示現，而是基於無明住地而緣於無漏業因來出生的。所以說，阿羅漢、辟支佛、大力菩薩等三種人的意生身都是緣無漏業而生；可是這個無漏業是依無明住地而有，若離無明住地就沒有這個無漏業因存在。所以，無漏業有緣，不是無緣；而無明住地也是有緣，不是無緣。也就是說，無漏業與無明住地互爲因緣，因此導致阿羅漢、辟支佛、大力菩薩的三種意生身繼續存在於人間，不會立即捨壽，不會拒絕再度乘願受生。由於這個緣故，說三種意生身以及無漏業都是緣於無明住地而有。

「世尊！如是有愛住地數四住地，不與無明住地業同；無明住地異，離四住地，佛地所斷，佛菩提智所斷。」勝鬘夫人這幾句話是說：如同上面所說的道理一樣，眾生依無始無明住地緣於有漏業因而出生了三有，二乘聖人及大力菩薩則是依無明住地緣於無漏業因而出生意生身，全都函蓋在無始無明住地中。這樣的道理，已經顯示有愛住地、可以算數計算的四種住地，都是緣於有漏業因而出生了三界有；三種聖人則是依無明住地而緣於無漏業因來出生三界有，卻都函蓋在無始無明住地中。同樣都有無明住地而所緣的業並不相同；顯然無明住地的性質與有愛數四住地的性質不同，而三種聖人雖然還會出生三有，卻已斷了四住地無明，卻都同緣無始無明住地而出現在三界中，所以四住地與無始無明住地，不該混同爲一，應該清楚的分隔開來，才能如實理解聲聞道與佛菩提道的異同。

換句話說，有愛住地的四種住地無明，都是屬於三界中的煩惱，其實就是見惑與思惑；這四住地的煩惱，不跟無明住地所攝的無量上煩惱相應，也就是不與塵沙惑相應；所以二乘聖人只能了知四種住地煩惱而加以斷除，就能出離三界生死了；但是卻仍然無法理解無始無明住地的內容，無法實證般若及種智，所以無法斷除塵沙惑而不能成佛。這意思是說，有愛住地是可以計算的，所以加上數目的數：「有愛住地數四住地」，所以見惑與思惑歸納之後總共就只是四種。但是無始無明住地的惑是無法計算的，所以稱爲過恆沙數上煩惱，天台宗就把它簡稱爲塵沙惑——如同大地上的微塵細沙那麼多，無法計算。

四種住地煩惱所緣的業，都是屬於有漏業，因爲都是在三界生死法有關的煩惱上去相應的。而無始無明住地的業，不屬於煩惱障，不屬於三界中生死流轉的有漏業，所以無始無明住地所緣業因，都是與障礙解脫生死的起煩惱等有漏業因無關，但都與障礙成佛的上煩惱等無漏業因有關；因此無明住地所緣的無漏業因，雖能促使異熟識出生了諸地菩薩的三界有，所緣的卻都與四住地起煩惱無關，都是緣於無漏性的上煩惱；上煩惱即是無始無明住地所緣的無漏業因，有這個無漏業因上煩惱的緣故，才能使二乘聖人不會立即捨壽，才能使諸地菩薩永遠不會取涅槃而繼續受生於人間。

這樣講，可能大家還是不能夠非常的明白，因此對這個業，我們應當再加以解釋：四種住地所生的煩惱所引生的業，都是與貪瞋癡相應，都和三界生死的流轉有關，所以是有漏業因。比如說，因爲見惑而謗法，因爲見惑而以凡夫身妄謗賢聖，因爲見惑而施設不應施設的錯誤戒法，因爲見惑而不能辨別諸方大師是否已證初果、解脫道知見是否錯誤、佛菩提是否已經親證、所說的佛菩提見道內容應當如何，這些都是小乘見惑或大乘見道上的迷惑——見一處住地無明，這些都會影響到生死解脫的修證。由於四住地中第一個見惑的緣故，會使眾生造作謗法以及不利於眾生修行的惡業，所以是與三界生死有關的，由它而造作的業行都會成爲有漏業。又譬如錯誤的知見引生修道上的錯誤，也會產生有漏業出來，屬於四住地的第一個住地無明。

四住地中的第二個無明，是屬於欲界法的貪愛，對欲界愛的虛妄性無所知。譬如西藏密宗所修的法，就是對欲界愛的本質無所知，因此而造成了錯誤的修行，甚至於成就非常多的邪淫業，都屬於欲界愛住地無明而引生的有漏業；這種有漏業因會導致他們捨報後，必定墮入三惡道中。在西藏密宗裡所修學的層次越高，下墮就越深，因爲有漏業因越重，全都是欲界愛的住地無明所引生的邪淫業。這種密宗雙身法的業，或者他們修誅法的業，都會成就有漏業因，同時也都是從不正確的邪見產生，所以他們所造作的行爲都成爲有漏業因，所以欲愛住地的內容其實都是屬於有漏業。

四住地中的第三個住地是色界愛住地，色界愛住地也是屬於有漏業。譬如修得初禪乃至第四禪，貪著於所證得的禪定境界，誤以爲是涅槃；捨壽後一定會以涅槃想而往生到色界天去，就成爲有漏法，落入有漏境界之中。所以貪愛色界境界而不知遠離的人，所造作的一切禪定修行的業行，以及幫助別人修證禪定的業行而不能開示定境的虛妄性，因此也成就了有漏業，師徒捨壽後都會生在色界天中，天福享盡就下墮三途。所以色界愛住地也是有漏業，而色界愛住地的無明就是貪著色界有，所以是有漏業因。

第四個是有愛住地，有愛住地就是對於四空定境界貪著，誤以爲是涅槃；或是對無色界中的受想行識產生了自我執著，不知四空定中的名（受想行識）的虛妄，由這個自我執著而造作的修定善業仍然是有漏業；這將使他不斷在四空定中修行，捨報後就會往生無色界，仍然是有漏業因，因爲天福享盡之後仍然要下墮三途。而他們不知道無色界的虛妄，是因爲不瞭解受想行識本身是虛妄的，所以想要保持受想行識繼續存在，因此死後一定會往生到無色界去。像他們這樣不知道受想行識的虛妄，就是尚未斷除有愛住地無明；這個有愛住地無明，就是他們造作無色界天有漏性善業的因。所以，有愛住地無明就是有漏業因，就是四空天人的有漏業因。由此就可以瞭解四種住地的無明都是有漏業因，產生的結果就是會繼續在三界中受生，無法離開三界的生死。

但是有愛住地數四住地（四種住地無明）所引生的業，與無始無明住地所引生的業是不一樣的。換句話說，已斷除四住地無明的人，或是已能斷除四住地而留惑潤生的人，全都是聖人；他們雖然都還沒有斷除或都還沒有斷盡無始無明住地，但是他們處在無始無明住地中而造作出來的所有業卻都是無漏業——都是無漏性的有爲法：二乘無學捨壽前的托缽、說法，或是諸地菩薩世世受生而修集福德、弘揚正法，都是無漏業——無漏性的有爲法。他們所造的業行都與導致三界生死的有記業無關，而他們在人間生活等無記業也不會如同凡夫一般會產生輪迴的後果，而是由無始無明所攝的無漏業因，來成就他們世世出生在人間，來成就他們在人間的種種有爲法。

這當然還是要解釋一下，讓大家來聽經時都能夠眞的聽懂；譬如說明心之後有一天你會思考：**我接著應該要如何進修才能成佛？將來邁向佛地的路要怎麼走？**也就是思考見道之後進修成佛之道的內涵以及修行的次第。這是明心後遲早都會思考到的切身問題。當你思考到這個問題時，就與無始無明住地中的上煩惱相應了；當上煩惱與你的覺知心相應時，這個煩惱就在你覺知心生起而成爲你的起煩惱了——使你有了成佛之道中的修道等上煩惱，但是這些煩惱都不是有漏業，爲了成爲究竟佛而引生及造作的所有煩惱，都是無漏性的有爲法，所以這些起煩惱等有爲法也是依無始無明住地而有。

譬如說，當你明心後，進而尋求眼見佛性的因緣與方法；當你尋求這個方法以及因緣時就有了煩惱，必須要去尋找：**有誰能幫忙我在明心之後進而眼見佛性，圓成十住滿心的世界身心如幻的現觀？**你爲了要去找尋這樣的善知識，以及接受善知識的教導而如實去修行，花費很多的時間與精神去作，所作的這些事情已經成爲你的煩惱業行；但這些煩惱業行不是與生死輪轉有關的煩惱，與四住地煩惱無關，因爲這些煩惱不會導致你在三界中生死輪轉，也不是由四住地煩惱所引生的，而是會導致不斷地努力進修，在成就佛地四種涅槃的法上用功。或者說，必須爲了去尋找這樣一位善知識而生起煩惱，然後到處尋訪奔波。爲了這些事情得要造業：**造身業，到處去尋訪；造口業，到處去請問；造意業，仔細分別對方是否眞的可以幫自己見性？**但是你所造的這一些業，都不是有漏業，都是無漏業，所以和四住地煩惱的業不相同；因爲它不會導致生死的輪轉，所以是緣無始無明無漏業因的煩惱。

本來是明心以後住在禪悅中，上煩惱還沒有現前；現在現前了，就變成你的起煩惱了。這煩惱已在覺知心中生起，生起之後你將會有修道所生的種種煩惱，爲修道而製造出種種業，可是所造的業都是無漏業，都是爲了想要究竟成佛而造的業。譬如說，你修到了三地滿心，有了無漏妙定意生身，這時已經隨時隨地可以取證滅盡定了，但你卻不樂於取證，專心在佛菩提上面繼續用功；努力用功的過程中當然也要造作身口意業，不過所造的業都是善業、淨業，卻都不與四住地煩惱相應，那當然屬於無漏業，是緣於無始無明住地的無漏業因。

又如，你爲了成就佛地的果德，必須世世不斷的賺取世間財，然後用來布施、利樂眾生、護持及弘揚正法，這都要造身口意業；並且還要有身口意業在無生法忍的修證上繼續努力，這也是造業。但這些全都是善業與淨業，都是依於無始無明住地而造作的無漏有爲法，不會導致輪轉生死；因爲所造的善業，目的是爲了滿足成佛所需的資糧，不是爲了貪著世間法而造的業。

因此，從無始無明住地上煩惱現起而使其中的一部分成爲起煩惱之後，爲了成佛而造作的身口意行，全都是無漏業；而這些無漏業的出現都是從無始無明住地的上煩惱引生的，所以從無始無明住地引生的一切煩惱，都屬於無漏業因。這樣細說了以後，大家就懂了。所以勝鬘夫人說：「**如是有愛住地數四住地，不與無明住地業同。**」她講的就是這個道理，由無始無明住地所引生的業，固然都是善業與淨業，卻都是無漏業；但是有愛數四住地所引生的業，都是會導致流轉三界生死的業，所以是有漏業，因此說兩種無明引生的業是不相同的。而這二種業的出現原因，一是四住地的起煩惱引生的，四住地所攝的起煩惱就名爲有漏業因；另一則是由無明住地（無始無明）的上煩惱引生的，上煩惱就名爲無漏業因。所以說，無明住地（無始無明）是與四住地（一念無明）不相同的；無明住地並不含攝在四住地的範圍裡面，而四住地無明卻是被含攝在無始無明裡面。請大家參考我們發給的雨傘圖，看了就會知道這個原理。

這就是說，其實無始無明住地的惑是非常廣大而深細的，而一念無明四住地惑，只是大乘佛法中很小的局部而已。無明住地所說的無始以來就存在的無明，要明心之後進修到佛地時才能斷盡，並且與眾生心從來都不曾相應過；然而四種住地無明，卻是時時刻刻都與眾生心相應著，不曾有一刹那間斷過，所以眾生才會繼續流轉於三界中。因此這兩種無明是完全不相同的，一是唯有菩薩才能打破而必須成佛時方才斷盡的，另一則是成就阿羅漢果或辟支佛果時就已斷盡的，所以不該像印順一般含糊其詞而混合爲同一種無明，否則就無法釐清聲聞羅漢道與菩薩佛菩提道的異同，當然也就無法確實成就聲聞果及佛菩提果了。

無始無明住地的塵沙惑，不在四住地無明之中，不被四住地無明所含攝；但是四住地無明卻是在無始無明住地的函蓋之下，而無始無明住地並且是二乘聖人所無法觸及的。四住地無明的見一處住地，在你打破無始無明（明心）時也就同時把它打破了；所以明心時，聲聞見道所斷的五利使（身見、邊見、邪見、戒禁取見、見取見）就會跟著斷除，那就是同時也斷除見一處住地無明，這時三縛結就不復存在了。可是二乘人斷了見一處住地無明（斷了見惑）時，三縛結斷了，卻仍然無法了知無始無明，更別說要把它打破。由於無始無明函蓋一念無明，一念無明卻被含攝在無始無明中；所以明心時打破了無始無明，同時也就斷了見惑；但是二乘人修解脫道，斷了見惑時，卻仍然不與無始無明相應，更別說要打破它，這是我們弘法十餘年來的理證心得；依據此經中所說的聖教量，也是如此無異。

由此可見，無始無明是函蓋四住地無明的，而四住地無明乃至全部斷盡成爲阿羅漢以後，卻仍然不與無始無明住地相應。因此說無明住地是異於四住地的，也是超越四住地的，不在四住地的管轄之內。而這個無始無明住地在菩薩七住位明心時打破了，但只是接觸到無始無明而打破罷了；可是打破它而進入裡面時，才發覺還有非常非常多的上煩惱等著你繼續去斷除，上煩惱的數目卻是不可計算的，所以稱爲塵沙惑，所以稱爲恆河沙數或過恆河沙數的上煩惱。

這些上煩惱，在何時才會與你明心後的覺知心相應呢？當你想要探討**「我在七住位中要怎麼滿心？我要如何再進修圓滿而進入初地、……」**的時候，上煩惱就跟你相應了。你終於有上煩惱了，而上煩惱是從無始無明中出現的，不是從四住地無明中出現的；這時上煩惱與你覺知心相應，你開始產生了佛菩提道中的修道上煩惱、果上煩惱……等，這些上煩惱就會演變衍生爲起煩惱：必須落實在身口意行上面去執行。但是這些上煩惱引生的起煩惱，伴隨著起煩惱而在修道過程中一直繼續存在的上煩惱，卻是無漏業因引生的，不是有漏業因；上煩惱相應的起煩惱是無漏業因，四住地相應的起煩惱才是有漏業因。所以，由上煩惱引生的起煩惱而去造作的種種業行都是無漏業，都不屬於有漏業，因爲它不會導致你增加生死的流轉，反而是在生死流轉中幫助你更徹底地遠離生死，進一步邁向佛地的究竟解脫境界。

上煩惱又名爲塵沙惑，其數無量無邊，隨著你的修證差異而漸漸現前，歷經三大阿僧祇劫而斷盡，是佛地所斷，所以說：「**無明住地異，離四住地，**

佛地所斷，佛菩提智所斷。」佛菩提智所斷，意思是說，這個無始無明住地煩惱是修學佛菩提而且是證悟後生起佛菩提智慧的人才能分斷或斷盡的。想要打破無始無明住地，必須要修學佛菩提，佛菩提道的見道就是大乘禪宗的明心開悟境界。修學阿含解脫道而想要打破無始無明（無明住地）是沒有可能的。當你明心時就是打破了無始無明住地，無始無明打開一個缺口了，你可以進去探索了；可是裡面白白淨淨的許多東西，你都弄不明白。它們其實是不染污的無量無數的無知，都屬於對實相的無知，包括對實相心含藏的無量數種子的無知，與見惑、思惑無關，而這些都是你所不明白的。正因爲還沒有究竟了知它，所以悟了以後還不是佛，只是七住位的菩薩而已，還在三賢位的第一位之內，只是進入十住中的第七住而已。

假使明心後能夠不退轉，就可以是常住於七住位中的實義菩薩；假使退轉而返墮意識中，那就回到第六住未滿心位中。可是三賢位中有許多的無始無明住地中的疑惑等著你去打破，要一分一分的打破，終於十迴向位圓滿，有了如夢觀而可以知道一些往世的事情，也才準備進入初地而已，這都是相見道位中應該進修的。十迴向位的福德及相見道位的智慧都圓滿了，還得發起增上意樂，才能勇發十無盡願，才能進入初地心，成為初地的入地心菩薩。到了初地心才知道前面等著你的，仍然是恆河沙數上煩惱。在圓滿三賢位的過程中已經斷了多少上煩惱？其實你自己也不清楚，所以才說它是**佛地所斷**。但是如果沒有經由禪宗的明心，是無法打破無始無明的。當你打破了無始無明，佛菩提智初分就生起了，才有能力開始分分地斷除上煩惱。這是必須一再提醒學佛人的知見，否則精修一世佛法的結果，卻是永遠絕緣於佛道之外，乃至精修解脫道卻一直絕緣於聲聞道之外，就很可悲了。

正覺同修會這幾年來的明心是超高標準的，並不是像古時候找到如來藏了就可以得到印證；這是因為我們護念你、攝受你，要你明心之後保證不會退轉，所以從二〇〇三年的夏初那一次禪三開始，我們就增加了許多條件，把印證標準提高很多倍。所以，現在的印證標準，是你已經確實的現前觀照到，果然三界境界都由眞心如來藏所生，果然萬法都是要靠八識心王和合運作才能生起，而離念靈知確實是無法生起萬法的，也是無法自己獨立存在的。這些都要由你來向我說明你的現觀，不是由我把自己的現觀來告訴你。你要自己去證實果然**三界唯心、萬法唯識**，要自己證明如果沒有這個如來藏就不可能有三界。當你自己現觀而證明，而我來檢查你由現觀證明出來的結論確實正確了，我們還要再考驗更深的問題；所以現在爲了預防退轉，眞的是千錘百鍊，要成爲萬分之九九九九的黃金時才能得到我這個金剛印。

保證你得到這個金剛印以後，去到十方諸佛世界都可以印定而無錯誤。假使我給你的是冬瓜印，你拿回家以後小心翼翼的去沾印泥都沾不起來，要怎麼蓋用？即使不沾印泥，一蓋也就爛掉了。所以我們現在這個禪三明心的印證標準，其實已經函蓋了八住位、九住位的內容。換句話說，一次禪三回來，就爲你把八住、九住的基礎打好了；禪三回來，八住、九住該有的內涵，你讀經、讀我的書，自己就可以漸次的攝取圓滿了，所以我們現在的印證標準是超過禪宗有史以來的標準。

古來禪宗有的標準要求非常高，像以前我的師父　克勤大師，他對我的要求標準很高，但不是對每一個人都要求這麼高。而我們現在是普遍性的要求，若達不到高標準，就得不到我的金剛印。有人想法很奇怪，他說：「老師！你一定要幫我開悟，悟出來時我要的一定要金剛印，我不要那個番薯印。」我說：「你現在的程度就是番薯，我怎麼能給你金剛印？」他希望我考淺一點的，卻想要得到高深的印證。我說：「不行，標準都一樣。」金剛印放在十樓，你就得要爬到十樓，你若只爬到第三樓，我給你的就只能是番薯印，當然要有差別的。

所以說，唯有佛菩提智才能斷無始無明，慧解脫阿羅漢即使進修而成爲三明六通大阿羅漢，還是無法打破無始無明，更不要說斷盡。所以說無明住地上煩惱是佛地才能斷盡，也唯有佛菩提的智慧，才能分分去斷除；而四住地無明卻是菩薩們早在初地時就能斷盡而故意不斷的，這就是大乘正法的微妙殊勝之處。印順派的那一些佛學學術研究者、那些教授們，他們私底下當然很氣我，因爲聽說我常常會這樣講：「阿羅漢來到我面前，沒有開口的餘地。」他們心中都不服氣，可是不服氣又能如何呢？因爲我不是誑語，我說的只是如實語。別說是來跟我對話，就像你們這次剛明心回來的人，你只要問阿羅漢：「請問，您入了涅槃以後，那裡面是什麼境界？」他就無法開口了，不必由我來問啦！因爲他們根本不知道入了涅槃以後是什麼，而他們入了涅槃以後自己不在了，也無法知道；但是你們初明心時稍微思惟一下就知道了，但他們若不迴心大乘而證悟，永遠都不知道無餘涅槃中是什麼。

所以阿羅漢們是無法在正覺同修會中初悟的人面前開口說話的。你們才剛明心回來，這小獅子剛剛出生，走路還顫顫頊頊的，阿羅漢已經沒辦法奈何你了；何況我已經出生十幾年了，並且是早在佛世就悟過了。所以我們不說大話，也不打誑語欺人，只是如實說出來。假使他們無法接受，只是證明他們程度還差很遠。但是那些人其實很希望我去跟他們攀緣往來，然後在電子報刊出與他們往來的報導，可是不要期待我會這樣作。他們可以來學法並且實證，但我不會去攀緣他們，我本來就是這樣一個怪人，從小就是這個臭脾氣——從來不求人。

可是他們都不能瞭解法界中確實如此，因此，氣歸氣，筆提起來寫了幾張破斥蕭平實的文章以後，只好又撕毀丟掉。因爲他們連聲聞阿羅漢在解脫道中實證的涅槃都不曉得，如何能破斥我們所證而阿羅漢都不懂的本來自性清淨涅槃呢？當他們把我對大乘及二乘涅槃的解說，上網去搜尋下來以後，能夠從裡面去找出互相矛盾的地方嗎？都不可能。假使我曾經講錯了，只要講個兩次、三次、四次、五次，就會自相矛盾了。印順的書就是這樣，同一個法在第一頁如此講，到第三頁時就變了，不一樣了。他這種自相矛盾的地方，太多了！但是我講了那麼多的涅槃，我這一世又不是專修二乘法，可是爲什麼他們無法從聲聞羅漢所證的涅槃來挑我的毛病？因爲這是有無實證的問題。我還沒入無餘涅槃，就能把無餘涅槃中的狀況寫出來；阿羅漢未入涅槃前，講不出來；入了無餘涅槃以後也沒辦法講或寫，因爲他已經不在了，所以沒有阿羅漢可以寫出無餘涅槃中的境界。這就是印順派的那些教授們覺得很痛苦的地方，因爲台灣佛教中出現了我這麼一個怪人，從來不去巴結他們；眼看著如來藏正法繼續不斷弘揚起來，與他們截然不同的阿含正道也弘揚起來了，身爲阿含「專家」的他們卻都無可奈何。

所以佛菩提智與解脫智是完全不相同的，佛菩提智可以函蓋解脫智，而解脫智不能觸及佛菩提智，更別說要函蓋了。所以，勝鬘夫人解釋說：「阿羅漢、辟支佛斷除了四種住地，但是他們的無漏並不究竟，還是沒有修到究竟的地步，因此他們還沒有得到自在力，也不能自己作證；至於阿羅漢、辟支佛無漏不盡的意思，就是指無明住地——無始無明——他們還沒有斷除無明住地。」自在的力量，不是一般人說的：「我是國王，於我國境中得自在。」不是講那個自在，而是講自己原本就在的威神之力；不管多大的神通，都是從這個自己原本就在的威神力中出生的。當你證得這個原本就在的眞我如來藏，在阿含中說爲**我**，這個我就是「**非我、不異我、不相在**」那個**我**：五陰不是**眞我**，五陰也不異於**眞我**，但五陰與**眞我**是不相在的，並不是像水與泥土這樣融合起來而不可分離的，這就是講**眞我**與五陰不一亦不異。

當你證得這個我，發覺自己有一個眞我是**自己本來就在**——自在，不是被生的，你就開始有自在力了。有什麼自在力呢？你於二乘聖人中開始得自在了，因爲他們無法質疑你；你於一切佛門凡夫中也得自在力，不論那些凡夫大師的名聲有多大，徒眾有多少，你都得自在。你也可以自己作證：我所說的話、我所弘的法、我所作的業、我所修的道，全部可以自己作證。譬如業種，業種是大家最難想像的；對一般人而言，業種根本無法想像：「**爲什麼造了業以後，種子不會散失？百千劫之後它還會在，是什麼道理？**」佛門中的大師與初學者都一樣，都只是在意識層面信受佛說，可是道理如何？他們都不知道，也無法親證，因此對因果就有所懷疑。由於懷疑的緣故，爲了照顧這一世的名聞與利養，就敢謗法、謗賢聖。

可是當你證得如來藏以後，找到這個眞我了，你會發覺：每一個眾生的六根，都是從如來藏中出生的；出生了這六根，如來藏又藉六根為緣出生了六塵；然後如來藏再藉六根六塵為緣，又出生了六識。而六識藉六根、六塵為緣去造作種種業，有沒有離開過如來藏呢？從來沒有！因為六根六塵六識都在如來藏中生活，眾生的六識也都是在如來藏所變現的六塵中活動，從來沒有離開過。既然都沒有離開自己的如來藏而生活，當然所造的一切業也都不曾離開如來藏；這些業行造作完了以後，業種將會落在哪裡去呢？（眾答：如來藏中）本來就在如來藏中。沒有離開過如來藏，當然業種都不會外落；因為本來就在如來藏中，所以業種都不會消失掉。這樣想一想，如果起了惡念，想要造惡業時一定會頭皮發麻。第一次思惟到這一點的時候，也同時現觀到這一點，從此以後就不敢隨意起心動念了。這樣現觀時，業種不就是實證了嗎？所以業種並不是虛妄想像的法，而是現前可以實證的，問題只在有沒有證得如來藏，以及悟後有沒有如實智去加以現觀而已。

你們有些人是這一次明心的，今天把這個業種的道理告訴你們，就當作是明心後初次見面時的祝賀禮吧！所以你們依照我所說的，回家以後仔細觀察確實是不是這樣；確定以後就會發覺惡業根本造不得，因為造了以後也還是在如來藏中所造的業，造業前後根本就不曾離開如來藏，就在自己的如來藏中造業。既然都是在如來藏中，未來經歷百千萬劫以後，只要緣熟了就一定要報。所以佛法其實都是可以親證的，可以親證的才能稱爲了義的、正統的佛法；凡是想像的法，都不是眞正的佛法，最多只能說是表相佛法。

因此，當你現觀到這一點，你於大眾中就得自在力；不管你去到哪一個大山頭，大法師挑戰你的時候，你問他一個簡單的問題就夠了！譬如問內相分的問題，因爲大法師們連聽都沒聽過；當有人提到內相分時，他們就否定，那你就問他：「大師！你是這個大山頭的堂頭和尚，修證高深；我雖是籍籍無名的小卒，但是有個問題，不知你弄清楚了沒有？阿含經典中說，阿羅漢入涅槃時是滅盡十八界的；請問你：阿羅漢們把十八界滅盡時就不再有六塵了，爲什麼我們如今卻還有六塵？」你只要問他這個題目就夠了，不必問到涅槃中的本際。他們一定答不出來！我向你保證他們答不出來，除非把我所有的書都讀過，也讀懂了，否則一定答不出來。

假使夠聰明，私下來與你談，那就得要請你喝茶了。如果想要狡辯，他們狡辯不來的。因爲明明六塵都還在，我們大家現前六塵都在；可是明明阿羅漢已經滅了六塵而入涅槃了，爲什麼我們還有六塵？你只要盯著這個題目，他們就沒辦法開口了，那你不是對大法師們得自在力了嗎？誰還敢挑戰你！如果再有人要挑戰你，你就說：「先把這個問題解決了，再來談下一個問題，別一直另立題目不斷的雜扯下去。」也許終於有人能解決這個問題了，然後你說：「請問你：阿羅漢滅了十八界，入了無餘涅槃，涅槃裡面是什麼？」他們又傻眼了。你每問一件跟佛菩提有關的法義，他們都得要口掛壁上；若不是口掛壁上，就得要口似扁擔。

這就是佛菩提智使人得到自在力的基本原因，因爲它是本來就在的，是三乘菩提所依的根本，而且是二乘無學聖人所不知道的；所以你證得本來就在的自在心，因此產生了智慧，這個智慧就使你於大眾之中而得自在。特別是你如果生到天界去（天界不會有人類這種無知者），他們會看到你從智慧中出生的慧光，絕對不會因爲不瞭解你的修證就對你白眼；所以到了天界時更得自在，比在人間還要自在。得到這個自在力以後，你可以自己作證：業種是眞實的，業種不會落入虛空中到處亂飛。每一個人的業種都在自己的如來藏中，若沒有第八識如來藏，所有眾生的業種就得要互相混雜了；因爲意識入胎後就會滅盡，不能住胎，不能出生到下一世去，要由誰來持種？

這些法界中的眞相，你都自己可以作證。佛菩提是眞實證悟以後（如果證錯了就不算數），可以自己作證的。可是，阿羅漢說他證得無餘涅槃，他能把涅槃中的境界由自己來作證嗎？不行！他得要 佛爲他作證。他們只能在確定不會再去受生這件事情上面，由自己來作證。所以佛菩提智與解脫智之間的差異是非常大的，這些是不迴心的阿羅漢、辟支佛所不知道的。因此勝鬘夫人說：「阿羅漢、辟支佛斷了四種住地以後，無漏法的實證仍然沒有到達窮盡的地步。」因爲無漏窮盡的地步是佛地，所以才會說「阿羅漢、辟支佛無漏不盡」這句話，講的是因爲他們不懂無明住地，不曾與無始無明相應，不曾打破無始無明，更不曾斷盡恆河沙數上煩惱。

最後，勝鬘夫人作個結論說：「阿羅漢、辟支佛斷四種住地，無漏不盡，不得自在力，亦不作證；無漏不盡者，即是無明住地。」這意思是說：「阿羅漢與辟支佛只能斷除四種住地煩惱：見一處住地（也就是聲聞法中講的見惑），欲愛住地、色愛住地、有愛住地（後三個住地煩惱即是聲聞法中講的思惑），由於他們在無漏法上的修證尚未圓滿究竟，所以無法獲得自在力，也不能在無漏法上自己證明是已經究竟滿證的；我這裡所說二乘聖人對無漏法的實證尚未窮盡的意思，是指二乘聖人對於無明住地尚未與心相應，何況能窮盡呢。」

這就如同前面經文所說的：「此四種住地，生一切起煩惱；起者，剎那心剎那相應；心不相應，無始無明住地。」四種住地只是分段生死的範圍，不曾涉及無始以來就不與心相應的無明住地；二乘聖人在修習解脫道的過程中，只能觸及四種住地（見惑、思惑。又名一念無明）而無法觸及無始以來都不與心相應的無明住地，當然他們只能斷四種住地無明，無力斷無始無明住地，更接觸不到無始無明住地中的上煩惱，如何能斷無始無明住地中的恆河沙數上煩惱（塵沙惑）呢！但是印順對這一點是極力要加以推翻的，他一直想要把 佛陀拉下來等同二乘無學聖人，更何況是對菩薩？當然更得要強拉下來跟二乘聖人相等了。印順是怎麼胡亂註解、強加扭曲的呢？我們就依據印順對這段經文的註解，一一來辨正吧！

關於這一段經文，印順法師短短的註解中，就有許多過失。印順說：【若約分證說，初地菩薩也能得無上菩提。又如有處說，初地菩薩得無生法忍；

有處說八地菩薩得。要知道，大乘的行位，第八地，是一特殊階段。初地以上的菩薩，雖也能證法空性，但真俗未能融通，有相與無相還相雜而起。到八地，真俗能一念並觀二諦無礙，純無相智任運而生。所以多處經中，說八地得無生忍，說八地（或七地）以上斷無明習。然有處說初地能斷能得；有處又說如來能斷能得，約究竟說，唯在如來。】（正聞出版社．印順法師著《勝鬘經講記》p.162 ~ p.163）

由印順這段註解中觀察，顯然印順對大乘法的無生忍與無生法忍是完全不懂的。由這種不懂的人來擔任台灣佛教界的導師，眞是台灣佛教底悲哀！請看楷書字體，我的辨正：「八地得無生忍，也得無生法忍：無生法忍始得，在初地入地心發起道種智的初分時，八地當然也有無生法忍。」因爲八地的證量更高。「但八地特別強調取證無生忍，是指已經不得不斷盡思惑而說的。但印順對無生忍與無生法忍都無正確的理解，所以有此一段綺語，不能確實爲大眾解說大乘佛法。也因此故，他常常並舉諸家各種不同的說法，自己不加以明確說明；因此導致印順的隨學者，對三乘菩提的認知極爲混亂，修學一世而無般若實智。」

初地本來就是已得無生法忍的人，但是初地爲什麼不說他得無生忍？這裡的無生忍，不是指對於如來藏的本來無生是否起忍，而是指斷盡思惑而說的無生忍，如同阿羅漢辟支佛一樣可以入無餘涅槃。初地滿心時就已經可以斷盡思惑的，但他不想斷，認爲斷盡了並沒有意義；既然還要世世在三界中利樂眾生，把思惑斷盡了將會入涅槃，有什麼意義呢？所以不想斷盡思惑。

也許有人私底下說：「**你這只是說漂亮話，哪有人能斷盡思惑而不斷的？自欺欺人吧！**」可想而知，只知聲聞法的印順派學人一定有一些人會這麼講。但是你想想看：斷我見的人，只要有四禪八定功夫；或是已有四禪八定的人只要斷了我見，都一定會成爲俱解脫阿羅漢。可是菩薩在七住位明心時就已經斷我見了，他再經過不止一大阿僧祇劫的三分之二的長期修行，進入初地滿心位了，哪有不能斷盡思惑的？所以初地滿心菩薩只是不想斷盡思惑而已，並非無力斷盡；初地到七地的菩薩們，當然更是如此。

又譬如，菩薩修到三地滿心時，是四禪八定、四無量心、五神通都具足的，並且有三地的無生法忍，隨時都可以取證滅盡定，卻不樂於取證滅盡定。因爲，具足四禪八定的人，只要斷我見就能當場取證滅盡定，成爲俱解脫大阿羅漢；而三地滿心菩薩在很久、很久、很久以前的第七住位中就已經斷除我見了，又進修到三地滿心位；從第七住位到達三地滿心時，已經是證悟及斷我見以後超過整整一大阿僧祇劫了，哪有可能無法取證滅盡定的？何況他現在有三地的無生法忍，又具足四禪八定、四無量心及五神通了，怎麼可能無力證得滅盡定？但他偏偏不想取證。他很清楚知道自己只要上座入定，就一定可以轉進滅盡定中，可是竟然都沒有興趣。你能思議三地滿心這樣的心境嗎？這是阿羅漢們根本無法想像的。所以說，我的講法絕對不是酸葡萄或者特地爲菩薩們講大話，只是如實語罷了。

阿羅漢是在外道法中證得四禪八定後，聞　佛說法時當場斷了我見，於是當場取證滅盡定。而菩薩一大阿僧祇劫前就已經斷了我見，三地滿心時又有四禪八定，怎麼可能無力證得滅盡定？三地滿心菩薩，只要一時心血來潮想要進入滅盡定，是隨時可以靜坐而進入滅盡定中；但是竟然都不取證，這是阿羅漢們不能想像的心境。

又譬如說，菩薩修到六地滿心時不得不取證滅盡定，因爲若不證滅盡定就無法再往前精進了，無生法忍就不能持續進修了，上地境界就進不去了，所以菩薩才很不情願的取證滅盡定。諸地菩薩對解脫果都是這樣拖延取證，是什麼緣故呢？是因爲菩薩覺得解脫果與滅盡定的取證並不重要。可是菩薩終於不得不取證滅盡定時，卻又可以不斷盡思惑而進入第七地中，阿羅漢怎麼想都想不通。因此，七地菩薩有第七地應有的無生法忍，卻還沒有阿羅漢的無生忍，正是由此而說七地菩薩思惑不斷盡的緣故而說還沒有無生忍。這並不是由於沒有能力證得無生忍，而是刻意留惑潤生而不樂斷盡思惑；直到七地滿心時念念入滅盡定，阿羅漢更無法想像了。但菩薩這時還是不想斷盡思惑，可是因爲到這個階段時若不斷盡思惑就進不了八地，於是不得不斷盡最後一分思惑——不會再有使自己未來世受生的種子現行。這時改由大悲願及「引發如來無量妙智三昧」來取代最後一分思惑的現行，才能繼續受生於人間，這樣才能進入八地而不會入無餘涅槃。是由此緣故而說第八地得無生忍，也有無生法忍；並不是說七地心以前都沒有無生法忍，也不是說七地心以前都沒有能力證得無生忍。但是這個道理，印順懂嗎？他連聽都沒聽過，連讀都沒讀過，怎麼可能懂！

所以說，印順的說法大部分都是錯誤的。譬如印順說：「初地以上的菩薩，雖也能證法空性，但眞俗未能融通，有相與無相還相雜而起。」但其實並非如他所說。有相與無相，在三賢位滿心時都可以除掉的；而無生法忍中的有相與無相，以及眞俗的融通與否，那是在細相上面來說的，不是總相、共相上的粗相的有相與無相；而印順是連總相上的有相與無相都弄不通的。至於無生法忍中的細相的有相與無相，若能修斷與融通時，就會產生不可思議的功德力，不是三賢位中的證悟菩薩所能知道，更不是阿羅漢們所能知道的。所以印順其實只能從文字的表相去作依文解義層面的理解，並且當印順試圖理解的時候，又理解錯誤了。因此，從印順的著作研讀中想要實修而證得佛法，只有等貓年到來時才能成功，如同禪宗祖師所說要等到驢年到來才有可能。印順自己都誤會了，怎能期待他的徒眾們對佛法有所親證？而能眞的利樂眾生？所以他們講中觀那麼多年，都只是意識想像的中觀，都不是實證；那種中觀是無所憑藉的，只是依草附木的自意妄想所說。所以我們只能說：他們的中觀都是戲論。

印順又將經文這樣斷句說：【世尊！又如取緣，有漏業因，而生三有，如是無明住地緣，無漏業因，生阿羅漢辟支佛大力菩薩三種意生身。此三地、彼三種意生身生，及無漏業生，依無明住地，有緣非無緣，是故三種意生身及無漏業，緣無明住地。世尊，如是有愛住地數四住地，不與無明住地業同；無明住地異離四住地，佛地所斷，佛菩提智所斷。】（《勝鬘經講記》p.163）

我們把它分爲幾段來辨正。印順不懂經文眞義，如此斷句：【世尊！又如取緣，有漏業因，而生三有，如是無明住地緣，無漏業因，生阿羅漢辟支佛大力菩薩三種意生身。】但是經文的本義應該如此斷句：「世尊！又如取，緣有漏業因而生三有。」可是印順的斷句是：「又如取緣，有漏業因，而生三有。」也有古人如同印順一樣地斷句，卻同樣是錯誤的斷句。斷句不明確或錯誤時，當然是錯解了經義。所以說，懂不懂經文眞義，看印順怎麼斷句就知道了。接下來的經文，印順如此斷句：「如是無明住地緣，無漏業因，生阿羅漢辟支佛大力菩薩三種意生身。」這個斷句怎麼能通呢？人家勝鬘夫人是說：「如是，無明住地緣無漏業因，生阿羅漢、辟支佛、大力菩薩三種意生身。」意思是：又譬如取，是四住地無明緣於有漏業因而出生了三有；就像這個道理一樣，無明住地則是緣於無漏業因，而出生了阿羅漢、辟支佛、大力菩薩等三種人的意生身。因爲單以無明住地爲緣，不可能出生三種聖者的三種意生身，一定會如同二乘無學聖者一樣入無餘涅槃；必須依無明住地，再緣於無漏業因，才會有二乘無學聖者不會立即入無餘涅槃；才會有大力菩薩永遠出生在三界中，永不入無餘涅槃，這才是此段經文中所說「取」的眞義。若沒有這樣的「取」，若是「取」不以無明住地爲依；或者雖有無明住地爲依，卻沒有無漏業因，世間就不可能有這三種聖者繼續住世。所以，應該這樣斷句：「**又如取，緣有漏業因而生三有。**」可是印順斷句斷成那個樣子，怎能期待他的註解會正確呢？

接下來經文是：【**此三地、彼三種意生身生，及無漏業生，依無明住地，有緣非無緣，**】這也是斷句錯誤，不過意義相差並不大，勉強可以接受。接著印順又斷句：【**是故三種意生身及無漏業，緣無明住地。世尊，如是有愛住地數四住地，不與無明住地業同；**】到這裡還算是正確斷句，接著是獨立的一句【**無明住地異離四住地**】，印順要怎麼解釋呢？這時印順對這一句經文，就只能用猜測的方式來理解了，所以印順斷句是錯得一塌糊塗的，顯示印順根本不懂《勝鬘經》。

接下來開始辨正印順對這段經文的註解，究竟錯在何處？印順說：【「又如取緣」。即取為緣，取是四住地煩惱的總稱。佛曾總約三界見修煩惱，立為欲取、見取、戒禁取、我語取——四取。這些煩惱，都有取著境界招感生死的力用，所以統名為取。】（正聞出版社．印順法師著《勝鬘經講記》p.163～p.164）四取只是解脫道的見所斷惑及欲界愛，仍有色界我執、無色界我執待斷，故印順的註解錯誤，這在前面已經說過了。因爲有漏業因包括我執與我所執，但四取中的後三者卻都只是見道所斷的無明。然而勝鬘夫人這段經文中所說的**取**，是**緣有漏業因而生三有的取**，是函蓋見惑與思惑全部的，所以印順以四取來取代三界中見惑及思惑全部的取，成爲殘缺不全的註解，與勝鬘夫人的原意有了很大的差距。

再來看補充資料，印順是在註解本段經文中的「**彼三種意生身生，及無漏業生；依無明住地，有緣，非無緣；是故，三種意生及無漏業，緣無明住地。**」印順怎麼說呢：【分段生死，有此煩惱、業、果三者，現在舉以為例說：「如是無明住地」為助「緣」，「無漏業」為親「因」，能感「生阿羅漢、辟支佛、大力菩薩三種意生身」的變易生死。甚麼是無漏業因？唯識家說：是慈悲願力等。然無漏業因並不能正感生死，所以**聲聞初二三果，有愛住地**

煩惱未盡斷，如回小向大，仍由煩惱潤業。但因悲願等無漏業，熏發有漏業，能轉分段身為變異意成身，如神通延壽。如二乘證羅漢果，入無餘涅槃，四住煩惱已盡，即不能回小向大了。然本經不應這樣說，依嘉祥大師說：如二乘不染污無知，於大乘是染污；如變易生死，對一般的有為生死而名無為生**死，其實還是有為的。**今稱無漏業，也對一般的有漏說，其實還是有漏業。因為阿羅漢辟支佛所修的戒定慧業，菩薩所不共修習的悲願，都沒有究竟清淨，所以由無明為助緣，無漏業為親因，能感變易生死。由此，二乘人就是入了涅槃，也可以回小向大。《大智度論》說：『有妙淨土，出過三界，阿羅漢辟支佛生在其中』，這都足以為證。】（正聞出版社．印順法師著《勝鬘經講記》p.164 ~ p.165）

我們分段來作辨正。印順說：【分段生死，有此煩惱、業、果三者，現在舉以爲例說：「如是無明住地」爲助「緣」，「無漏業」爲親「因」，能感「生阿羅漢、辟支佛、大力菩薩三種意生身」的變易生死。甚麼是無漏業因？唯識家說：是慈悲願力等。然無漏業因並不能正感生死，所以聲聞初二三果，**有愛住地煩惱未盡斷，如回小向大，仍由煩惱潤業。但因悲願等無漏業，熏**

發有漏業，能轉分段身爲變異意成身，如神通延壽。如二乘證羅漢果，入無餘涅槃，四住煩惱已盡，即不能回小向大了。然本經不應這樣說，」印順在這裡指責本經：「然本經不應這樣說。」這是在文字表面就可看得出來的，在印順心中，是勝鬘夫人比他還不懂佛法；從印順這句話看來，是心中認爲勝鬘夫人的修證遠不如印順，這是凡夫自認爲勝過地上菩薩的增上慢。

印順在上面的文字中說：「**然無漏業因並不能正感生死，所以聲聞初二三果，有愛住地煩惱未盡斷，如回小向大，仍由煩惱潤業。但因悲願等無漏業，熏發有漏業，能轉分段身爲變異意成身，如神通延壽。**」大家來看我寫的楷書字體評論中的第一個部分，我作了這樣的辨正：「聲聞三果以下，雖有神通亦不能延壽，未知分段生死原因之全部內容故。聲聞四果亦無悲願，亦不能熏發有漏業，亦不能轉分段身變易爲來世之意成身而盡未來際修無漏業，必取無餘涅槃故。此唯有大乘通教三明六通之四果菩薩方能之。」

聲聞解脫道中的事實是：必須要對導致分段生死的原因中的全部內容都已經了知，才能借用他的大神通來延壽。換句話說，一定要具足三明與六通，並且已經到阿羅漢位，才能延壽；如果還不到阿羅漢位，有大神通也無法延壽的；壽命到了，就得捨壽；因爲五上分結中最重要的一個法，有神通的三果人還沒有斷，那就是我慢。這與促壽而提前捨壽是不同的，不能一概而論；因爲促壽而轉生去下一世，只要有四禪功夫就夠了，不必神通，更不必斷結。可是若想藉禪定及神通延壽，就必須再配合五上分結的斷盡；三果人對解脫果是還沒有盡證的，縱使有神通，還是無法延壽。

至於五上分結中最難斷的我慢，是對自我的執著還有很微細的部分未斷，是極微細的因自我存在而歡喜，這就是我慢，並不是與他人比較而生起的慢、過慢、慢過慢、卑慢、增上慢。一般學佛人乃至大法師們常常將前三個慢當作是我慢，因此他們對我慢的理解是完全不正確的，都是錯將相對於別人來比高下而說我慢。五上分結中的我慢，講的是對於自己的存在仍然有喜樂之心，雖然我見斷了，欲愛斷除了，也已經證得第四禪而轉入四空定，證得非想非非想定了，可是對於極微細自我的存在還有喜樂，不願將非非想定中的極微細意識我滅除，那就是我慢。

譬如說，如果爲人說法，說完了以後心裡起個念頭：我今天說法還眞說得不錯。這就是粗糙的我慢，但不是相對於別人而起慢。甚至於覺得自己現在已證得三果解脫而很歡喜，誤以爲是已證四果，也是我慢，這是稍微細一點了；這都是對自我存在而有喜樂，就是我慢了；仍然是因我而起慢，不是相對別人而起慢。若是住於非想非非想定中，只剩下已不生起自己是否繼續存在的認知的覺知心，入定前不願將定中的這個最細意識覺知心滅除，正是三界中最微細的我慢，因此就無法實證滅盡定。

這種我慢，你如果把它向前推，往這一世生命的前頭去推，推到嬰兒時代，可以觀察出來：所有嬰兒與父母相處時都是有我慢的，初生一歲以內的嬰兒，絕對不會將自己去比較父母而生慢；都是因爲他相對於父母時，覺得自己能繼續存在而得安隱，由此對自己的存在是有極深沈喜樂的；雖然嬰兒自己無法觀察到這個喜樂，我們親證解脫道以後卻可以現前觀察出來，這就是嬰兒的我慢。所以我曾說過：《天地一沙鷗》那本名著所描述的存在主義，其實就是我慢的具體表現，只是那個我慢已經很粗糙了。譬如他們講的**我思故我在**，那就是具體的我慢，可是他們並不知道那是慢。我慢若不能除去，三果人縱使有神通，想要延壽也是不可能的，所以印順的說法是錯誤的。

聲聞四果人沒有悲願，迴小向大以後，若還沒有實證如來藏，悲願也是生不起來的。只有證悟的菩薩久修不退而增益般若智慧了，才有可能發起悲願。印順把四果人迴小向大的悲願，當作是無漏業因，那是誤會到很嚴重的狀況。勝鬘夫人說的「無明住地緣無漏業因，生阿羅漢意生身」的意思，只是說阿羅漢捨壽前繼續留住人身（譬如三明六通大阿羅漢暫不捨壽而繼續住在人間、隨緣弘法度人修學解脫道），而說大阿羅漢仍然住在人間的五蘊身是意成身，不曾說過三果人能以悲願或神通來獲得意成身而延壽。印順這樣說的目的，只是刻意要高抬聲聞果的證德罷了。

追根究柢，問題都出在他把解脫道當作佛菩提道，因此凡是佛菩提中的一切法，他都必須要加以扭曲，用自己的主觀去作解釋：聲聞解脫道就是佛菩提道，就是成佛之道。除了這樣以外，他沒有任何別的辦法可以證成自己的佛法架構是正確的。因此印順這樣說：「**甚麼是無漏業因？唯識家說：是慈悲願力等。**」這眞是胡扯！無漏業因是因爲迴小向大而實證如來藏以後，想要進修成佛之道而生起了上煩惱，上煩惱跟覺知心相應以後，變成佛菩提道中的修道應斷的煩惱，才是無明住地所引生的大乘修道所應斷的無漏業之因，所以無漏業因是上煩惱而不是悲願之力。

上煩惱是在眞見道後轉進相見道位中才會有的煩惱，在三賢位的六住位前都還談不上。佛菩提道中的修道上煩惱，大部分是入地後的事，少部分是地前的事；因爲悟後住在三賢位時還是處在見道位中，必須以眞見道位的根本無分別智爲基礎，進入相見道位中，想要實修第八住到第十迴向位中應修習的後得無分別智，還談不到入地後修道位中大部分的上煩惱，只是有時會與極少數的上煩惱相應。所有大乘法中入地以後與佛菩提相應的煩惱，才屬於佛菩提中的無始無明修道**上煩惱**，因爲要到初地入地心才算通達見道，才會與十波羅蜜相應，才會與大部分上煩惱相應。

如果你已經與無始無明佛菩提的修道位的上煩惱相應了，你可以不需要每週都來跟我學法了；因爲大部分法義都可以根據經文而自己深入修學，只需偶爾來請問一下就夠了！而且，往往是入地之後就會被 佛派到其餘的星球當法主去了！同一個星球世界中並不需要兩位、三位地上菩薩同在一起，除非 佛陀降生弘法時，以及正法、像法仍在弘傳的時期；或是末法極艱困的時候，一位地上菩薩仍不足以應付邪魔外道。因爲一個初地入地心的菩薩就可以擔當一個星球中的佛法法主職務了，世間眾生沒有人能夠對他加以挑戰的，所以一般情況下，你當然不可能還在這裡跟我學法——下輩子和我同修的機會很少。這就是說，無始無明的修道上煩惱，是諸地所修斷的；悟後未到初地以前的上煩惱，就不屬於修道位所攝的上煩惱，只是三賢位中悟後起修時見道位中引生的上煩惱了。

而諸地菩薩爲了想要成爲究竟佛，引生了大乘法中修道位的上煩惱；因此而造作的種種身口意業，才是無漏業。而這些上煩惱都來自無始無明（無明住地），所以無明住地中的上煩惱才是無漏業的因，菩薩因此而世世常在人間受生，不畏胎昧及生死的辛苦；所以勝鬘夫人說：「**無明住地緣無漏業因，生阿羅漢、辟支佛、大力菩薩三種意生身。**」所以無漏業因講的不是印順所說的慈悲願力，而是大乘修道位中所生的無量無數的上煩惱。所以印順完全都誤會佛法了。所以我在補充資料中辨正說：「**聲聞四果亦無悲願，亦不能熏發有漏業，亦不能轉分段身變易爲來世之意成身而盡未來際修無漏業，必取無餘涅槃故。此唯有大乘通教三明六通之四果菩薩方能之。**」這就無法再有意成身存在了，連此世剩下的壽命都可能因無悲願而提前捨棄。

接著請看印順文中所說的粗體字部分：「**如變易生死，對一般的有爲生**

死而名無爲生死，其實還是有爲的。」你看！印順的有爲完全是有漏的意思，沒有無漏有爲法的意思存在，那麼大力菩薩無明住地所緣的無漏業因就不該繼續存在了，因爲八地菩薩的一切所行全都是無漏有爲法；依印順的說法，阿羅漢證得四果以後就不該仍然有爲人說法等無漏有爲法的存在了！事實上卻不是這樣的。所以印順的註解，與本經法義的差異是很大的。印順接著又說：「**今稱無漏業，也對一般的有漏說，其實還是有漏業。**」你看！他的說法是跟《勝鬘經》中的說法互相顚倒的。像印順這樣註解佛經，追隨他的學人們能眞的懂得《勝鬘經》的眞義嗎？當然絕對不可能懂。無漏業既然是稱爲業，當然是有爲法，否則怎能稱爲業？業是要由身口意的行爲才產生的，不會單憑無爲而產生的；無爲即無業，怎能產生無漏業？當然是依無明住地而引生的上煩惱，才產生了諸地菩薩廣行菩薩道的無漏有爲法，這些不會助益生死流轉的無漏性利樂眾生的有爲法，才能稱爲無漏業；無爲則無業，無業怎能稱爲無漏業？而引生無漏業的動力，則是大乘修道位中出生的上煩惱，所以上煩惱才是無漏業之因——無漏業因。由此比對印順的胡說八道，證實印順根本不懂大乘佛法。

再來看楷書第二點，我這樣子辨正：「**變易生死階段所造諸多善業都是無漏業，非屬有漏業，都不招感生死故。**」從初地入地心到七地滿地心爲止，有時所造的業可能還會少分與分段生死相感應，因爲都是留惑潤生而未斷盡思惑的緣故，也因煩惱障所攝的習氣種子尚未斷盡的緣故；但是從八地起都是已斷盡思惑的，習氣種子也很少了，所以菩薩從第三大阿僧祇劫開始所造的一切業，都不可能跟分段生死相感招的，怎麼可能是有漏業呢？但是印順卻如此說：「**如變易生死，對一般的有爲生死而名無爲生死，其實還是有爲的。今稱無漏業，也對一般的有漏說，其實還是有漏業。**」無漏業怎麼會是有漏業呢？這二種業是涇渭分明的，怎能混爲一談呢？經中也說：變易生死階段的八地以上菩薩，或是變易生死階段的四果人捨壽前，所造的業都是無漏業——無漏有爲法的業行，怎麼可能又變成有漏業呢？所以說，印順名爲註解經典，所說卻常常與經典中的眞義相反——是藉經典文字來弘傳印順自己的思想，本質並不是在註解經典法義。印順這種移花接木的做法，各位能接受、信受嗎？所以說，當然只有印順派的愚癡學人們才會信受。

我們再來看楷書的第三點，我這麼說：「**既是無漏業，焉能招感或增強**

變易生死？而變易生死是本已存在的，不是由業招感而來的，故不應言無漏業招感變易生死。」這是在提示大眾：印順的說法是倒果爲因。所以我說印順不懂佛法，眞的一點都沒有冤枉他。

再來看第四點，印順說：「由此，二乘人就是入了涅槃，也可以回小向大。《大智度論》說：『有妙淨土，出過三界，阿羅漢辟支佛生在其中』，這都足以爲證。」我把印順這一段文字作了評論：「龍樹其實是講往生極樂的中品生人，印順其實也知道龍樹所講的意思。」印順特地扭曲《大智度論》中的說法，來作爲他說法時的佐證，用來支持自己的說法。可是問題又來了！龍樹其實是在講往生極樂世界的中品生人，是說聲聞種性的人生到極樂世界的方便有餘土中，終於成爲阿羅漢了；並不是印順所講的有一個淨妙土可以讓阿羅漢們捨壽以後生到那裡去，所以無漏業在那裡也會變成有漏業了。所以印順引證《大智度論》的意思，只是要使人誤以爲他所講的道理是正確的，想要讓人誤以爲龍樹菩薩也是這樣講的。所以就會信受印順所講的非理，當作也是正理，於是再怎麼研讀《妙雲集》等書，都無法在三乘菩提中有所實證。其實，印順自己也知道龍樹在論中所講的，不是他自己所講的意思；可是印順卻不肯引證《觀無量壽佛經》的經文，以免成爲承認大乘經典是佛說以及承認有西方極樂世界，所以印順避免引用淨土經典；因爲印順是推翻十方佛淨土的，由此就可以知道印順的「方便、善巧」了。引用龍樹的論著來支持自己的說法，卻又不直心而曲解了龍樹的意思，使眾生對印順生起大信心而信受他的說法。這種作爲，根本不是學佛人所應作的事，更何況是被某些人尊稱爲導師的人。所以假使有人說印順註解諸經諸論是居心叵測，我是加以讚許的，因爲印順的註解確實扭曲得很離譜，顯然不是無心之過。

這一段經文中的「**如是有愛住地數四住地，不與無明住地業同；無明住地異，離四住地，佛地所斷，佛菩提智所斷。**」這一小段經文，我們在前面已經詳細解釋過了，再來看補充資料中，印順法師是怎麼註解的：【凡夫也有無明住地，但沒有無漏業，所以沒有意成身。等到四住地煩惱斷了，無明住地的作用，才顯發出來。如鑼鼓聲停止的時候，微小的聲音就發現了。那時，無明住地即助無漏業而感生意生身。這樣，「有愛住地數四住地，不與無明住地業同」。四住地助有漏業而感三有身，無明住地助無漏業而感意生身。所以應確切的認定「無明住地異，離四住地」而別有；】（正聞出版社．印

順法師著《勝鬘經講記》p.165 ~ p.166）

印順說：「凡夫也有無明住地，但沒有無漏業，所以沒有意成身。」我對他這一段註解如此辨正：「古時外道也有證得第四禪、加修神通而發起神足通的，以化身飛去各地辦事，非無意成身也！」可是印順卻說凡夫沒有意成身，那麼印順的意思是說「所有外道都沒有神通」囉？或者是說「所有外道都沒有神足通」囉？這是一般弘法人都不會誤犯的毛病，印順卻犯了！爲什麼印順在寫出這些文字時，都不自己先加以檢討看看？假使他說的意成身，是指斷盡我見我執以後繼續住在人間的五蘊身，才能勉強說得通，因爲印順說的是凡夫，不是說佛門中的三種聖者。

印順又說：「如鑼鼓聲停止的時候，微小的聲音就發現了。那時，無明住地即助無漏業而感生意生身。這樣，『有愛住地數四住地，不與無明住地業同』。四住地助有漏業而感三有身，無明住地助無漏業而感意生身。」請看楷書的第二點，我如何辨正印順的錯誤：「其實無明住地是從無始來就與四住地同時存在的，不是四住地煩惱斷了才顯發出來的；否則即不應有七住至七地菩薩未斷盡四住地就能了知無始無明的事情，只是凡愚不知爾；譬如有智慧者不必等到鑼鼓聲停止，就能發覺微小聲音仍然存在著，菩薩即是如此。」所以說，無明住地是從無始來就與四住地同時存在的，因爲它是函蓋四住地無明的廣大難知法，四住地只是其中的極小部分而已；所以是二者同時存在，不是印順所說的四住地煩惱斷了，才使無明住地顯發出來的；否則就不應該有七住至七地菩薩尚未斷盡四住地煩惱，就能了知無始無明的事情，並且能打破它及次第分斷它。所以，印順所說的「四住地煩惱斷了以後才顯出無明住地，才由無明住地助成無漏業而感生意生身」，這只是凡夫不懂無明住地及四住地內容及關聯時，才會像印順這麼說。譬如有善巧智慧的人，不必等到鑼鼓聲停止，就能發覺到背景中廣泛而微小的聲音早就存在著；菩薩對無明住地的了知就是如此，所以印順的說法是不正確的。

印順隨即接著說：「這樣，『有愛住地數四住地，不與無明住地業同』。四住地助有漏業而感三有身，無明住地助無漏業而感意生身。」再來看我對印順這段文字的辨正：「印順誤會經文『業同』與意生身之間的關係，意生身的生起，不一定是無漏業所成，譬如外道神足通證得者（這是凡夫有漏神通的意生身）；又如三地滿心菩薩的發起意生身，都仍然是兼含思惑有漏業的。

生起純無漏業是八地及四果人的事情，但不一定就能生起意生身，譬如慧解脫阿羅漢。」所以印順說無漏業才能生起意生身，這是不正確的；所以印順在前面說，無明住地是四住煩惱中的住地，他所說的根本就是錯誤的；由此證明，他若不是不懂此經，就是故意曲解，否則不會處處錯誤。

如果有人聽完我們對《勝鬘經》的解釋，或者將來整理出版以後讀完《勝鬘經講記》，還會去相信印順的歪理，我想這個人應該是沒有佛法神經的，因爲已經對他不斷刺激很多次、也很久了，竟然絲毫感覺都沒有。所以印順派的學人們假使還會繼續信他，都是因爲不讀我的書而無法正確理解大小乘經典的眞實義所致。我們把解毒劑送給他們，並且要把確實可以證得佛法的知見送給他們，他們卻不想要，寧可繼續吃印順書中流出來的毒藥，不肯改吃解藥——不肯稍微接受正法知見，然後常常跪在佛菩薩聖像前大聲的說：「我要解毒！我要正知見！我要實證！請佛菩薩讓我認識眞正的大善知識！」卻又把毒藥繼續不斷地吃下去，把解藥繼續往外推，那只能夠說他們是沒有佛法神經的人。否則，經過我們六、七年來不斷施以針砭的情況下，他們竟然還能無知無覺的繼續信受印順，眞是無法解釋得通。

再來看補充資料，這是與經文「佛地所斷，佛菩提智所斷」有關聯的，先來看印順怎麼註解：【這是「佛地所斷，佛菩提智所斷」，而不是阿羅漢辟支佛大力菩薩所能斷的。】（正聞出版社．印順法師著《勝鬘經講記》p.166）請注意！印順在這裡加上了「大力菩薩」，但經文中此處卻沒有指涉大力菩薩，是印順擅自加上去的。印順常常會使用這一招，如果你對他所說的沒有全部先作查證，往往會被他瞞過去，所以這個人眞不老實！經文中的意涵，絕對不可以擅自增減；印順在這裡擅自加上大力菩薩，變成大力菩薩也如同二乘聖人一樣無法斷無明住地了！這樣就把菩薩拉下來跟二乘聖人一樣了，這就是印順的目的。印順一向認爲阿羅漢即是佛，二者的證量是相等的，差別只在於福德多寡的不同。但事實上並不是如此，其間的差異是大到無法比擬的。

印順不懂而裝懂，並且擅自增減經文中的意涵，作了過度的解釋而出了大問題。所以我說印順對這一句經文是甚解了。「甚解」就是解釋得太過分了。古人有一句成語說：「吾讀書，一生不求甚解。」甚就是太過分，太超過而變成不當了。譬如爬山，你說：「我要爬到頂點。」可是到了頂點就該停下來，卻還是繼續多爬了一小時，那就變成是下山而離開頂點了，結果是下到了半山腰，卻向人炫耀說：「我已經到最高頂了，你們比我少爬了一小時，當然是比較低。」同樣的道理，讀書、讀經也應該不求甚解；理解得太超過了，就違背原來應有的眞義。又如同畫蛇，本來一條蛇畫好就行了，偏要再加上四隻腳，變成四不像了，就是甚畫：畫得太過火，就錯了。

同理，印順擅自加上了大力菩薩，意思是說大力菩薩也無法證得佛菩提智，一樣是無力斷除無始無明中的上煩惱的一絲一毫。印順正是在表顯這個意思，藉以貶低菩薩。爲什麼我說印順加上經文所沒有的大力菩薩就成爲甚解呢？因爲這是大大違背經文的。菩薩始從三賢位中的第七住位開始，就已經是打破無明住地——打破無始無明了，這已是二乘聖人之所不知的般若智慧，怎麼會是沒有能力斷呢？再從第八住位開始，漸次破除無始無明而到達初地入地心中，都是在斷無始無明的過程中進修，都是二乘聖人所無法揣測的智慧；再從初地心開始分斷上煩惱而次第進向佛地，都是二乘聖人所無法稍加臆測的。無始無明住地，是從第七住位就開始斷的了，並不是七住到成佛之間將近三大阿僧祇劫中都不曾斷無始無明，直到佛地時才一次全斷。經文中勝鬘夫人說：「無明住地力，……阿羅漢、辟支佛智所不能斷，唯如來菩提智之所能斷。」不將菩薩放進不能斷無明住地的名單中，因爲菩薩們證悟後都有或多或少的如來菩提智。所以印順把大力菩薩放進來等同二乘聖人，目的是要表示說：菩薩們是沒有如來菩提智而不如阿羅漢，或等同阿羅漢。然而勝鬘夫人不將大力菩薩放進來，是有重要道理的。

無始無明（無明住地）是唯有如來智、佛菩提智才能斷除的，而菩薩所修所證的正是如來智、佛菩提智，只是未如諸佛的圓滿究竟罷了，卻是已經分證的，不能說菩薩沒有如來所證的佛菩提智；而這個無明不同於四住地無明，是二乘聖人所接觸不到的無明，何況能打破或斷它？所以印順擅自加上八地菩薩，將八地菩薩強拉進來與二乘聖人等視同觀，是有大過失的。始從七住位的般若根本無分別智，就已經是二乘聖人所不能臆測的了，何況再進修將近二大阿僧祇劫以後的八地菩薩於相於土自在時所斷無始無明的境界？阿羅漢、辟支佛們又如何能臆測呢？所以，菩薩從三賢位中的七住位開始，一直到等覺位、妙覺位，都有如來的佛菩提智，因爲都已或多或少的分斷無明住地（無始無明）了，怎能說八地大力菩薩完全沒有斷無明住地呢？所以顯然他的目的是把菩薩貶抑下來，貶抑之後阿羅漢就等同於佛，沒有佛菩提道可以修，就只有解脫道可修；如此一來，阿羅漢就等同是佛了！這就是他的居心所在。由此以觀，印順對大乘佛教是居心叵測的。

【「世尊！阿羅漢、辟支佛、最後身菩薩，爲無明住地之所覆障故，於彼彼法不知不覺；以不知見故，所應斷者不斷、不究竟。以不斷故，名有餘過解脫，非離一切過解脫；名有餘清淨，非一切清淨；名成就有餘功德，非一切功德。以成就有餘解脫、有餘清淨、有餘功德故，知有餘苦、斷有餘集、證有餘滅、修有餘道，是名得少分涅槃；得少分涅槃者，名向涅槃界。若知一切苦、斷一切集、證一切滅、修一切道，於無常壞世間、無常病世間，得常住涅槃；於無覆護世間、無依世間，爲護爲依，何以故？法無優劣，故得涅槃；智慧等，故得涅槃；解脫等，故得涅槃；清淨等，故得涅槃；是故涅槃一味、等味，謂解脫味。」】

講記：勝鬘夫人說：「世尊！阿羅漢、辟支佛、最後身菩薩，被無始無明住地煩惱所覆障的緣故，所以對無始無明中的種種法，不能了知，不能覺了；由於不知不見的緣故，所應斷的煩惱沒有斷盡，而且即使有斷了，也是不究竟的。由於不斷的緣故，所以就叫作仍然有過失留存的解脫，不是離一切過失的解脫；所以就稱爲仍然有餘不淨的清淨，不是一切究竟清淨；所以稱爲成就了有餘的功德，不是成就一切功德。由於成就有餘解脫、有餘清淨、有餘功德的緣故，只知道有餘苦，能斷有餘集，只能證有餘滅，只能修有餘道，所以就說他們得少分涅槃；得到少分涅槃的人，就是向涅槃的人。」這以上說的是二乘人及最後身菩薩。

接下來是講佛的境界相了：「如果能了知一切苦，能斷除一切集，能證得一切滅，能修一切道，對於無常必壞的世間，對於無常而有種種疾病的世間，能夠獲得常住涅槃，也就是不必出離三界外，住在無常壞世間裡面就已證得常住的涅槃，不是如同二乘聖人斷滅五蘊的涅槃；也在無覆護的世間，無依的世間之中，作爲這些世間的保護者，作爲世間的依止者。爲什麼呢？因爲法沒有優劣的緣故而得到涅槃，因爲智慧平等所以得到涅槃，解脫平等所以得到涅槃，清淨平等所以得到涅槃，所以說涅槃其實只有一味，只有平等味，也就是解脫味。」爲什麼會這樣說呢？且聽下週分解。

上週講到經本第十六頁最後兩行，說「法無優劣，故得涅槃；智慧等故得涅槃……」一直到最後，「是故涅槃一味、等味，謂解脫味。」可是爲什麼說，涅槃是一味、等味而叫作解脫味？涅槃的一味與等味，當然是解脫味。我們也常常說「印順把解脫道認作是佛菩提道」，如果是從廣義、從經文表面來講解脫，印順這個說法也算是正確的；但是若從實質上來講，印順否定第八識的解脫道，全然不符合 佛在四阿含中所說的解脫道；不但不符合二乘菩提解脫道，連大乘菩提的究竟解脫也都不符合；因爲印順的解脫知見絕對不可能使人證得解脫，我們這裡就暫時不談它。假使從廣義來說解脫道，其實勝鬘夫人所說的解脫道才是究竟的解脫道；這是因爲二乘聖人所證的解脫道，只是知有餘苦、斷有餘集、滅有餘法、修有餘道，所以他們的解脫道不究竟而不是眞正的解脫道；所以說二乘法的解脫道不具足、不圓滿、不究竟，是大乘證悟多年以後的賢聖菩薩們都可思議的。 佛陀的解脫道則是成佛之道的解脫道，才是具足圓滿而且究竟的，也是二乘聖人所無法思惟與議論的。

但是因爲二乘法本身就已經是解脫道了，就已經可以出離三界的生死苦了，所以說二乘聖者的解脫道是絕對沒有錯誤的，只是不究竟。凡是有錯誤的，永遠都只是誤會二乘解脫道的凡夫們（譬如古時的安慧、佛護、月稱、寂天、宗喀巴，以及今時的印順、達賴⋯等人），他們互相之間全都誤會二乘解脫道法義的理論與事修，都無法稍離三界生死。眞正的二乘解脫道，爲了相對於大乘法，也爲了純然只是解脫道而不曾涉及實相、不能使人成佛，所證涅槃也是可思議的，才說二乘菩提是解脫道。相對於能使人證知實相，能使人成就究竟佛果，所證涅槃是二乘聖人不可思議的大乘法，則稱爲佛菩提道。

這意思就是說，其實成佛之道並不是二乘法所能達成的，而實證二乘法以後所入的無餘涅槃，假使八地菩薩乃至諸佛也同樣的入了無餘涅槃，其實在無餘涅槃中是完全平等而沒有差別的；涅槃只有一味，也是平等味。譬如說，八地菩薩乃至諸佛，如果也像二乘聖人一樣進入了無餘涅槃，都同樣是滅盡十八界法，五陰十二處六入都滅盡了，那就沒有諸佛可說，也沒有阿羅漢、辟支佛、菩薩可說了；所以進入無餘涅槃以後，其實是完全相同的，因此涅槃其實是同一味，就是**解脫味**。

而入了無餘涅槃以後，阿羅漢、辟支佛、大力菩薩以及諸佛，也都同樣是滅盡一切蘊處界，沒有任何一法會再出生。既然如此，都同樣是諸法滅盡，只剩下如來藏獨存，那當然也是**平等味**；這時就不可能再有諸佛、菩薩、阿羅漢、辟支佛的差別了，四聖的差別既已完全泯除，當然是平等味；而這樣的一味、平等味，都是解脫生死的法味，平等無二，並無差別，當然都同樣是**解脫味**。以上是從無餘涅槃的境界來說的解脫與平等，所以永遠都是一味，永遠是平等味，永遠是解脫味，無二無別。

但是，如果從佛菩提智（如來智）來看待涅槃，如果從不住於無餘涅槃而為眾生說法，不住於無餘涅槃而區分所證的大乘涅槃的智慧，不住於無餘涅槃而觀本來性淨涅槃，那就絕對不是平等味了，而是不平等當中卻有平等。譬如阿羅漢、辟支佛觀察菩薩們的智慧，無法想像而只能臆想猜測；然而菩薩們看二乘無學聖者所證的涅槃，卻是完全了然於心的。

菩薩可以向二乘聖人說：「你與我是平等的，因為都是本來涅槃。」因為菩薩是從如來藏的本來涅槃中看待二乘聖人，所以菩薩看他們與自己平等無二，本來解脫，從來涅槃，不曾有生死。可是如果聲聞與緣覺看待菩薩時，就很明顯是不平等的，因為菩薩可以從所證的本來自性清淨涅槃境界中，來解說種種的般若以及種智，是二乘聖人聞所未聞，從來都無法插進一句話來論說的，也可以為二乘聖者解說無餘涅槃中的無境界境界；所以對二乘聖人而言，菩薩與他們是完全不平等的；然而菩薩卻都是很清楚的了知二乘聖人對大乘涅槃是無法稍微論說的。所以，要說平等或者說爲不平等，那就全都由著菩薩說了，二乘聖人是沒有開口餘地的。

菩薩也可以說三乘是不平等的，二乘聖人無法說話，因爲他們很清楚知道自己根本沒有說話的餘地；只有到了其他阿羅漢、辟支佛面前，到了其他凡夫面前，他們才有說話的餘地；所以他們也很清楚知道，二乘聖人與證悟菩薩之間的智慧絕對是不平等的。可是菩薩了知自己的智慧，也同時了知二乘聖人的智慧，所以菩薩可以宣說三乘不平等，但也可以爲他們宣說三乘完全平等，讓他們仍然無法說話。這就是般若與種智的妙處所在，不是二乘解脫道的聖人所能瞭解的。因此，菩薩可以說涅槃是一味、是等味，統統是解脫味，可是二乘聖人不能這麼講，他們只能夠從解脫道中來說涅槃是一味、等味、解脫味，但是與菩薩所說大不相同。他們能說的，菩薩都能說；菩薩能說的，他們無法說。所以同樣的涅槃一味、等味、解脫味，可以有不同層次的說法，圓滿函蓋解脫道及佛菩提道，互通而無矛盾。就如同二乘解脫道中，也可以講中道的道理，但卻不是般若中道的眞實義，其中是有許多差別的，只是實證二乘涅槃及大乘涅槃的菩薩們，才能深入的了知。

再延續上週的話題，大略說過這段經文後面的解脫等、智慧等……以後，還是得要回頭再來說明這段經文中比較微細的部分，因爲前面都還沒有詳細解說。

在《勝鬘經》這段經文中，勝鬘夫人一開始就說：阿羅漢、辟支佛、最後身菩薩，因爲無明住地所覆障的緣故，所以對於種種法，也就是對無明住地與有愛數四住地互相之間的關聯，或者是不知不覺，或者是所知所覺仍不究竟。由於被無明住地所覆障的緣故，二乘聖者無法瞭解佛菩提內涵；甚至於對法界的眞實相完全無所知，因此說他們對無始無明住地不知不覺。可是在這裡，最後身菩薩也被說是被無明住地所覆障的，是顯示說，最後身菩薩與佛地之間，還是有非常大的差異存在著；這就必須要從四種住地與無始無明住地的最後斷盡的差別來說，就是這一把雨傘最上面頂尖的那個傘蓋，那就是最後身菩薩（妙覺菩薩）修道所應斷的最後兩個法，就是煩惱習氣種子隨眠的最後一分斷除以及所知障中最後一分塵沙惑的斷除。

最後一分的斷除是什麼時候斷盡的？是最後身菩薩坐到金剛座上，決定說：「今晚上座以後，若不成佛，誓不起座。」那時從十因緣觀與十二因緣觀的現觀中作了因緣觀的最後一次觀行，在這二種因緣觀的關聯中完成全部現觀時，就把煩惱障習氣種子的最後一分隨眠斷盡了；這是關於習氣種子隨眠斷盡，屬於第一個部分。還有一個部分是所知障隨眠的斷盡，是已經把因緣觀作完最後現觀的初夜，開始探究般若的眞實相、成佛的究竟義。當時世尊以手按地時降伏一切魔軍，一切魔軍潰散而不再能影響最後身菩薩了，就是在這時明心證悟而使大圓鏡智現前了，這時所知障的一切隨眠已經斷盡了。可是還有一個問題存在，如來藏無垢識還沒有與五別境、善十一等心所法相應，所以成所作智在當時是還沒有現前的；一直到夜後分時，東方有現出一點點魚肚白了，然後看見東方明亮的火星，那時才與佛性一念相應而得眼見佛性，終於成所作智現前了；這個時節，最後身菩薩的如來藏無垢識，已經不像等覺、妙覺菩薩只具有五遍行心所法而離六塵見聞覺知，那時如來藏就能與五別境及善十一心所法相應，所以成所作智才能現前，使得前五識也可以獨自去運作，這時八識心王的全部作用就完全顯發出來了。

對已經證悟的菩薩乃至等覺、妙覺而言，無明住地的斷除，是有極少分、少分、多分、極多分等差別的；眞見道位的七住菩薩是極少分斷除，相見道位圓滿的菩薩是少分斷除；等覺菩薩是多分斷除，最後身菩薩妙覺位則是極多分斷除，只有究竟成佛時才是全部究竟斷除。所以最後身的妙覺位菩薩還是有尚未斷除的部分，由此緣故，使他們的大圓鏡智及成所作智無法現前而不能成佛。所以勝鬘夫人才會說，阿羅漢、辟支佛、最後身菩薩對於這個部分，因爲不知不見的緣故，所應斷者**不斷**、**不究竟**。在這中間產生了兩個狀況，也就是說阿羅漢與辟支佛所應斷者是完全都沒有斷，但是最後身菩薩所應斷的是已經有斷而不究竟；既是不究竟，當然就不同於佛地，所以勝鬘夫人在這個**所應斷者不斷**之中，也列進最後身菩薩。這是說，諸佛所應斷的不染污無知，妙覺菩薩已經有斷除極多分，但是還不究竟。所以，**所應斷者不斷**，是講二乘的阿羅漢與辟支佛；**不究竟**三個字，是講最後身的妙覺菩薩。這就是經文中尚未深說的差異之處，這個差異之處，不是阿羅漢與辟支佛所能知悉的，也不是眞見道位的初悟菩薩們所能知悉的，當然更不是印順等未斷我見而專門從事文獻考證、文字訓詁的凡夫們所能知道的。諸位之中有許多人既已證得如來藏而明心了，這個道理當然必須爲你們說明，讓你們更深入了知佛菩提的內容。

因此，勝鬘夫人接著又說：「由於二乘聖人對於所應斷者不斷，也由於最後身菩薩對於所應斷者仍未究竟斷的緣故，都叫作有餘過解脫，不是離一切過失的解脫，所以不能等於佛。」這是在爲大眾講解，三乘聖人爲什麼還不能成爲究竟佛的原因。但是勝鬘夫人的開示是極簡略的，是一般人及初悟菩薩所無法深入了知的；更是落在藏密應成派中觀裡的印順派中，專作佛學學問的大學教授們，以及嘗試以佛學研究來取代實證的法師們，永遠都無法了知的深義。今天我們把它講出來，希望可以促使他們將原有的錯誤知見，作一些改進而獲得提升。這些深義，自古以來都是只在耳傳時才會聽得到，有可能是從來未曾被載入文字記錄中的深義。

阿羅漢與辟支佛，爲什麼是所應斷者不斷呢？因爲成佛之道所應斷的過失，是講煩惱障上所應斷的習氣種子隨眠；所應證的法，是實相法如來藏及其含藏的一切種子。在所應斷的過失方面，是煩惱障（四住地煩惱）的現行與習氣種子隨眠；而二乘聖人只斷除煩惱障的現行，還沒有開始斷除煩惱障的習氣種子隨眠；因此說，成佛的過程當中所應斷的煩惱障習氣種子隨眠，二乘聖者絲毫都沒有斷。習氣種子隨眠完全沒有斷而只斷現行的緣故，所以他們的涅槃解脫，仍然是有餘法未斷的；因此是有過失的解脫，而不是離一切過失的解脫，不符合佛地究竟涅槃斷盡一切習氣種子隨眠；因此他們的涅槃不是究竟的清淨，所以稱爲有餘過失的清淨，而不是一切清淨。

由此緣故，阿羅漢還是會有瞋的習氣種子流注，還是會有慢的習氣（只是斷了我慢，可是其餘的慢、過慢……等習氣還是存在）種子流注，所以說「畢陵尚慢」，原因就是習氣種子隨眠未斷盡。譬如畢陵尊者有一次要過恆河，剛好恆河水上漲，無法涉水而過；佛陀又告誡，若沒有特別狀況就不許用神足通，他只好向恆河神商量，能不能把恆河水降一降，先讓他過河去。他以天眼一看：原來這恆河神是他以前多世的婢女。過去世都喚他爲小婢，由於叫習慣了，所以開口就呼喚：「小婢！請你把恆河水降了，讓我過去一下。」大阿羅漢吩咐，當然得要降；可是恆河神老大不甘願，所以去見 佛訴苦說：「畢陵尊者罵我。」 佛就找了畢陵尊者來問：「你有沒有罵他？」他說：「我有罵他嗎？好像沒有。」 佛說：「你不是罵他小婢嗎？」他想一想：「小婢？喔！有。」佛說：「那你就向他道歉吧！」畢陵尊者就爽快的開口說：「小婢

過來！我向你道歉。」這就是他的習氣種子——慢習。他並不是故意要再侮辱一次，而是因爲他面對往世的婢子時，慢的習氣種子不知不覺間就流注出來了，所以他誠懇道歉時脫口而出，還是叫他小婢。又譬如難陀阿羅漢每次初到時，他的眼光都會先看女眾，然後才會看男眾；他也會貪看所有的女眾，但不會進一步成爲現行。這些就是瞋習、慢習、貪習的種子流注出來的直接反應，並不是故意要那樣的。這一類的習氣種子隨眠過失，是阿羅漢、辟支佛們所未斷的，但是諸地菩薩都已開始在斷除了。

這就是說，阿羅漢與辟支佛都有三界煩惱的餘習，餘習生起來時，不分別是慢習、瞋習、貪習，全都是阿羅漢、辟支佛心中常常存在的習氣種子。所以阿羅漢有時也會起瞋，不知不覺之間就會反應出來。譬如有人講話，他不中意聽，也許會把眼睛一瞪就走開了；或者有時聽了突然不高興，於是不講話而走開了！但是阿羅漢絕對不會開口罵人，瞋的事相不會現行；但不會跟你講話，事後才會再跟你說話，那就是瞋的習氣種子有時現行了。這無關於生死的解脫，但這種過失仍是屬於煩惱障所攝的習氣種子隨眠。雖然阿羅漢們的見惑、思惑都已經不現行了，所以不障礙解脫，可是他們畢竟仍然有各類習氣種子隨眠而會常常流注出來，所以不是一切清淨，而稱爲有餘清淨。假使迴小向大而修菩薩道時，這些當然也是應該逐漸斷除的。

阿羅漢、辟支佛所成就的解脫功德也是有餘功德，不是一切功德；因爲他們的解脫功德，所能利樂的眾生人數很有限，而且他們的解脫功德不像諸地菩薩、更不像諸佛，因爲他們的解脫功德都有侷限。譬如剛剛講的慢習、瞋習、欲習，當這類煩惱障的習氣種子現行時，還是會有苦受存在的；雖然那種苦受是很微細的，是不會輕易被察覺已經顯現出來的。

可是諸地菩薩對這類習氣種子，已經開始分分在斷了；所以諸地菩薩雖然還沒有斷盡思惑，都還保留著一分思惑，但是地上菩薩的解脫功德受用是比二乘無學聖人更大的，何況是最後身妙覺菩薩呢？更何況是諸佛？所以說阿羅漢、辟支佛的解脫功德是有餘的。並且在所知障方面，二乘聖人一樣還有許多解脫變易生死的功德，是應該證而沒有證，所以他們的解脫成爲有餘功德，不是一切功德——當他們迴心大乘之時。因爲二乘聖人是成就有餘解脫、有餘清淨、有餘功德的緣故，因此他們所證知的苦是有餘苦，所斷的集是有餘集，所證的滅是有餘滅，所修的道是有餘道。換句話說，二乘聖者的四聖諦並不究竟；以不究竟的緣故，雖然同樣可以入無餘涅槃，但是他們的涅槃因此就只能稱爲少分涅槃，不是究竟無餘的涅槃。

涅槃是什麼？涅槃就是無生，無生所以不滅。因此，大乘法中說：「**涅者不生，槃者不滅；涅者不來，槃者不去；涅者不垢，槃者不淨。**」就是講這個道理。所以涅槃本身即是中道義，涅槃從來沒有離開過中道性。可是阿羅漢與辟支佛所證的，只有少分涅槃；只斷除分段生死的現行而不能斷除變易生死的現行，所以習氣種子都仍然隨眠於第八識心中；以此緣故，從佛地的究竟涅槃來說，他們只是向涅槃而已。也就是說，他們只是具備了趣向大乘涅槃的少分功能差別，還沒有具足獲得大乘涅槃的功能差別。因此，三乘聖人若有機會同入有餘及無餘涅槃時（大乘菩薩不會入無餘涅槃），無餘涅槃中的境界固然是完全相同的，可是關於涅槃的智慧以及煩惱的斷除，卻是大不一樣的，所以說阿羅漢、辟支佛所證的涅槃是少分。具足了究竟涅槃的功德，必須是已經具足證得有餘、無餘、本來自性清淨、無住處等四種涅槃，那是要到佛地才能具足的。所以，從大乘的究竟涅槃來說，二乘無學聖人只是得少分涅槃，只是**向涅槃界**罷了。

涅槃界的界字，就是指種子；界又名侷限，界又名功能差別，種子就是界、就是功能差別。勝鬘夫人說二乘無學聖人們只是向涅槃界的人，意思是說，他們所證的解脫與涅槃還可以再往前進趣，並不是他們所證的粗淺涅槃境界可以說是究竟的涅槃。只有佛菩提道所證的究竟佛位的涅槃（具足了四種涅槃），才是究竟涅槃，那就是《心經》講的「究竟涅槃」。

什麼才是究竟涅槃？什麼涅槃不是有餘性的涅槃？且看勝鬘夫人接下來所講的「**若知一切苦、斷一切集、證一切滅、修一切道**」，這樣成就了佛地果德的涅槃，才能叫作究竟的涅槃。知一切苦是包括習氣種子隨眠所引生的苦，也包括所知障上煩惱引生的極微細變易生死苦：爲了成佛而引起的煩惱，當然也是菩薩的苦。所以明心之後還有沒有苦呢？有呀：「**爲什麼我開悟了卻還沒有辦法成佛？爲什麼我不能像親教師那樣有智慧？才不過晚那麼幾年開悟，爲什麼我跟他之間會相差那麼多？**」當然得要探究，結論當然是要趕快努力修習相見道位中應該修學的後得無分別智，要趕快通達而進入初地；所以明心開悟之後還是會有苦，只是這種苦並非煩惱障所攝，所以是極微細而不容易察覺的苦。

乃至等覺菩薩還是有苦：爲了成佛，必須要具足無量的福德，所以百劫修相好，「無一時非捨命時，無一處非捨身處」，不論誰來要什麼外財、內財，隨時都要給；他在人間受生，取得色身的目的就是爲了要布施內財，只有這個目的。都沒有人來跟他要內財的時候，他用這個色身來布施法財、外財。若有人要內財時當場就給，隨時棄命捨身；這樣整整一百劫，那不也是苦嗎？是苦呀！請問：「你聽到這樣子，是不是要嚇破膽了？」以目前的情形來看，當然要嚇破膽。可是當你修到等覺位的時候，絕對不會嚇破膽，並且會很樂於去作；因爲那個時候你捨身棄命，根本就沒有痛苦可說。想想看：七地菩薩念念入滅盡定。還記得嗎？既然可以念念入滅盡定，有人來要眼睛，調羹拿來就挖給他，馬上入滅盡定就行了，苦就只是幾個剎那而已，剩下的就交給醫師去處理，沒事。

要命？也可以！也是隨你的便，當場就吩咐對方說：「你數到三，才可以砍我的頭，我可以把頭送給你。」對方還沒數到三，你已經入滅盡定去了；刀子砍下來時，還有什麼痛苦？能念念入滅盡定時，被砍頭時根本無痛，就能隨時捨報了。這樣子百劫修相好，就不需要打退堂鼓了，所以那也要看時節因緣。可是在六地滿心之前，難道這個不是苦嗎？等覺菩薩有這樣的苦，妙覺菩薩就沒苦了嗎？當他觀察人間的往世所度弟子得度因緣成熟了，於是下生於人間受生入胎，當他出胎以後，必須示現如同一般人一樣有胎昧；然後從頭開始修行，在一世之中成佛。當他這樣示現時，難道都沒有苦嗎？當然也是有身苦的。

不說世間法的苦，單說悟後追求一切種智的過程中，要受多少苦？諸位想想看。不說你們正在求法很苦，你看我們好幾位親教師們，領著一批專家，爲了一個禪三道場的決標，也要處理好幾天，辛苦得不得了，那是不是苦？也是苦。其實苦是很多的，在你尋求圓滿成佛的果德之前，爲了求法，譬如說有一天你三地滿心了，進入第四地，你說：「我在這裡領一方之眾，可是我自己道業的進修好像有些瓶頸，這個問題不能解決，怎麼辦呢？」可以去他方世界面見某一尊佛，去求法；這樣來去之間的求法，不也是苦嗎？當然也是苦。因爲這也是行，行也是苦呀！行必定無常。然後你的化身回來此界時，還是要滅掉，那又是一個生滅苦。

而且異熟識中的種子念念變異，也是無常苦，也是行苦，也是壞苦；只是這種苦很微細，不容易覺察到而已；至於二乘聖人，他們根本就不知道還有這種變異苦，唯有諸地菩薩能了知。這些苦，從大苦一直到很微細的苦，都能全部了知，那就是佛地了。而諸佛知一切苦，所以一切集都能斷，沒有一個集是不能斷的，不管它多麼微細，這樣才能夠證一切滅。這時異熟識中的種子不再有生滅變異了，這就是《楞伽經》講的流注滅。這個流注滅已經停了——種子的流注已經不再有變異了；滅盡了變易生死，異熟識就改名爲無垢識，才能說是證一切滅。這不但是二乘聖人作不到，連等覺菩薩都還作不到，因爲都不究竟；要到達這個境界以後，才能說是已修一切道。

因此說，到達佛地的境界了，才能夠相對於無常壞世間、無常病世間，說是常住涅槃。這個常住涅槃，是只有佛地才有的，叫作無住處涅槃，只有證得如來藏心體常住不變以及進修到餘習斷盡了，使得心中的種子完全常住不變的，才是眞正的無住處涅槃。對於一般的二乘聖人來講，他們的涅槃只是理念上、認知上的常住，不是實證上的常住，因爲他們都還沒有證得無餘涅槃中的常住法。這就如同我在《邪見與佛法》裡面講的一樣，我說阿羅漢、辟支佛沒有證得涅槃；以前大陸還有人讀了不服氣，說我講的是邪見，把那本深妙佛法的書收集起來燒掉。當時我也沒有找到經論上的根據，似乎是在三年前吧？我才找到證據說古時已經有菩薩講過了！但其實那個理一定是本來就那樣的，就算是沒有文字根據而講出來了，也無人能推翻；因爲法界中的眞實相，本來就是如此。

所以當時我演講說：**阿羅漢沒有入涅槃、沒有證涅槃**。那時是在桃園講的，是那本書正式印行的一年前講的；後來出版了，也沒有人敢來當面推翻。因爲去求證的結果，一定會發覺我說的是正確的；特別是從四阿含裡面去找證據的話，一定會發覺原來入無餘涅槃是要滅盡五陰、六入、十二處、十八界。當一切法都滅盡了，就沒有阿羅漢存在了，當然沒有覺知心在了，意根也不存在了，那麼請問：**阿羅漢自己斷滅了以後，怎麼能知道無餘涅槃裡面是什麼？**而他們生前所知道的無餘涅槃之中實有本際不壞，那只是在理上講的，只是因爲他們相信佛語聖教：涅槃中有本際常住不壞。他們相信有這個本際不壞，而這個本際在哪裡？他們也只是聽 佛說過是入胎識，不是意識。因爲相信這一點，所以願意把自己滅掉，這樣成就了無餘涅槃。可是他們滅掉五蘊時自己不存在了，消滅了，又怎能說他們有證涅槃？一定是自己仍然存在，而涅槃正在眼前，才能說有證得涅槃。阿羅漢捨報以後不在了，還有誰能證得涅槃？當然沒有「人」能證涅槃！所以我說阿羅漢們沒有入涅槃，他們生前所知道的無餘涅槃本際，只是在理上說涅槃有一個本際常住不變，所以涅槃不是斷滅法，都只是理上信受，他們並沒有實證那個本際。

二〇〇三年時有人不服氣而寫書說：「阿羅漢明明有證生空眞如，這是《成唯識論》講的，所以他們應該有證如來藏。」那麼問題隨即出來了：如果阿羅漢有證得如來藏，他還會入無餘涅槃嗎？永不可能！因爲他已經入菩薩位了，所以佛世迴小向大的阿羅漢們，你看不到他們入無餘涅槃的事實，因爲都已經成爲菩薩而不入無餘涅槃了，經中所載的入涅槃只是示現。所以《成唯識論》中說的阿羅漢所證生空眞如，就像我剛才講解的涅槃是一味、等味、解脫味，那是從菩薩的立場來看阿羅漢們。若是純粹從我們目前三百多位的明心者來看，阿羅漢的入涅槃一樣可以說是本來常住涅槃、本來自性清淨涅槃；因爲從菩薩的立場來看，二乘聖人本來就已證涅槃的，只是他們自己不知道，所以他們不可以這麼講，但我們可以說他們已經證得涅槃。

同樣的道理，阿羅漢證生空眞如，那是菩薩從實相境界來看他們，不是從阿羅漢自己親證的立場來講生空眞如的實證。假使他們證了如來藏，他們就已經進入菩薩數中了，怎麼可能還會進入無餘涅槃呢？正因爲實證如來藏的人，發覺到本來就常住涅槃，正在生死中就沒有離開過涅槃，何必要離開生死去入無餘涅槃？所以二乘聖人所證的涅槃，是相對於無常壞世間而說是涅槃，相對於無常病世間而說是涅槃，但是他們所得的不是常住涅槃。而菩薩又有另一個說法，說相對於阿羅漢聖人世間，菩薩所證的是常住涅槃，諸佛證的是常住涅槃，而阿羅漢的涅槃仍然是依無常壞世間、依無常病世間而說涅槃，而事實上也確實是如此。可是菩薩的常住涅槃，與諸佛的常住涅槃，還是有所不同；最大的差別是在種子的生滅變異，是否已經斷盡了。

因爲二乘聖人證得有餘涅槃之時，其實是依他們現前仍然存在人間的五蘊而說他們即將證得無餘涅槃，可是他們的五蘊是無常必壞的世間，而他們的五蘊也是無常生病的世間，才要把五蘊滅掉。如果是不病的五蘊世間，就不必把它滅掉。可是諸佛菩薩所證的第八識本際、實際，本來就是常住的；相對於阿羅漢、辟支佛的無常必壞世間、無常病世間來講，而說諸佛菩薩所證得的才是常住涅槃。在還沒有明心之前，聽到這些話，可能覺得好像很難了知。可是一旦明心了，你會說：「這本來就是如此的，你把這個道理講出來，跟沒有講出來以前是一樣的。」可是其中卻有一點不太一樣，就是：講了出來，可以讓初悟者對涅槃的理解面更深更廣。所以還是有不同之處。

爲什麼叫作常住涅槃？是因爲，菩薩所證的法是不生不滅而稱爲涅槃，是依如來藏而說；而且菩薩現前觀察到一切眾生的如來藏都是本來就常住於涅槃之中，因爲從來都不生不滅、不來不去、不垢不淨、無背無面、無長無短，永遠都是離兩邊的，永遠都不在生死中，那當然就是常住涅槃。二乘人知道自己所證的涅槃不是常住法，是要壞滅五蘊自己；可是菩薩遇見了他，卻向他說：「你也是常住涅槃，老鼠、黑貓都一樣都常住涅槃，所以你不必求涅槃。」阿羅漢聽了，覺得這道理好像說不通：「明明佛陀教我要滅掉蘊處界，才能取得無餘涅槃；可是菩薩竟然教我說：不要去求涅槃，因爲我本來就涅槃。」阿羅漢想不通了。

想不通，其實並不打緊，因爲菩薩只是想要點撥一下，於是就告訴他：「你沒聽佛講過嗎？入了無餘涅槃之中，仍有本際不滅，你那個入胎識還是繼續常住不滅。」他猛然想到：「對！我怎麼沒想到這一點，原來我滅了，可是我的入胎識還是在涅槃中；而我沒有滅以前，我的入胎識也是不生不滅，本住涅槃中，所以我還眞的是常住涅槃。」終於想通了！也許菩薩這麼一點撥，他就迴小向大了。所以，大乘法的智慧跟二乘法的智慧可能相同嗎？不可能相同，而且是大不相同。只有一小部分是相同的，就是解脫道的實證。所以《般若經》才會講一切眾生本來常住涅槃，原因就在這裡。

一切人如果想要修學成佛之道，就必須依照大乘法來修學，不可以再用二乘菩提觀行蘊處界空而滅除蘊處界的方法來修學。我們之所以要這樣極力的弘揚如來藏妙義，勸請佛教界要努力求證如來藏，原因正是在此。十幾年來也算是有一點點小成績，這也逼得各大山頭不得不面對這個事實。因爲佛教界有智之士都會這樣想：既然人人都有八識心王，前七識都是由第八識出生的，你們各大山頭既然是禪宗道場，領頭的大法師們又都名揚四海，怎麼會用生滅性的意識心一念不生境界來當作是開悟的證境呢？那明明是所生法、是生滅法，怎能把祂當作是證悟的眞心呢？怎能把極粗淺定境認作是開悟的境界呢？所以，聽說近年來有部分大山頭，開始宣稱他們所謂的開悟也是證得如來藏。問題是他們寫出來的書、講出來的法，所謂的開悟如來藏，仍然還是意識。眞不曉得他們是掛羊頭賣狗肉，或是掛狗頭賣羊肉？還眞的弄不清楚他們在想什麼。（編案：後來法鼓山的網站上說，如來藏只是一個名詞，並沒有如來藏存在。原來只是欺瞞大家說他們那裡也是有證得如來藏的，等到去學法以後，才說並沒有如來藏可證。〈法鼓知識〉中也說：「如來藏就是我們的眞心，也就是由妄心轉變而成的眞心。」原來他們的如來藏還是意識心，是妄想將第六意識心變成第八識如來藏心。有興趣者可以參看他們的《天台心鑰》。）

所以，唯有親證第八識的人，才有資格說他傳的法是成佛之道，因爲第八識才是常住涅槃者。依這樣而得的常住涅槃來說一切眾生本來常住涅槃，因爲一切眾生都有如來藏，而所有人的如來藏都是本來就在涅槃中，不曾離開過涅槃，而又無妨同時隨緣任運的變生一切法來利樂一切的有情。如來藏利樂一切有情，並不單只是利樂自己心中這個有情而已，同時也利樂了許多的有情，是互相利樂的。這一點，你們明心的人自己再去整理一下、現觀一下，看是不是眞的利樂了許多有情。

因此說，當你證得這樣的法，對於沒有被覆護的世間，對於無依止的世間，你就能夠爲護爲依了。當阿羅漢出來弘揚眞正的解脫道，辟支佛出來弘揚眞正的因緣法，你卻是證得如來藏而出來弘揚佛菩提道，請問：這三人之中，誰才是**無覆護世間、無依世間的救護者、依止者**？只有你呀！因爲他們兩位大聖人見了你，都不知道該說什麼話，也不懂該與你談論什麼法。那麼最後被眾生所歸依的、所依止的，一定是你；因爲你有二乘聖人所不知道的妙義，你證得二乘聖人所不知道的妙體，是他們所不能證得，所以連他們都應該歸依於你，不論你是出家或是在家都一樣。

這個現象，並不是一貫道們所講的：「**末法時期，道降火宅。**」眞實的道，哪裡會在火宅中？難道出家寺院就不是火宅嗎？而在家人的家就一定都是火宅嗎？其實不然！他們都不懂，連佛教中的出家人也是多數都不懂的。請問：**哪一個人的五陰身不是火宅？誰敢說他不是火宅？**其實都是火燒沸騰的！特別是那些已經實修過許多次雙身法的大法師們，而且其中有許多人是直到現在都還在暗中修習雙身法的，那不正是火燒沸騰嗎？不正是火宅嗎？只是表面上看不出來而已。所以他們都是在家人，而且還不如在家人；因爲在家人是不邪淫的，他們卻是師徒亂倫而邪淫的，正是出家人而貪著在家法的火宅。在那些火宅中，有道可說嗎？回頭來看一貫道的所有弘法者，乃至他們的創教者羅祖，又何曾有道？所崇奉的母娘，又何曾了知什麼是道？所以他們講什麼「道降火宅」而評論佛門出家人，根本就沒有資格。

眞正的道是什麼？眞正的道就是如來藏，別無他法，只有證得這個法的菩薩才有眞道；並且是生起無生法忍了，才能成爲二乘聖者之所歸依。而一貫道講「道在火宅」，意思是說：現在只有在家人才有佛法，出家人沒有佛法。其實是騙人的，我們會中現在不是有許多出家人得法了嗎？一貫道不尊崇佛教三寶，他們只尊崇自己的三寶「精、氣、神」，他們只尊崇老母娘；問題是老母娘有沒有開悟？根本就沒有開悟呀！說一句比較不客氣的話，老母娘既未斷我見，連凡夫初禪都沒有證得，最多只是欲界天的神祇而已。

你如果證得如來藏以後，我包管你不會再歸依老母娘，你一定會對她起疑心，會檢查她，會把老母娘「講過」的全部都加以檢查，證明她既沒有證得初禪，也沒有開悟明心，更不要說是眼見佛性了，所以一貫道火宅中是無法有道的。沒有道而自稱有道，而且自稱是五家之法一以貫之，名爲一貫道，那更是大妄語；因爲一貫道連佛教聲聞法的見道智慧都沒有證得，還能貫通五家而稱爲有道，天下沒有這種事。假使有人自稱悟了，卻還認同一貫道，還歸依母娘而不肯離開一貫道，那已經很清楚證明他還沒有悟，因為他顯然沒有悟後應有的擇法眼——他還沒有大乘的法眼淨功德，當然是悟錯了。

但是大乘法中從來都不執著外表上的出家與在家，在大乘法中是一視同仁的；不但在法上如此，單說每半月誦菩薩戒時就已經不管你是在家、出家了：先受戒的在前坐，後受戒的在後坐。先受戒者以在家身而搭幔衣參加誦戒，當然坐在前面；誦戒時都是已經如此了，何況是從法上來說，當然更不理會在家身或出家身了。所以大乘法的實證階位怎麼排呢？是十信、十住、十行、十迴向，然後是初地到十地、等覺、妙覺。如果你的證德高，你就坐到前面來，說法聽經時你都坐到前面來；證德較低，就坐後面去。

在大乘法中從來都不管出家或在家身，一視同仁，都是菩薩；都只有一個身分，叫作菩薩，不管男女、老少、出家在家身分。這個事實是後來大乘法努力推廣開來才有的嗎？其實不是，其實大乘法在佛世就已經存在了。佛陀在世時就已經有示現在家身的出家菩薩們，率領出家聲聞相的比丘菩薩遊行人間弘法了；所以 佛入滅前，已經有一位迦葉童女（女生喔！所以妳們女眾千萬不要妄自菲薄），以留髮的童女身分帶著五百比丘遊行人間而弘傳大乘法；她說的是如來藏法，是本識常住法；那她是不是菩薩？（眾答：是！）這還是《阿含經》中寫的，不是我們編造的，更不是大乘經中才講的。所以說，一定是已經證得無優劣的常住法，不落入生滅、生死、來去、染淨的法，才能成為無覆護世間、無依世間的救護與依止。所以這個法絕對不是粗淺的二乘法，否則，實證這個法的人怎能作為各類世間的所依？這個法的難證以及不可思議，原因就在這裡。

因為已證得本來自性清淨涅槃，也因為菩薩是不取有餘涅槃、無餘涅槃的；即使到了三地滿心可以證得滅盡定，菩薩也仍然不想取證滅盡定。六地滿心菩薩取證滅盡定，則是不得不證；可是他證了滅盡定，仍然還能留著一分思惑。這使阿羅漢們怎麼想也想不通：有無生法忍而證滅盡定的人怎麼還能留著一分思惑？到了七地滿心念念入滅盡定，才算是斷盡思惑，捨報時可能會入無餘涅槃，因為實在太寂靜了；在還沒有轉入八地以前就可能會入無餘涅槃，所以佛陀就來了：「你可別入了無餘涅槃，好不容易把你拉拔到這個地步，你若入了無餘涅槃，諸佛的好多心血可都白費了！我來傳授給你一個三昧，比你以前所有的三昧都更好，但是不許入無餘涅槃，這樣接不接受？」菩薩聽了當然接受。比以前所有的三昧更好，以前所證所有三昧總和起來都比不過這個三昧，叫作引發如來無量妙智三昧。太棒了！可以引發如來地的無量妙智，那當然要呀！於是佛就傳了，這也是佛加持。

得到了這個三昧以後，當然不可能進入無餘涅槃了！因爲太快樂了，智慧的增上確實不得了，於是馬上就進入八地，於相於土都能自在，變化如意，增加了另一種意生身——知諸法法性意生身。可是進入八地成爲大力菩薩以後，卻依大悲願及異熟種子而繼續出生三界身，所以說不證無餘涅槃；但其實他是已斷盡思惑的，可是卻跟阿羅漢不一樣，永遠不取有餘涅槃，也不取無餘涅槃，仍然是維持以前在第七住位所證得的本來自性清淨涅槃，一直維持到佛地之前。你說，這樣的涅槃到底是妙還是不妙？可是這個涅槃卻是在三賢位的七住位中就證得了：當你明心了，你可以現前觀察到你的如來藏，具有本來性、具有自性性，所以能生萬法；也具有清淨性，而且是本來就清淨的；具有涅槃性，也是本來就涅槃的。而這個本來性淨涅槃，是從凡夫地就一直都存在的；不管是卑賤到成爲螞蟻、蚯蚓或者細菌，這個本來性淨涅槃是常住性的，是本來就在的。

當你證得這個法，觀察一切有情或觀察三乘菩提的證悟者，你會發覺法無優劣，所看到的不生不滅的涅槃都同樣一味，都是解脫味，都是平等味。當你於人間親值佛陀時，一定會看到佛有這個涅槃；可是看到凡夫有情、卑賤有情時，看到的也是一樣都有這個本來涅槃。當你遇見某一尊佛召見時，不會想到去觀察佛有這個涅槃，一定會忘掉這個題目，只會有很專心、很敬畏又很想親近的極複雜心情，專心聽受祂的開示，絕對不會分心去觀察佛也有這個涅槃。但是事後你會發覺佛也是有這個涅槃，而任何卑賤的有情都同樣有這個涅槃；所以這個法是沒有優劣的，完全是同一味，就是解脫味，就是平等味。菩薩所證的涅槃法，其實是二乘聖人也有的；是所有凡夫異生都有的，也是諸佛都有的，就是第八識如來藏本來涅槃；是一切有情同樣都本有這個法，不是成賢成聖以後才有的法。是一切凡聖皆同樣有自己所有的第八識如來藏，而一切有情的如來藏都是本來就不生不死而平等的，在聖不增而在凡不減，所以菩薩是因為**法無優劣**的緣故而得涅槃，不是像二乘聖人因為滅除蘊處界後與眾生不平等而得涅槃的。

菩薩所證的本來常住涅槃，也是因為智慧相等所以得涅槃。所有眾生若證得這個法——如來藏，因此而生起的智慧都是一樣的，因為如來藏的涅槃性，在一切有情身中都是平等性的；菩薩現前看到這個狀況時就知道，那一些卑賤有情未來無量世後轉生到人中，如果有因緣可以證悟如來藏，他們所得到的智慧將是跟我今天完全一樣：都是平等的，都同樣是般若的中道義，同樣是種智的實相義。而修道的過程當中，由於先證後證、先修後修的緣故，智慧容許會有不平等及高下差別，而基礎永遠都是平等的；而且未來成佛時，諸佛智慧與功德都是平等平等無有高下，到達究竟位時全都一樣。所以不可以像某些愚癡人這樣說：「**過去諸佛已經成佛那麼久了，釋迦牟尼佛才在二千五百年前成佛，那智慧當然比過去諸佛差。**」不然！因為一旦成佛時就是究竟無餘了；既然都是究竟無餘，怎麼會有差別呢？所以說**智慧等故得涅槃**，這樣才是究竟的涅槃。

而且說，解脫也是平等的。在因地，所有有情眾生，一切菩薩、辟支佛、阿羅漢的如來藏本來就常住涅槃，這個本來解脫是平等。即使是阿羅漢、辟支佛捨壽後入了無餘涅槃，仍然是依他們的如來藏不再出生諸法而施設無餘涅槃；可是當他們還沒有捨壽入無餘涅槃之前，仍然是本來涅槃，所以這個解脫境界其實是平等的；差別只在於有沒有實證這個本來涅槃，因爲入無餘涅槃時還是這個如來藏的本來涅槃、本來解脫，但是還沒有入無餘涅槃時一樣是本來就解脫的。

阿羅漢因爲是從現象界——蘊處界——的虛妄本質來修，想要斷除蘊處界，所以他們所證的解脫是要滅盡自己的，不曾涉及蘊處界背後的實相——不涉及能出生蘊處界的如來藏。可是當阿羅漢們有一天迴小向大，證得如來藏了，他們一定會發覺：我入無餘涅槃之前，我的如來藏本來就已經涅槃、已經解脫了；而我滅掉蘊處界而入無餘涅槃時的解脫，仍然是我的如來藏獨住的境界，仍然是如來藏的本來涅槃、本來解脫；那麼我爲什麼還要入無餘涅槃去求解脫呢？而眾生沒有證如來藏之前，也是本來就解脫，只是沒有智慧去證如來藏，不知道這個實相而已。

所以，迴心大乘的阿羅漢現前觀察到這一點時，他必然會生起決定心：迴小向大而成爲菩薩，永遠不想入無餘涅槃了。因爲他發覺：我沒有入無餘涅槃時如來藏就已經是涅槃，入了涅槃以後仍然是我的如來藏本有的涅槃，那我何妨生生世世繼續住持正法於人間，廣利眾生同得涅槃。他一定會迴小向大而得決定，永不改變。因此只要證得如來藏，他就不再是阿羅漢，就不再是辟支佛了，他的心態決定會改變，已經進入菩薩數中，未來必定成佛。這是因爲他會發覺解脫是平等無二的，**心、佛、眾生**，三者並沒有差別，因此說解脫是平等的。在這樣的平等基礎上面，才能說菩薩已經證得涅槃，所以菩薩的涅槃與二乘聖人不一樣，道理就在這裡。

又說「**清淨等故得涅槃**」，爲什麼**清淨平等**呢？明明各人在修道上面斷惑除障的層次互有差別不同，可是如果證得如來藏了，你將會發覺那都是事相上的事，而實際理地都是各人如來藏的清淨與涅槃；而各人的如來藏，同樣都是不理會六塵，不在六塵上面起貪瞋癡，同樣是一味的清淨性。即使是殺人越貨、擄掠放火的極惡之徒，當他的五陰在造作種種惡業時，他的如來藏還是清淨性的，從來不分別善惡，何況會造惡？當阿羅漢證得如來藏時，他會發覺：我都不造業，我都住在無漏法中，而我的如來藏跟那個惡人的如來藏卻是一樣清淨，惡人的如來藏仍然繼續保持著清淨性。原來實相法的清淨性是平等的，怪不得菩薩不會對那些惡劣眾生起瞋恚心，原來菩薩是看見惡劣眾生的本際仍然是同樣的清淨。由這個緣故，所以說涅槃只有一味——

就是解脫味；只有平等味——也是解脫味。因為解脫味是一樣的，三乘之間並無差別不同。

照例，我們還要來看印順老法師在這一段經文中到底講了些什麼錯誤的法義？印順說：【阿羅漢辟支佛及大力菩薩，於知斷證修的四諦事中，都是有餘，即根源於無明住地的不斷。】（正聞出版社．印順法師著《勝鬘經講記》p.169）所以印順顯然讀不懂《勝鬘經》，因為《勝鬘經》這一段經文說：無明住地所覆障有兩種，一種是**不斷**，另一種是斷而**不究竟**。可是印順把這二種混為一譚，因此就產生了**大力菩薩對於無明住地也是不曾斷除一絲一毫**的錯誤說法。或者說，他不是讀不懂，而是特地把**不究竟**三字給遺漏掉；用意是要表顯說：**原來菩薩所修的跟二乘聖人所修的解脫道是完全一樣的**。如果沒有詳細看穿印順的手腳，就去跟他作辯論，一定會吃他的悶虧。

譬如以前有人講禪宗的證悟得果，去跟印順談法，想要證明大乘的勝妙；結果印順老法師幾句話輕描淡寫就交代過去了：「**你們禪宗證悟了以後，證的仍然是解脫道的初果到四果，那你們大乘禪宗的證悟，跟聲聞解脫道還有什麼不一樣呢？**」也就拿印順沒辦法了。可是印順卻拿我們沒辦法，因為我們說：「證悟了以後，不是只有證初果、二果而已，還有菩薩的七住、十住乃至諸地的果證。」印順對我們的主張卻都不敢講話。這意思就是說，不能隨順印順去誤將解脫道當作佛菩提道，因爲解脫道只是依生滅性的蘊處界來觀行，佛菩提道卻進而觀行蘊處界背後不生不滅的實相法如來藏。不能落入印順以解脫道取代佛菩提道的陷阱中，否則菩薩的證量就會與二乘聖人一樣，就完全沒有差別，印順就達到以解脫道取代佛菩提道之目的。

所以印順在這裡，故意把經文中**斷而不究竟**的部分忽略掉，來表顯說：**原來菩薩所證跟二乘聖人所證是完全一樣的**。這就是印順註解《勝鬘經》之目的。但經中的法義，事實上並不是像印順這樣講的。因爲七住菩薩明心不退時，不只是聲聞初果的實證者；當他明心時就已經有了佛菩提智而成爲第七住位菩薩了，只是菩提智少分發起與多分發起的差別而已。這個佛菩提智從七住位開始，一直到究竟佛地都有。所以，七住位菩薩就已經有斷無明住地了，只是斷極少分；到達初地時是斷少分，到八地成爲大力菩薩時是斷多分，乃至佛地時是滿分斷的差別；所以大力菩薩並不是沒有斷無明住地，只是**斷而不究竟**，到佛地時才算究竟斷盡，所以不能夠說菩薩沒有斷無明住地。印順的說法應該是故意，或是不懂而不曾注意到，才將這一段經文中「以不知見故，所應斷者不斷、不究竟」中的不究竟三字忽略了，就變成八地菩薩仍然不曾分斷無明住地的大錯誤了。

接著經文說：「得少分涅槃者，名向涅槃界。」我們來看印順是怎麼註解的：【二乘的涅槃非真，所以經文結示二乘是向涅槃界；菩薩未得般涅槃，是共明的事實，所以略而不論。】（正聞出版社．印順法師著《勝鬘經講記》p.170）

印順這一段話，短短五句中就已經有兩個大過失存在了！所以印順的見解過失是無量無邊的，若是想要找他的小過失，那就講不完了。針對印順說的「菩薩未得般涅槃」，我對他是怎麼評論的？請看楷書的第一點：「菩薩於第七住位已得本來自性清淨涅槃，證知無餘涅槃中之實際，非未證得般涅槃。印順若言為『未得無餘涅槃』，亦有過失，謂菩薩六地滿心以上都能入無餘涅槃故，只因悲願所持故不取無餘涅槃。」所以說，菩薩於第七住位明心時，已經證得本來自性清淨涅槃，已證知無餘涅槃中的實際，並不是沒有證得般涅槃。印順說的即使是「菩薩未證得無餘涅槃」，也還是有過失的，因為這段經文是講大力菩薩——八地菩薩。但是三地滿心以上的菩薩隨時都能入無餘涅槃，並非無法入無餘涅槃；下至初地滿心菩薩，都能在捨壽時取無餘涅槃的，都只是因爲十無盡願的增上意樂而不取無餘涅槃。

譬如六地滿心時已經證得滅盡定了，譬如三地滿心時是隨時可以取證滅盡定的，譬如初地滿心時是隨時可以滅盡思惑的，所以印順的說法是有許多過失的，可見印順是完全不懂大乘法的。雖然六地滿心時不得不證滅盡定，卻不會因此而進入無餘涅槃中灰身泯智，是因爲大悲願所持的緣故而不取無餘涅槃；六地滿心下至初地滿心就已經能如此了，何況是八地菩薩？所以印順說「**菩薩未得般涅槃**」，是有大過失的。

且不說六地滿心不得不證滅盡定，一定能隨時入無餘涅槃，單說三地滿心吧：在將近一大阿僧祇劫前的第七住位時，就已經明心了，就已經斷除我見了，然後進修超過一大阿僧祇劫到了三地滿心時，四禪八定具足、五神通具足、四無量心具足，又有無生法忍，請問：**他這時還沒有辦法取證滅盡定嗎**？他是任何時刻都可以取證滅盡定的，因爲只要四禪八定具足時斷了我見，就絕對可以隨時取證滅盡定的。所以三地滿心是隨時可以證滅盡定的，菩薩卻放棄而不證；但他如果想要取無餘涅槃，一剎那間就可以入滅盡定，也是一剎那間就可以取無餘涅槃的，何況是大力菩薩的八地菩薩？所以印順說「菩薩不得般涅槃」，是有大過失的。

印順說：「**菩薩未得般涅槃，是共明的事實，**」他講的到底對或不對？我們來看楷書的第二點，我對他如何評斷：「**菩薩不入無餘涅槃方是共明的事實，但非不證般涅槃。印順此意欲明：菩薩證境低於二乘無學聖人。**」菩薩不入無餘涅槃才是共明的事實，但是並非沒有證得般涅槃，因為菩薩所證本來自性清淨涅槃，智慧及證境遠勝於二乘聖人的無餘涅槃。菩薩也不是沒有能力斷盡思惑而入無餘涅槃，只是不想斷盡思惑、不想取證有餘及無餘涅槃，只想繼續維持十無盡願的增上意樂而不取二乘涅槃罷了。所以印順說「**菩薩未得般涅槃，是共明的事實**」，是嚴重扭曲大乘法義事實的妄說。

菩薩並非沒有實證涅槃，正因為菩薩有力能證，而不證二乘涅槃；也因為菩薩已證得本來自性清淨涅槃，才使得二乘聖人在他面前沒有開口說話的餘地，那麼印順怎能說「**菩薩未得般涅槃，是共明的事實**」？因為菩薩確實有證涅槃，所證的涅槃叫作**本來性淨涅槃**，是二乘無學聖人所無法臆測的；而菩薩也是能證二乘涅槃而故意不證的，所以印順所說的「共明的事實」，只能說是他個人撒下的**彌天之大謊**。印順為什麼要這樣講呢？目的就是說：你們菩薩在涅槃修證上是遠不如二乘聖人的，而二乘聖人所證的涅槃是與諸佛相等的；因此所有人學佛時都只需修證二乘的緣起性空觀就夠了，不必修學如何實證如來藏的大乘法了。這就是印順最終的目的。印順這樣推廣出去以後，不論你再怎麼推崇菩薩，再怎麼推崇大乘法，最多就只能夠說：菩薩所證的涅槃是跟二乘聖人一樣，所以大乘法其實並無絲毫超過二乘之處。所以說，印順把這段經文中所說的「得少分涅槃，向涅槃界，不斷，不究竟斷」，作了這樣的解釋，眞是錯得很離譜。但是，當前的佛教界中，有誰能瞭解印順是錯到這麼離譜的？

我們再來看經文十五頁的最後一行：「若知一切苦、斷一切集、證一切滅、修一切道，於無常壞世間、無常病世間，得常住涅槃；」印順怎麼說呢：【以下，對二乘有餘而說如來究竟。先示常住涅槃的德相，為如來所得。上來說，二乘（與菩薩）不知不見不斷，所以三德、四諦都是有餘的，不是究竟涅槃。】（正聞出版社．印順法師著《勝鬘經講記》p.170 ~ p.171）

你如果智慧比較好，已經看見他說這些話的居心所在了。請看楷書的第一個部分中，我對他的評論：「常住涅槃的德相非只如來所得，唯有究竟的常住涅槃德相方是如來所得。」本來自性清淨涅槃，既然說是本來涅槃，當然是常住的涅槃。這個常住涅槃是在十住位前的第七住位明心時就已經證得了，這是所有已明心的第七住菩薩都可以現前觀察到的，並不是想像的。只是這個常住涅槃還不究竟，因爲這個本來自性清淨涅槃的如來藏心體中，仍然還有七轉識相應的不清淨習氣種子，必須要悟後起修去除滅；也仍然有許多異熟隨眠（也就是所知障的隨眠）及習氣種子隨眠，等待改變成爲常住不變異的種子，所以不能像印順所說「只有諸佛才能證得常住涅槃」；因爲七住菩薩就可以現見一切凡夫眾生都是本來常住涅槃的，早就是實證常住涅槃的人，因此印順說「常住涅槃的德相，只有如來所得」，是錯誤的。

印順又說「二乘以及菩薩所證的三德、四諦，都是有餘的，不是究竟涅槃。」我們再來看楷書的第二點，看我說他哪裡錯了：「三德是只有佛地才能具足的，所謂法身德、般若德、解脫德。二乘聖人沒有法身德及般若德，解脫德也只是有餘解脫，也不具足。菩薩有部分法身德、般若德及解脫德，七地以下菩薩所證前二德之少分或多分，非二乘聖人所知；七地以上之解脫德亦非二乘聖人所知，而菩薩始從七住賢位起，所得三德都是常住法，都非二乘聖人之將滅止生，故印順所說有大過也！故不應說『三德都是有餘的，不是究竟涅槃。』」

三德是只有佛地才能具足的，就是法身德、般若德、解脫德的圓滿；菩薩是分證而尚未圓滿。二乘聖人全然沒有法身德，也沒有絲毫的般若德；至於解脫德，雖然已經證了，但也只是有餘解脫，仍然不具足解脫德。爲什麼會說他們所證的解脫德是不具足的呢？因爲還有異熟種子的變異性，他們都還沒有進前修斷。而菩薩在進入初地時，已經開始分斷這個異熟種子了；一直要進修到佛地時，異熟性才能全部斷盡，這樣才算是具足了解脫德。而二乘聖人的解脫德，只有斷煩惱障的現行，並沒有斷煩惱障的習氣種子隨眠，所以變易生死是具足存在的，所以他們的解脫德是不圓滿的，是只有少分而已，但這是印順刻意加以忽略不談的部分。

一切已悟的菩薩們都有部分法身德、般若德以及解脫德，不論是在三賢位或已入地時。譬如七地以下菩薩所證的法身德與般若德，不論是少分或者多分，都不是二乘聖人所能了知的；而七地以上的解脫德也不是二乘聖人所能了知的，因爲念念入滅盡定的境界，並不是二乘聖人所能想像的。若是說到比較低層次的部分，譬如菩薩從七住賢位開始，所得到的三德也都是常住法，這也不是二乘聖人將滅止生的緣起性空觀所能知道的。因爲這是實相法界的理體如來藏，而這個理體卻是出生蘊處界諸法的實相，二乘聖人卻從來不曾涉及理體如來藏，都只在如來藏所出生的蘊處界上面，作緣生緣滅無常故空的觀行罷了。這個道理諸位都應該瞭解：菩薩七住位證得如來藏時就有了三德，雖然都是極少分；而二乘聖人所得的，卻是只有三德中的解脫德裡面的一小部分，是不具足的；而他們完全沒有法身德，沒有般若德，眞正學佛而不是學羅漢的人，對此都應該瞭解。

菩薩明心時，怎麼會有法身德呢？法身就是諸法的根源，證得這個法身的人就能夠以五法爲身。那請問：是什麼法以五法爲身？只有哪一個法能以五法爲身？（有人答：如來藏）當然就是如來藏。五法是：戒、定、慧、解脫、解脫知見。這五法細講起來，話就長了，我們儘量長話短說。當你證得如來藏以後，不再取相爲戒，不非戒取戒，也不取佛戒，你是轉依自己如來藏的自性清淨涅槃爲戒，從此開始只是攝心爲戒而已，這時就是已得道共戒而生起**戒身**了。

再來是得**定身**，當你證得如來藏之後，現前觀察祂眞的是大龍，而且常在定，因爲祂這個定既沒有出也沒有入。你證得如來藏以後可以觀察：你的如來藏有沒有打過妄想？從來沒有！可是你四禪八定再怎麼好，即使已證得非非想定，有時候也會打妄想；因爲你總會出定吧？出定就不免妄想。可是如來藏從來沒有出過定，所以祂從來沒有起過妄想，而世間人證的定是會出定、入定的。如來藏既不出定也不入定，這叫作大龍之定，這才是眞實的定身，這與阿羅漢證得的滅盡定，大不相同。你說菩薩明心後，有沒有這個定身呢？你這樣觀察以後，決定不會改變，這也是定的功德。

慧，有什麼**慧身**？是說證得如來藏了，從此有了解脫慧，也有般若慧。譬如，我出道弘法以來，已經說了好多涅槃，也說了很多解脫。並沒有誰曾經教我這些法，我就這麼一直寫、一直講出來；講了那麼多，卻不會互相矛盾，這就是智慧，當然表示已經有慧身了。

這個智慧之所從來，是由實證解脫而產生的解脫知見而來的，所以能爲人講述實證解脫道時應有的知見；這個實證解脫道時應有的知見，就叫作解脫知見；解脫知見會產生解脫的功德力用，這個功德力用就是**解脫知見身**。

這個解脫知見，從來沒有人教過我，我卻能從自心中不斷地講出來，不會出差錯。而我這個解脫知見是從哪裡來的？是從親證**本來自性清淨涅槃**這個大乘解脫境界來的，那不是已經先證得解脫了嗎？實證解脫的人一定會有解脫的功德力用，這個解脫的功德力用就是**解脫身**。而這一些也是智慧。

但是戒定慧三無漏學，在大乘法中不單是解脫上面的智慧，還講般若的智慧、法身的智慧，成佛之道的智慧也在這個廣義的大乘**慧身**中。所以菩薩明心以後，分證戒、定、慧、解脫、解脫知見等五法，由這五法而產生了功德力用。可是這五法都是以如來藏爲體才能存在，由於具足發起了如來藏這五法而成佛，所以說如來藏是諸佛的法身。在因地證悟後的菩薩位中，也是由如來藏的實證而發起極少分或少分的五種功德力用，所以仍然是由如來藏中發起這五法而成爲法身，所以說五法成身。而這五法都依如來藏的親證而有，所以說如來藏是法身，因此菩薩證得如來藏時一定會有**法身德**。

三德是**解脫德**、**法身德**、**般若德**。而法身德與般若德都是二乘聖人所沒有的，他們無法想像如來藏爲什麼以這五法而成爲法身？他們再怎麼聽聞菩薩的說明，終究還是無法現觀的，所以他們都沒有法身德。既沒有實證法身如來藏而不懂法界實相，般若智慧就不通了。當他們遇到菩薩時，菩薩說：「你捨壽會入無餘涅槃，是不是？」阿羅漢說：「是！」菩薩就向他講：「所謂入無餘涅槃，即非入無餘涅槃，是名入無餘涅槃。」這阿羅漢一想：「這個道理想不通！明明我將來一定會入無餘涅槃，既然我有入了，那就是入無餘涅槃，怎麼說不是入無餘涅槃？爲什麼又說不入無餘涅槃才是眞正的入無餘涅槃？」想不通！所以阿羅漢沒有般若智慧。

然後請問了一番，菩薩終於開示說：「我告訴你好了：當你眞正入了無餘涅槃時，其實沒有入無餘涅槃，因爲你已經滅掉了。當你滅掉了以後說是入無餘涅槃，其實那個入無餘涅槃根本就不是入無餘涅槃，你已經不存在了，怎能說是進入涅槃中？而我看到的入無餘涅槃是不必入無餘涅槃的，現在就已經在無餘涅槃中了，這樣不入無餘涅槃才是眞正的入無餘涅槃。」阿羅漢聽完了還是不懂：爲什麼不入無餘涅槃才是眞的入無餘涅槃？因爲阿羅漢入滅後，沒有阿羅漢了，怎麼能叫作入無餘涅槃？而菩薩不入無餘涅槃，卻已經現前觀察無餘涅槃中是如來藏的自住境界；而能觀察如來藏本來住在無餘涅槃中的意識覺知心，卻是一直都活在如來藏中，當然是眞的住在無餘涅槃中，所以不入無餘涅槃才是眞入無餘涅槃。阿羅漢聽了，還是不懂，所以他們沒有般若慧。事實確實是如此，這不能用籠罩的手法來亂說的。

有般若德就是有般若德，沒有般若德就是沒有般若德，一絲一毫都瞞不了明眼人的！如果有人自稱有般若德，請了《金剛經》出來講解時只能依文解義。假使遇到一個證悟的菩薩，當場在關鍵處提出一個問題來，他就只能口似扁擔，開不得口了。而歷史上眞的有這樣的事情，那就是夾山善會禪師。他本來是個專門講經的大座主，以講經說法爲業；有一天說法時，道吾禪師在下面忍不住一笑，他就知道遇到行家了。所以匆匆講完，就趕快請人把道吾禪師留下來。正因爲他沒有慢心，所以道吾禪師才說：「我就是要找一個像你這樣的人，我有一位同參想要幫你悟，你去找船子德誠去吧！」

這是因爲船子德誠請託道吾禪師：「我只要度一個人開悟就好了，就足以報佛恩了。」事實眞的如此呀！度一個人開悟，遠勝過度一千人、一萬人成爲阿羅漢，因爲這個人將來會成佛，他成佛以前可以度無量眾生。可是阿羅漢一萬個人，就算他們每一個人度十個人成爲阿羅漢好了，那數目還是有限，而且將來所有阿羅漢們都會入無餘涅槃。所以，船子德誠看通了這一點：「我只要一個伶俐的漢子就好了，請你道吾禪師幫我指引一個來。」

船子德誠爲什麼叫作船子禪師？他是每天撐著一條船，兩岸來來去去渡人過河；有時候閑著無聊，特地把船槳舉得高高的唱船歌，揮動著船槳，他可是有用意的。這夾山善會就是因爲道吾禪師在座下聽經時這麼一笑，結果就被指引去找船子禪師；幾句對話以後，船子德誠一竹篙把他捅下水，他就悟了（編案：詳見平實導師公案拈提第一輯《宗門正眼》）。你看，開悟這麼簡單，沒什麼困難啦！只要悟得如來藏了！就知道夾山善會與他師父船子德誠的落腳處，這就有了法身德；有了法身德，就一定會有般若德。

阿羅漢既然還沒有證得如來藏，怎麼會懂得法身在哪裡？他沒有證得法身，又怎麼可能有般若德呢？所以：「所謂阿羅漢，即非阿羅漢，是名阿羅漢。」其實「你」根本就不是阿羅漢。我告訴你：「你」就是如來藏，但是如來藏哪裡會是阿羅漢？如來藏又不是五蘊，怎能當阿羅漢？但這個不是阿羅漢的如來藏心，才是眞正的阿羅漢，因爲阿羅漢是要有如來藏才能由五蘊來當的，而如來藏是本來就出生死的。若沒有如來藏，所有阿羅漢的五蘊都當不成阿羅漢。這樣講，稍微淺一點，可能阿羅漢稍微可以聽懂，但是還是要靠想像，所以阿羅漢怎麼可能會有般若德呢？而這三德，只有解脫德是阿羅漢已經少分證得；因爲菩薩所證的本來自性清淨涅槃，阿羅漢們根本就不懂，所以法身德與般若德，不是二乘聖人所知道的。

不單是如此，七地以上的解脫德，阿羅漢們也不知道，而菩薩從七住開始到等覺位乃至成佛，這三德都是常住法。可是二乘聖人的解脫德是**將滅止生**，這一點是六祖慧能在《壇經》中早就罵過的。因爲很多人說：「**我要證涅槃**。」而當時的中國是俱舍宗的天下，禪宗是在六祖時才開始廣弘的。六祖以前都是俱舍宗的天下，都是二乘解脫道的法；二乘人想要證的涅槃、想要證的無生，都是將滅止生，不是本來不生。爲什麼是將滅止生？譬如在四阿含中，阿羅漢所證的無生，都是斷盡我執，捨報後都是滅盡一切自我。當蘊處界等一切我都滅盡了，不會再入胎出生了，就叫作無生；但那是將滅止生——用滅掉一切法的方式來停止後世的自我再出生。

可是菩薩的無生不是這樣證的，菩薩所證的無生是證得另一個本來就無生的心，不是把自己覺知心滅掉以後不再出生；而是無妨生生世世有個覺知心的自己繼續**生**，但是原來就在的如來藏從來**無生**；菩薩是這樣證的，是證本來無生，不是把蘊處界自己滅了以後永遠斷滅的無生。所以菩薩的三德：解脫德、般若德、法身德，都是**本來無生**，不是二乘聖人的**將滅止生**。所以印順說：「**二乘（與菩薩）不知不見不斷，所以三德、四諦都是有餘的，不是究竟涅槃。**」他這個說法是有大過失的，因爲菩薩對三德是分證而不是未證的，但二乘聖人只能證得解脫德中的極少分；菩薩對四諦是依實相來見、來斷的，二乘聖人則是依蘊處界等現象法的斷滅空來證的；所以三乘聖人的三德與四諦的觀行與實證，是有極大差異的，印順不該一概而論。印順將三乘聖人一概而論的目的，其實只是想要把菩薩貶在二乘聖人之下，才能將二乘聖人等同於佛。但是他這樣判教的結果，將使佛的三德等同於二乘聖人而成爲不究竟；如果說，佛陀具足的三德都仍然與阿羅漢一樣，那就是有餘解脫而不是常住涅槃，那麼印順就免不掉謗佛的過失了。所以印順不應該說：**菩薩不知不見不斷，故三德都是有餘的，不是究竟涅槃。**

我們再來看補充資料，印順說：【但這不是說，佛為眾生的依護，是說常住涅槃，為無常世間的依怙。《阿含經》中，每喻涅槃為覆、為依、為護、為洲、為舍宅等，都是約離一切生死怖畏而說。世間是無常的，無常即是苦，所以經中常說：『我以一切行無常故，說三界是苦』。涅槃是常住的，離無常的壞病，即離苦而得究竟的安隱了！】（正聞出版社．印順法師著《勝鬘經講記》p.171～p.172）

現在，我們要檢查印順這二段文字了。我對印順的評論是：「涅槃既是常住的，不是斷滅空，印順爲何卻以將滅止生的二乘方便法，說爲涅槃、眞如？而說『滅相不滅即是眞如』？滅相是無、是空，說此空無爲不滅，是將空無作爲實有法，一切世間智者所不接受；故其滅相不是常住法，而是斷滅後的空無，淪爲戲論法。」滅相怎麼能說爲眞實如如之法呢？既然涅槃是常住的，不是斷滅空，爲什麼印順卻用將滅止生的二乘方便法來說是涅槃、眞如呢？而印順在書中說滅相不滅即是眞如，只能說是戲論罷了！問題是：滅相是無、是空，說這個空無叫作不滅，那是將空無當作實有法、常住法了，這是一切世間有智慧底人都不能接受的。所以印順的滅相並不是常住法，而是斷滅後的空無，因此，印順註解般若時所說的眞如，本質已經淪爲言語戲論之法了。

有智慧的人讀《妙雲集》時都很反感，因爲讀來讀去以後會發覺他只是依文解義，並且只是加以曲解而已。而且印順所說的法，除了許多漫天大謊以外，大多是扭曲了法義的狡辯；並且還把一切法空的斷滅空無當作是般若，而說一切法空以後剩下的都只是名相而已；所以印順認爲一切法緣起性空，就是般若的眞實義。所以印順如此判教：**般若系列的經典那麼大的篇幅，所說只不過是一切法緣起性空，以外都只是藉名相而增說的言論，並無實義而唯有名相**。所以般若就被印順判爲**性空唯名**。這樣看來，印順心中是認定般若爲戲論了。只是不好意思明說：「**般若諸經所說其實只是戲論，還是要回歸到阿含所宣示解脫道的緣起性空觀**。」印順只是不好意思明說般若是戲論，才含蓄的宣判**般若是性空唯名系**。

當印順把般若實相的法義判爲**性空唯名**以後，般若眞義還有誰要修學呢？既然如此，當然要直接去探討阿含解脫道的義理，何必間接的從般若諸經中去探討解脫道呢？所以，宋澤萊等人當然會轉向南傳佛法去。也因爲這樣的背景，才會有台南的慈蓮寺專門在搞南傳佛法，新雨應該也是同樣的原因，才會轉向南傳佛法去修學。但是印順的思想必然會產生這種後果，是我十餘年前剛出來弘法時早就講過的。那時我曾經跟王武烈、黃敦岩二位居士講過，我說：「印順思想的學習者，遲早會轉向南傳佛法，然後很可能會回過頭來否定大乘法。印順既然主張大乘法的勝妙，卻又去否定大乘法的根本法義，用二乘解脫道取代大乘的般若妙義，一定免不掉會被人用他弘揚的二乘法來否定他弘揚的大乘法，將來印順的大乘法是不會有前途的。」這是大約十幾年前我就已經對會外人士講過了。不幸的是，今天果眞被我言中了。

如今印順學派中，有許多人眞的走向南傳佛法去了！但是他們走向南傳佛法八、九年下來，如今恐怕心中也是很氣我。因爲我把大乘法弘傳出來以後，我又常常說：「阿羅漢們來到菩薩面前，沒有講話的餘地。」他們聽了，心中可能會很生氣，可是又無法推翻，因爲事實本來就是如此。所以也只能說這就是他們的悲哀吧！而這個悲哀，要到什麼時候才能解除掉？只有一個時候，等他們迴小向大，進而證得如來藏以後，那個悲哀才算會消失。否則當他們繼續在南傳佛法的路上前進時，那個悲哀將會永遠存在；而那個悲哀，我就把它取個名字，叫作南傳佛法的悲哀！

關於《勝鬘經》這一段經文：「法無優劣故得涅槃，智慧等故得涅槃，解脫等故得涅槃，清淨等故得涅槃；是故涅槃一味、等味，謂解脫味。」請看補充資料，印順法師對這一小段經文是這樣註解的：【一切法的本性，是平等而無優劣的，如《金剛經》說：『是法平等，無有高下』。一般說的大乘優，小乘劣，一乘優，三乘劣，淺深高下，都是為了眾生轉迷成悟所作的施設，如直論一切法性，法性是平等的，有什麼優劣可說？此優彼劣就是相對法，非不二法。法法平等，是本來如此的。因為法法本來如此，所以能證得此無優劣的平等性，就能實現常住涅槃。如有優劣，即有無常變化，即不是涅槃了。由於一切法的本來平等，所以能證的「智慧」也就平「等」，稱為平等大慧。平等有普遍的意思，智慧達一切法平等，遍一切法而轉，所以有平等智。以此平等大慧，斷一切煩惱過失，得大解脫自在，所以「解脫」也是平「等」的。約智證離垢所顯的「清淨」法界說，雖隨智而似有分滿，而實本性清淨，也是平「等」的。智慧等是般若德，解脫等是解脫德，清淨等是法身德。從此三德的平等，顯得大般涅槃的常住究竟，所以《大般涅槃經》說：涅槃是三德秘藏。】（正聞出版社．印順法師著《勝鬘經講記》p.172 ～ p.173）

我們把它分成七段來辨正，印順說：【一切法的本性，是平等而無優劣的，如《金剛經》說：『是法平等，無有高下』。一般說的大乘優，小乘劣，一乘優，三乘劣，淺深高下，都是爲了眾生轉迷成悟所作的施設，如直論一切法性，法性是平等的，有什麼優劣可說？此優彼劣就是相對法，非不二法。】

從文字表面上來看，印順所講的似乎是很有道理的，因爲經上常常講「法無優劣、法無去來」等等，印順就套用到他要表達的意思上面來。從文字表面上看不出印順的問題所在，因此光從字面上讀過，一定會信受印順，於是印順對讀者的洗腦行爲就成功了。

印順主張三乘菩提並無優劣可說，是平等而無差別的。實際上是不是這樣呢？請大家看楷書第一點中我對他的評斷：「三乘法確有優劣，故《金剛經》說：『一切賢聖皆以無爲法而有差別』。所謂法平等，是指實相及其函蓋之一切法平等，不是指三乘法平等；這只能由親證的菩薩來說，愚、凡都無資格說一切法平等。」三乘法確實有優劣，我們先舉聖教來說，譬如《金剛經》講：「一切賢聖皆以無爲法而有差別。」這意思已經很清楚地告訴我們：一切人學習佛法而成賢證聖，都不是無因無緣的偶發事件。

爲什麼有的人一悟了就成佛，像 釋迦牟尼佛、像一切最後身菩薩降生人間時，都是一悟就成佛的。可是，有許多人悟了，是進入初地；更多的人悟了只成爲十迴向、十行乃至十住位；還有最大多數的人悟了，只是進入第七住位不退。單是在大乘法中的開悟，就已經有這麼多的差別了；如果再把二乘法加進來，有的人悟了成爲辟支佛，有的人悟了是阿羅漢，有的人悟了是菩薩，顯然三乘法絕對是不平等的。如果三乘法是完全平等的話，那應該所有的人悟了就都是成佛了，不應該會有菩薩、辟支佛以及阿羅漢的差別。並且，所有的辟支佛也不是全都一樣，也是品品有別，阿羅漢也是一樣品品有別。且不說阿羅漢、辟支佛，光說三果人一種，就有六、七種品位差別，所以三乘法顯然不是平等的，應該說：三乘法的根源實相才是平等的。

所以，**法法平等**，只能在三乘法所依的根本上面，也就是從法界的實相上面來看，才可以說是平等的，但法門本身與實證的智慧及境界卻是不平等的。如果法門是平等的，就應該不分三乘的差別，所有人證悟菩提以後應該都同樣是成佛的；佛陀也不該施設三轉法輪的次第而說三乘不同的法義與證境、智慧；而且應該所有的徒眾們聞 佛說法以後，同樣都悟入而成佛。可是爲什麼三乘人的所悟內容不同？四阿含中並且記載三乘部眾的事實？爲何會有這麼大的三類差別迥然不同？並且在大乘法中，品位差別又更多、更大，所以顯然三乘菩提之法是有差異的，絕對不是平等的。只有萬法的根源，祂才是在世出世間法中平等，也在三乘菩提法中平等。所以，印順說：「大乘優，小乘劣，一乘優，三乘劣，」認爲這種法義的差別只是施設，本質與內容並無差別。這種說法是不對的。

假使「大乘優，小乘劣」，只是方便說法，沒有實質上的差異，那就應該二乘人證悟以後不但會成爲菩薩，而且也將會擁有菩薩專有的般若智慧，不該只有解脫道的智慧；可是從聖教及現前實證上面的所見，卻不是如此。那一些專修南傳佛法的人，不管他們有沒有成賢證聖，縱使成爲阿羅漢了，他們讀了我們寫的書還是讀不懂的；我們所說的法，他們也是聽不懂的。不但在事實上如此，乃至在聖教上也有很明顯的證據；譬如我們前面才講過的《維摩詰經》的記載，是大家所熟知的：阿羅漢們來到 維摩詰菩薩面前，根本沒有開口的餘地；連去爲他看病，去慰問一下病情都不敢。這顯然表示三乘菩提的法義、行門乃至所證的果德，都有極大的差異，並且是層次高低極爲懸殊的，因此印順不應該說三乘法是平等的。

只有菩薩證得一切法的根源以後，依自己的智慧現觀，從萬法根源的如來藏的平等性來看三乘聖人的實際理地，才可以說是平等的。但凡夫沒有資格說三乘法是平等的，二乘聖人也沒有資格說三乘法的平等，因爲在他們的證境現觀上來說，三乘法其實是高低懸殊而不平等的，否則二乘聖人爲何會在菩薩面前說不上話呢？可是印順法師慣會移花接木，由於他移花接木的技巧非常純熟，所以很多人發覺不到；我們就只好將他拈出來說一說了。

譬如《法華經》中講三車之喻，說宅中有三個孩子正在戲鬧；這個深廣大宅著火了，但是距離那三個孩子還很遠，他們還沒看到那個大火，所以不信會有危險。長者就告訴他們：「外面有大白牛車，你出去駕車玩耍吧！很好玩呀！」可是第二個孩子，不想要大白牛車，他喜歡鹿車，那就告訴他外面有鹿車。第三個孩子根性更差，就告訴他說外面有羊車，只能坐一個人。羊車就代表聲聞法，修的是四聖諦、八正道；鹿車代表辟支佛法，修的是因緣觀；大白牛車，代表大乘法，是修般若實相及一切種智，是菩薩修的成佛之道。等到三個孩子各依所願而出了火宅大門，卻看見三輛都是大白牛車。這是佛的本懷，施設二乘法的目的只是想要引導他們成佛；但畢竟修證的內涵不相同，所得到的果位功德也不相同。

得到大白牛車的孩子很歡喜，可是其他兩個孩子，一個想要鹿車，另一個只想要羊車；長者最後還得要另外再去打造鹿車跟羊車，因為他們兩個孩子都不要大白牛車。事實是否如此？諸位看經典中的記載，有許多阿羅漢們不願住持佛法，佛即將捨報前，他們就先捨報了！雖然也講得冠冕堂皇：「我不忍見佛入涅槃。」所以就先入涅槃了，這不是自了漢嗎？他們是不是取了羊車？眞的是取羊車。佛施設了羊車、鹿車的目的，其實只是想要引生他們的喜樂，希望他們最後願意取大白牛車；可是他們根性太小了，到最後仍然不樂意取大白牛車，於是 佛就不得不給他們羊車、鹿車了。想要引導他們喜樂大白牛車，終究沒有很成功，因為他們的根性就是這樣子。由此可見，三乘菩提的法義內容絕對是不同的，印順不該說是相同而無差別的；否則，佛陀入滅以後，阿羅漢們就應該有人起來紹繼佛位而號稱為佛了，阿羅漢們也不該那麼恐懼去探望 維摩詰的病了。

所以從佛教歷史上，從我們現前可見的人間來看；且不說海峽對岸，也不說南洋，光說台灣本地就好，有好多人出家的目的並不是為了利益眾生，只是爲了自己想要了脫生死。有好多人走進禪宗來，目的也是想要了脫生死，不是爲利益眾生。你說，他們這樣的根性能當菩薩嗎？（眾答：不能）當然不行。因爲不行，所以就一定會去走解脫道的修行路線，不可能走入佛菩提道裡面來，而那一些人卻自認爲自己是眞修實證地行菩薩道。

我在六、七年前，曾在外面一個小麵攤吃飯，曾遇到一位男眾，特地來跟我說他已經是阿羅漢了。我說：「那你怎麼入涅槃？」他說：「我一念不生就入涅槃了。」我說：「你這個是我見還沒有斷。」不好意思罵他常見外道，因爲他很剛強。可能是那個麵攤老闆事前曾經私下告訴他：「這個人是蕭平實。」他是特地來遇上我的。我告訴他：「你這是沒有斷我見，自稱是阿羅漢，這不好。」然後就針對他的狀況提出一些問題來，講了有十幾分鐘，他不知如何回答與解釋。最後那位老兄怎麼說呢？他說：「你眞的很會講，我不跟你講了。」然後他轉頭走出門去，返身把玻璃門關好之時向我說：「我自己知道我是阿羅漢。」你說，這種人不正是聲聞人嗎？並不是說只有出家人中才會有聲聞人，在家人中一樣有許多聲聞人的，聲聞種姓的人遍於一切種類有情之中。那些誤會二乘菩提的所謂阿羅漢就先不談，就算眞的有阿羅漢來，也是聽不懂我在講的《勝鬘經》《維摩詰經》的。

這已經很分明地顯示三乘菩提的法，是有深廣淺狹的不同，而且所修證的內涵也是不一樣的。所以最後演說法華時　佛才會說明：施設羊車、鹿車等二乘法，目的都是要將大眾引入大白牛車大乘法中。意思是說：**羊車與鹿車是不究竟的，雖然我最後要給你的是大白牛車，但目前你能夠得到羊車、鹿車，那就是你的因緣。**等你證得二乘菩提了，然後再說明羊車與鹿車只是化城，還沒有到達究竟的解脫，只是方便施設的解脫。佛陀在《法華經》中講得這麼清楚，可是印順法師還在扭曲說：**大乘優，小乘劣，只是方便施設，其實都一樣。**所以印順是故意打迷糊仗，把三乘法義究竟與不究竟的焦點模糊了，然後就移花接木地接過來再接過去：桃子接李子，李子再接西瓜，西瓜再接菜瓜，就這樣亂接。接到最後，你都弄不清楚那到底是什麼了，那時你已經被他弄迷糊了，根本不懂他在講什麼，只好說：「**印順法師的證量太高了，我眞的不懂他的思想。**」由於無法測量而信受他了。但印順的法義其實經不起考驗，不必要有道種智，單憑般若實相智慧就足夠破斥他了。

所以說，三乘菩提的法義內涵與證境，是有淺深廣狹勝劣差別的。只有法界的實相才是平等平等的，而這個實相只有一個，沒有三個。問題是同樣的這一個實相，而阿羅漢與辟支佛都沒有證得。辟支佛可以藉由推理，從十因緣去推究，推到最後時：「名色從哪裡來？」於是就知道：一定是從另一個識中出生的。他們只能推到這裡，無法再往上推究了；因爲名色一定是從某一個識來出生的，只有心才能出生名色，不可能是由虛空出生名色。然而那個識在哪裡？辟支佛並不知道。名色會出生，一定是由另一個識來出生，不可能是由意識覺知心自己來出生名色，也不該是沒有另一個入胎識而會有名色、覺知心自己被出生。但辟支佛是藉由因緣觀的推理而推究出來，問題是那個不同於意識的入胎識在哪裡？他並不知道。如果知道了——實證了，他就不會再是辟支佛了，一定會迴心大乘而成爲菩薩。阿羅漢也是一樣，只是聽聞　佛陀說明涅槃中有本際不滅，稱爲如、我、實際、本際；由於相信涅槃中不是斷滅空而仍有如繼續存在，所以願意把蘊處界自己斷滅，滅盡自己以後就成爲無餘涅槃，不再有三界生死之苦了。可是無餘涅槃中的本際（如）究竟在哪裡，他仍然無所知；由於無所知的緣故，就無法生起般若智慧。因此，三乘法與證境都絕對不平等。

假使三乘法是平等的，佛就不會說：**如果佛弟子們的菩薩根性未熟，或者緣還不具足，你們雖然證得了這個如來藏的妙義，也不可以為他們說。**那些不可以為他們解說如來藏妙義的佛弟子包括誰呢？當然包括阿羅漢、辟支佛，可見三乘法是不平等的，怎麼會平等呢？眞實平等的，是從法界實相來看三乘法時才會是平等的，並且是絕對平等。但是三乘菩提絕對是有優劣高下的差別，否則《金剛經》為何要說「一切賢聖皆以無為法而有差別」？因此印順這個說法是不對的。

三乘菩提的實證，不論是在法義上以及在實證上，三者的果德受用都不相等。但是印順慣會移花接木，他接得多麼好！你看他剛才這一段的最後一句：「**此優彼劣就是相對法，非不二法。**」印順把世俗諦非不二法（蘊處界有及**生滅**等二法）套在般若的不二法上，主張說二乘世俗諦也是第一義諦不二法，要求大家不許分別三乘菩提的優劣，是移花接木的好手腕。如同銀樓所賣的紫磨金，店家主張說：「**紫磨金就是紫磨金，沒有第二類金屬可以說是紫磨金，所以紫磨金是不二法，沒有別的金屬可以取代紫磨金而主張說那個金屬是紫磨金。**」當大家都瞭解及承認這個主張以後，卻有另一個金屬店出來主張說：「**所有的金屬都是一樣的，沒有優劣；此優彼劣就是相對法，非不二法。**」表面上聽起來，也是不二法，但卻是用銅來取代紫磨金，說是不二法，不許別人分別他所賣的是否爲紫磨金，混淆了紫磨金與黃銅；假使你沒有智慧辨別，聽了他所說的：「**你既然分別紫磨金與黃銅的差別，那就是有二，非不二法了。**」就只能信受他了。

一般人若是讀了印順這一段話都會信他，你說印順厲害不厲害？他眞的很厲害！要是沒有兼具三乘菩提的實證智慧，你還眞破不了他，難免會因爲印順這一句話而相信他：「**對嘛！法法平等嘛！你說三乘菩提有優劣，那顯然就是不平等，那就不是不二法，你說的就跟不二法的法理相違背。**」你看！印順這麼一講，還眞是振振有辭呢！一般人還眞的辨不了他。可是實際上，三乘菩提有沒有差別？從實相上來看諸法時，當然是法法平等；但印順是從二乘菩提來看、來講，這與菩薩所證所修的大乘菩提智慧，絕對是不平等的。理由很簡單：

二乘法不是不二法，因爲二乘法講的緣起性空、諸法無常，是依蘊處界及物質等世間法才能存在的，所以是二法：緣起性空、諸法無常與蘊處界等法互相對待，所以緣起性空、諸法無常並非絕待之法，所以是二法。二法不能用來取代不二法，二法不等於不二法。而大乘法開悟時所證的實相如來藏卻不只是不二法，同時也是函蓋二法，並且不二法自己卻是不墮於二法中的；是出生了蘊處界、出生了緣起性空、出生了諸法無常，而祂自己不會落入蘊處界、緣起性空、諸法無常等法之中；也是在二乘聖人捨壽後滅除了蘊處界、滅除了緣起性空、滅除了諸法無常（入涅槃而灰身泯智）以後，實相心仍然是繼續存在的，是唯我獨尊的恆住、常住。世間、出世間一切法中，沒有一法可以與實相法界如來藏比擬或相待；而祂不對一切法起種種想或任何一種想，祂也可以獨自存在，不像二乘法緣起性空必須相待於蘊處界等法才能存在，這樣才是眞正的不二法，如此才是第一義諦。

二乘法的緣起性空、諸法無常，從來都是二法所攝的世俗諦，是依生滅性的蘊處界等世間法才能存在的法。若不依蘊處界等世間法，就不可能有緣起性空等二乘法存在，所以二乘法顯然是二法而非不二法，怎能用來取代不二的、與諸法不相待的、能單獨存在於無餘涅槃中的實相法如來藏？怎能用二乘的相待法來取代第一義諦大乘法，而要求大家不許分別三乘菩提的勝劣？印順竟然主張說：大家都不要分別三乘菩提的勝劣，否則就是二法，非不二法。這眞是移花接木以後再來顚倒黑白，學人若是沒有智慧，不知道他的移花接木手腕，就會被他假藉經中的**不二法**名相所瞞騙了。如今四大山頭的法師們不正是這樣被印順瞞騙了幾十年嗎？這是一切學佛人都必須深入加以思惟的。唯有深入思惟並且確定以後，看穿了印順的理論破綻及多層次的移花接木手法，才不會繼續被印順欺瞞而久修之後全然無功亦無德。

我們再來看印順接著是怎麼講的：【法法平等，是本來如此的。因爲法法本來如此，所以能證得此無優劣的平等性，就能實現常住涅槃。如有優劣，即有無常變化，即不是涅槃了。】從字句上來看，他講的都對。可是，請大家看我寫的楷書部分：「只有親證如來藏者才能說法法平等、本來如此，因爲涅槃是依如來藏獨住境界而施設的境界相，由此無境界的境界相來看待一切法與如來藏之間、來看待一切有情之間，方可說一切法平等。二乘無學愚人不證如來藏，故不能現觀常住性的涅槃本際，故不能如實現觀一切法與如來藏平等，亦不能現觀一切有情都平等，故彼所證涅槃並非常住涅槃，焉能與諸佛菩薩所證平等？」

只有親證如來藏的人，從如來藏自住的境界中來看待諸法時，才能主張說法法平等、本來如此；因爲涅槃是依如來藏獨住境界而施設的境界相，由此無境界的境界相來看待一切法與如來藏之間、來看待一切有情之間，才可以說一切法平等。菩薩又從如來藏出生諸法以後，在與諸法同時存在並支援諸法運作之時的無分別性，來說諸法平等，無二無別。這樣才能說是不二法、平等法。二乘無學聖人雖然不是凡夫，在勝義諦中卻仍然是愚人；他們因爲不證如來藏，所以不能現觀常住性的涅槃本際，所以沒有能力如實現觀一切法互相平等、與如來藏平等，也不能現觀一切有情都平等，所以他們所證的涅槃只是理論上常住，並不是如同菩薩一樣現前觀察涅槃的常住與不二。二乘聖人無法如同菩薩一樣地現觀法法平等，已經分明顯示二乘法並非不二法，也已經顯示二乘法並非法法平等的，印順怎能主張說二乘法與大乘法平等呢？怎能主張說二乘聖人所證境界與諸佛菩薩平等呢？

所以，法法的本來如此，是從轉依如來藏的立場來看待的，不能從現象界中的種種不平等法，硬要主張是平等的，那種說法是不能成立的。印順自己的問題，就是把從如來藏境界中所看的法法平等，套用到不平等的蘊處界及不平等的二乘法緣起性空上，來說法法平等。但是眾生不知道實相界與現象界是不能全面相互套用的：實相界如來藏的境界可以套用在現象界上面，現象界諸法卻不能套用在實相界如來藏上面。眾生不知道實相法界中的這個事實，只看到印順所寫、所說的字句在表面上似乎是合於般若經的，所以就信受了，這樣就被印順移花接木轉到二乘菩提去了，就跟著他把二乘菩提當作是成佛之道（不幸的是，他的二乘菩提仍然是錯誤的）。

印順講的成佛之道就是二乘菩提法，但這不是由他首創，他只是把宗喀巴的《菩提道次第廣論》抄一抄，把《廣論》後半部雙身法的止觀丟棄；也參考了日本佛學界一小撮人批判佛教的思想，然後整理成比較現代化的文字，就取名爲成佛之道；說穿了，印順其實只是文抄公而已，跟宗喀巴一樣是文抄公。宗喀巴是東抄西掠，然後集合起來編輯之後，就成爲《菩提道次第廣論、密宗道次第廣論》了；其實自己並沒有實證，也都沒有自己的見地，都只是抄來別人的文字而整理一下，然後就印出來流通了。印順法師何嘗不然，他主要還是從宗喀巴的著作中去複製宗喀巴的思想而寫出來，於是《成佛之道、妙雲集》等六識論邪思就成爲印順所弘揚的成佛之道了。

可是那其實不能使人成佛、成阿羅漢，連成爲須陀洹都不可能，因爲印順把解脫之道都講錯了，所以印順自己也不可能成爲初果人。可是印順死前卻縱容潘煊把他的傳記副書名題爲《看見佛陀在人間》，意思是說他已經成佛了。這是用暗示性的手法在說明：「**你們都應該信受我印順說的法義。**」因爲那一本傳記，印順還幫潘煊改正錯別字，可見這個副書名有可能是他授意的，至少是他所同意的。那是不是印順在暗示說「佛說法錯了」？因爲 佛說當來下生是 彌勒尊佛，怎麼印順倒先成佛了？而且印順的書中所說法義，也與 世尊在經中所說相反，印順是認定意識常住不滅的。

因此，法法平等是從無餘涅槃中的本際境界來看時，才能說是法法平等；而涅槃中的本際是如來藏，是意根及六識以外的另一個識，祂對一切法平等。祂對色陰是如此，對識陰也如此，對受想行三陰也是如此，對待一切心所法、對待一切種子、對待一切有情、對待山河大地，祂從來都是平等的；該怎麼樣時祂就怎麼樣，祂從來沒有自己的主觀。這樣從祂的立場來看一切法時，才能說是法法平等。印順等人由意識的立場來看待一切法時，不可能法法平等的，因爲意識是分別性的心，所以不可能看見法法平等。

實相心如來藏對待自己所執持的業種，從來都是平等心去看待，祂不會說：**這個業種是惡業種，現在要受報了，把它延後；一直無限期延下去好了，善業種子先來報。惡業種子可以丟棄，才不會受苦。**祂不會這樣，該報就報，祂很平等，只有祂才是眞正的法法平等。但是由於這個實相法界的親證很困難，所以 佛陀施設了三乘菩提差別，先幫眾生實證涅槃。有許多人實證涅槃以後，眾生對 佛就有信心了——**出三界是可能的，佛陀沒有欺騙我們。**由於阿羅漢們的親證而生信，所以眾生對 佛陀生起了信心，就相信佛說的法，相信自己將來也有希望可以成佛，並且可以用人身來成佛。

所以二乘菩提的法道以及果證，都只是 世尊弘法上的方便施設而已；是因爲五濁惡世的眾生根性差，使得 世尊必須如此施設。其實本意都是要把眾生引入成佛之道中，想要方便引導眾生走上佛菩提道，後來才會告訴大家：**證得二乘涅槃，就像是一個化城。**這是經中明說的道理，但是印順竟然也能把它移花接木。印順這麼說：所以三車，等到他們出來的時候，給他們的都是大白牛車，所以二乘就是大乘。然後，對於後面的化城喻，印順就不談了，讓你感覺到說他講的確實有道理，因爲經中的文字確實如此，只是意思與印順所講的不同。但這是斷句取義，只斷取其中一句來說，其他後面幾句都不談，避免顯示有所不同。所以印順的手法確實高明，比古印度的應成派中觀祖師們絕不遜色，而且猶有過之，所以印順確實很厲害。

再來看印順接著怎麼說：【由於一切法的本來平等，所以能證的「智慧」也就平「等」，稱爲平等大慧。平等有普遍的意思，智慧達一切法平等，遍一切法而轉，所以有平等智。】諸位看看，印順這樣說的目的是什麼，這就昭然分明了；印順的目的是要讓你感覺：其實三乘菩提的智慧是平等的、一樣的、沒有差別，所以諸佛所證的智慧跟阿羅漢所證的智慧是一樣的。印順想要讓大家誤以爲 佛與阿羅漢的智慧、證境完全相同，這就是他的目的。

我們來看楷書的第三點，我對印順的評斷：「二乘無學愚人所證的智慧，不能遍於一切法中，反而滅盡一切法而說一切聖人若入無餘涅槃時悉皆平等，是滅盡萬法後的平等空無、平等斷滅，並不是遍於一切法中平等的，所以二乘無學聖人無平等智可說。」

當你們證得如來藏之後，再來看二乘人的智慧與你的智慧到底平等不平等，這樣現前比對就很清楚了。二乘人所證的菩提是要把自己滅盡的，滅盡自己以後成為無餘涅槃，無餘涅槃中沒有六根、六塵與六識，一切法都滅盡了。請問：**一切法都滅盡了以後，二乘聖人已經都不在了，能說是平等嗎？**平等，是一定要有兩個法同時存在，而他們是不分上下的，才可以說是平等。譬如你手上有一千萬美元，我手上也有一千萬美元，我們可以說是平等的。譬如，兩個人各自所有的一千萬美元鈔票，有一天突然都同樣燒光了，這樣來說平等，或許還有一點道理；然而印順說的是，當兩個人都被燒死了，還說這兩個不存在的「人」是平等的。這樣有道理嗎？

如今印順的意思是說：「**你死了，我也死了，我們都死光了，所以平等。**」等於是這個意思。但是斷滅空，可以叫作平等嗎？無法就是無法，斷滅就是斷滅，沒有一法存在時還有什麼可以互相比較而說是平等？所以印順的邏輯有很大的問題存在，可是一般人看到印順文字表面的意思，往往會相信；因為他所講的與佛法好像一樣，跟般若經中講的似乎沒有差別，淺學者就信了；這一信，就跟著他開始偏差了。所以眞正的平等，必須是還在人間，也有兩個法同時存在，才可以互相比較平等，所以印順是濫用平等二字。

諸法平等是菩薩的現觀，不是阿羅漢與辟支佛的現觀，因為阿羅漢與辟支佛的涅槃現觀是五蘊斷滅空，不能說是平等。但是，菩薩證得如來藏，可以現見如來藏是遍一切法，也是遍於四種涅槃中；所以菩薩於一切法功能差別中，也就是於一切法界當中看到如來藏是普遍存在的，不曾離開任何一個法界。從十方有情法界來看也是如此，從個人五陰中的一切法界來看也是如此，所以菩薩可以說法法平等。但二乘法是斷我見之後進斷我執，然後捨報而全部不存在了，怎能有平等可說？所以印順所說的平等是錯誤的。

然後，印順又把這個平等，把轉依如來藏以後現觀的法法平等、遍一切法界的平等，套用在互不平等的三乘菩提上面而說是平等的。而印順這個說法是很不平等的，因爲明明是不平等的法，印順硬要說成平等，那就是眞不平等。明明大乘是黃金，二乘法中一個是黃銅，一個是白銀，印順卻要說這三個是平等的。那白銀（辟支佛）面對黃銅（阿羅漢）的時候，可要大呼冤枉了！如果是黃金（大乘）面對黃銅呢？是否要自己生悶氣呢？但是如果從眞實義來說：這黃金、白銀、黃銅都有金屬性，所以從金屬性才能說是平等的。這樣它們三個就都沒話講了，應當如此。但這卻是菩薩所證的法法平等，是從金屬的屬性來說的（是從藉如來藏都能出三界來說的），卻不是落在三種金屬不同的類別（佛法三乘智慧互不相同的實質）裡面來說的。

可是印順慣會移花接木，所以大家被他矇騙了都不知道；而我們知道了，這就有義務把它揭發出來，讓大家看清楚：三乘的法義差別究竟在哪裡。這是非常重要的。因此印順所說的三乘涅槃的平等、三乘法義的平等，絕對是錯誤的。以印順未斷我見的智慧想要通達一切法平等，其實達不到；因爲印順所謂的解脫道——成佛之道，都只在現象界的蘊處界法中，從來沒有觸及法界的實相。印順的《妙雲集》《華雨集》《如來藏之研究》……等，四十一冊書中，從來不曾碰觸到法界的實相，也從來不曾探究蘊處界是從哪裡來的，只把蘊處界等現象法的緣起性空當作就是實相。

可是，蘊處界究竟是從哪裡來的？既然要說緣起，總不能無因無緣而生起。名色是從哪裡來的？佛在阿含的十因緣中講得很清楚：名色是從識來，這個識是入胎識。出生名色的識，總不能是名色中的意識吧！不可能由意識來出生色陰吧！也不可能由意識來出生「名」所攝的被生的意識自己吧！那豈不是顚倒見嗎？既然是如此，當然是以出生名色的入胎識，是以不含攝在「名」等六識中的另一個識，來作爲名色的本源、萬法的本源，這才是法界的實相。而印順所說的法，都是本識如來藏所生的名色的範圍之內，從這個名色的緣起而性空來說是實相，從來不曾涉及實相法界，那與實相根本就不曾相干、不曾相觸，根本就達不到實相的境界。

印順那一種智慧，假定是沒有差錯而是正確的，終究不過是二乘解脫道的智慧而已，終究不能夠觸及到法界的實相；何況印順的二乘解脫道智慧又是錯誤的，因爲緣起性空的道理是依名色而來的，但這是入胎識出生了名色以後才存在的現象，並不是法界的實相。而緣起性空二乘法所依的名色是從入胎識來的，入胎識才是緣起的眞實相。斷盡思惑以後，名色滅除而入涅槃時，入胎識仍然存在，祂才是涅槃的本際；有了這種涅槃的智慧以後，才能稱爲法法平等。可是問題來了，阿羅漢與辟支佛從來不曾觸及萬法實相的入胎識，從來不懂無餘涅槃中的實相境界，他們的智慧怎麼會跟菩薩的智慧平等一味呢？由此可見，印順對三乘菩提的理解，是錯得很離譜的。

接下來再看印順怎麼說：【以此平等大慧，斷一切煩惱過失，得大解脫自在，所以「解脫」也是平「等」的。】印順在前面說的三乘法平等的施設，當你信了以後，印順就可以一直延伸下去，讀者就絕對會完全相信他了，這就是印順的高招。請看補充資料楷書第四的部分，我是如此評斷的：「關於平等解脫，亦非二乘聖人所知，謂彼等的解脫不是大自在，所以仍須依佛而住；佛若入涅槃，彼等即不再來受生而入無餘涅槃，不能如菩薩在佛滅度後繼續受生十方三界中利樂有情。而且菩薩現觀一切人若入無餘涅槃時，其涅槃境界平等平等，已現觀無餘涅槃中同皆無一切法故，此非二乘聖人所能現觀，故說二乘無學所證的解脫並不是眞平等。」

印順說「二乘聖人所證的，是大解脫的自在」，眞的是大解脫嗎？如果是大解脫的自在，他們就不用害怕發願再來受生度眾了；他們正因爲對生死苦有恐懼，所以才要入無餘涅槃，顯然不是大解脫而且不自在。阿羅漢是對生死有恐懼，所以成爲阿羅漢以後還希望能依 佛而住。如果 佛陀不在人間，他們往往是一天也待不了，所以有很多阿羅漢在 佛面前懇求先取涅槃，除非是無法提前入涅槃的慧解脫阿羅漢。有許多俱解脫阿羅漢們，在別的地方聽人家傳話過來說「佛陀幾天前已經取滅度了」，他們才剛聽完，就隨即示現十八變，然後就取涅槃了；就這樣一個個隨即入涅槃，剩下的可能不到一半；這剩下的一半阿羅漢中，大多是慧解脫者，無法提前入涅槃。

這樣的阿羅漢，你能說他們沒有恐怖嗎？他們已得到大解脫、大自在嗎？所以他們是有恐怖的，印順卻故意拉抬二乘聖人。而勝鬘夫人說他們有恐怖，一點都沒有冤枉他們。然後回頭來檢查菩薩們所證的解脫，你能從任何經典中看到有一位菩薩說：「佛入涅槃了，所以我也要入涅槃。」有沒有呢？連一位都沒有，他們都依照 佛的吩咐，繼續精勤努力住持正法於人間；不管色身多麼痛苦，也不管 佛陀入滅後心中有多麼難過，都要留下來繼續把佛法挑起來，這才是菩薩呀！但菩薩爲什麼能這樣？爲什麼菩薩不會想要逃避生死？這是因爲菩薩證得如來藏以後，現前觀察到：入涅槃只是把自己滅了以後成爲無餘涅槃，可是無餘涅槃中仍然是如來藏的獨住境界，只是如來藏不再出生蘊處界而建立爲無餘涅槃而已。然而自己存在的生死痛苦之中，自己的如來藏仍然是涅槃的；這又何妨自己辛苦一點，承擔起如來的家業。這樣才能說是大解脫的自在，這是定性二乘聖人永遠無法實證的。

如是，凡夫不證無餘涅槃，是因爲他不知道入涅槃是什麼；當他知道入無餘涅槃是十八界斷滅，是自己滅失而不再存在了，就不想證了。可是雖然凡夫們不想證涅槃，菩薩卻看一切凡夫都是本來就已涅槃。所以，菩薩即使自身還沒有離開胎昧，下一輩子再來而使色身及覺知心全都換新了，不再是這一世的自己了，那時佛菩提的證量也都因爲胎昧而忘光了，但是仍然認爲還是可以自己再悟出來，只要正確的佛法還在人間繼續弘傳著。這樣現觀以後，心想：「我怕什麼！本來就涅槃，涅槃永遠存在，何必害怕？假使下輩子悟不出來，三輩子、十輩子以後，總還是有機會悟出來的。既然悟過了，不可能都沒有因緣再度悟入。如果十輩子以後，有一次機會再悟入，那又可以前進很遠。就算是三輩子都因胎昧而忘了此世的所悟，然後其中一世能夠悟入；這樣一世一世不斷的在這裡受生下去，成佛也是很快的。」這樣想清楚了，就願意承擔起如來的家業了。

何況菩薩的證量，到了三地滿心開始就沒有胎昧了，並不是永遠都有胎昧的。菩薩這樣看待未來世，就不必害怕了。因爲現前就是涅槃了，何必再去取無餘涅槃？既然如此，在未離胎昧以前，心中還是沒有恐懼，那才是大解脫自在。二乘聖人如果不是害怕未來世的生死苦，那他們爲什麼死後一定要取無餘涅槃？正因爲沒有眞實解脫，沒有眞實自在。所以印順所講的「二乘聖人是大解脫自在」是錯誤的。但是他的字面上意思卻是正確的，因爲他有一個前提施設「三乘菩提是一樣的」。所以你跟印順論法時，如果不先談前提，他還是會堅持他所講的沒錯：「難道菩薩不是大解脫自在嗎？而菩薩所證的佛菩提就是解脫道。」你聽了，沒發覺他的落處，心想：「對啊！」他就有話了：「那你怎麼還來責備我？」所以你一定要把印順的錯誤前提先點出來，他才沒有辦法反駁你，因爲他會以錯誤的前提反駁你。

我們再來看印順這一段文字中的第五點部分：【約智證離垢所顯的「清淨」法界說，雖隨智而似有分滿，而實本性清淨，也是平「等」的。】印順仍然是把般若經所說的平等理，套用到聲聞的解脫道上來。我們來看楷書的第五點，我是怎麼評論他：「印順說的『約智證離垢所顯的「清淨」法界說』，這一句話是有問題的。二乘無學聖人所證的清淨，是意識心的清淨，並不是印順所說的『本性清淨』，而是本來染污的心，後來修斷我見、我執、我所執，才轉變成清淨的。只有佛菩薩所證的如來藏心體才是本性清淨的。如果二乘法也是共此一證，同樣都是證這個如來藏的本性清淨，不是由不淨修成清淨的，才可以說所證的清淨性是平等的。」

二乘聖人所謂的清淨心是意識心，這其實並非本來清淨的，而且是成就四果以後仍然有時不淨，所以才會有畢陵尚慢、大迦葉聞樂起舞、難陀比丘先顧女眾……等習氣的繼續現行。縱使意識心在成佛時可以究竟清淨，那已經不是本來清淨的了。而菩薩所證的清淨心，卻是無始劫以前就已經是清淨的，是本來清淨而不是修行以後才轉變成清淨的。三乘賢聖所證的清淨心既然完全不同，因此實證產生的智慧當然也就隨之不同；所以印順所說的二乘聖人所證「智證離垢所顯的清淨法界」是本來不淨的意識心，漸修以後有了不同層次的清淨性，不是一切人同等清淨性的心；而菩薩所證的「智證離垢所顯的清淨法界」並非本來不淨的意識心，而是本來清淨的實相法界如來藏心，是一切人都同等清淨的心。由此而使二乘的智證與清淨法界只能存在於蘊處界等現象界中，而菩薩的智證與清淨法界則是兼含實相法界的；顯然菩薩的所證是函蓋二乘法，而二乘法不能函蓋大乘法。這樣看來，印順眞的不能妄說三乘聖人的智證與清淨法界是平等的。

所以，三乘聖人所證的清淨心顯然是不同的，菩薩所證的清淨心是第八識，而且是本來就清淨性的心；二乘聖人所證的清淨心則是第六意識，是本來不淨而在修行斷盡我執以後才算少分清淨，仍有煩惱習氣待盡；而且二乘聖人捨報後要滅掉自己本來不淨而變成清淨的意識心，而菩薩永遠不會捨棄自己本來就清淨的如來藏心。既然是捨報後必須要滅掉的，那個會被滅掉的意識心又是本來不淨、後來才清淨的，怎能說祂是本性清淨心呢？所以印順的說法顯然是錯誤的。

也許有人懷疑說：「**這是你的一家之言，事實上不一定如此。**」那不然我們就從阿含道來證明一下吧！譬如阿含道中所說的**心解脫**，是斷我見加上發起初禪，離生喜樂現行了，離開了欲界生，所以成爲三果人，這樣才稱爲**心解脫**。請問：斷我見、證得初禪而離開欲界，成就五下分結的斷除，這個**心解脫**是哪個心呢？其實還是意識心。如果從三果這個心解脫來進一步觀行，有漏（有漏就是對色界有及無色界有在解脫果上的漏失）能夠斷除了，然後五上分結（主要是無明漏）也斷盡了，就成爲慧解脫了。雖然只有初禪，是從見地及初禪，在**心解脫**的三果基礎上面，再去斷有漏、無明漏，然後成爲慧解脫。這個慧解脫，請問是什麼心？還是意識心。

從三果證得的**心解脫**，四果證得的**慧解脫**，乃至證得**俱解脫**，請問能證、所證的意識心是本來清淨的心嗎？當然是本來染污的心，是本來就具足我見、具足貪瞋癡的心，並不是本性清淨心。可是印順卻把如來藏的本性清淨心，套到本來不淨的意識心上來，說是本性清淨。假使單從印順的文字表面上義理來讀，會與般若諸經中說的本性清淨心互相聯結而認爲是說同一個心，那麼印順所說似乎就變成是正確的，怪不得以前有那麼多人相信印順。但我們一一把它挑出來，作了詳細的說明以後，要讓印順派的大師與學人們都知道：印順對大乘經的註解可以用四個字來形容他——**一無是處**。眞的一無是處，因爲印順的中心思想偏離了正法，其餘次法就全部跟著偏離；乃至他們極力以解脫道來取代佛菩提道時，所說解脫道都一樣是錯誤的。

再來看印順這一段註解中的第六個部分：【智慧等是**般若德**，解脫等是**解脫德**，清淨等是**法身德**。】印順這三句話是註解這三句經文：「智慧等故得涅槃，解脫等故得涅槃，清淨等故得涅槃。」印順的註解到底有沒有正確？請看楷書第六點，我這樣評斷印順：「二乘人的智慧只是世俗諦的智慧，只知蘊處界的緣起性空、無常、可滅，不證法界實相，故不知萬法悉由如來藏出生及壞滅，故無般若慧，焉得說有般若德？法身德不是指修行後的清淨心境界，而是指萬法本源的如來藏，萬法都是以如來藏爲身，故名法身，二乘

無學愚人不證如來藏，焉知萬法都由如來藏起？焉知萬法都以如來藏爲身？故無法身德。是故三德不可以二乘緣起性空的世俗諦而解脫也！」

所以說，二乘人的智慧只是世俗諦的智慧，只知蘊處界的緣起性空、無常、可滅；二乘緣起性空法義所觀行的對象，都是世俗界的蘊處界及山河大地等法，從來不曾涉及法界實相，所以不知萬法都由如來藏出生，也不知道萬法是由如來藏來壞滅，所以二乘聖者沒有實相般若智慧，怎能說二乘聖人也有**般若德**？所以印順把三乘揉合爲聲聞乘，說唯一佛乘就是聲聞解脫道，說實證解脫道的智慧就是般若德，根本就是妄說，是欺誑佛教界學人。

至於**法身德**，也不是指修行清淨以後的意識清淨心境界，而是指萬法本源的如來藏。由於萬法都以如來藏爲身，如來藏才能名爲法身。意識心，眾所週知都是夜夜斷滅的，在聖教量中也處處證明爲生滅法；既是生滅法，意識當然不可能出生蘊處界等諸法，怎有可能是法身呢？所以法身當然是能出生蘊處界等萬法的心，那就是入胎識如來藏。法身既是如來藏入胎識，而二乘無學聖人都仍有實相上的愚癡，因爲都還不能證得如來藏，都還不懂實相所以名爲愚人，又怎能了知及現觀萬法都由如來藏生起呢？那又怎能知道萬法都以如來藏爲身呢？當然沒有法身德。所以印順不應該把大乘三德套在二乘緣起性空的世俗諦智慧上，來說二乘聖人也有法身德。

至於**解脫德**，二乘聖人固然有解脫德，但他們的解脫德也只是極少分，不如諸地菩薩有多分解脫德，更別說是佛地具足解脫德了。因爲無量無數煩惱障所攝的習氣種子，他們都還沒有開始斷除。煩惱障習氣種子的斷除，是要歷經三大阿僧祇劫的修行才能斷盡的；至少要從初地開始，歷經二大阿僧祇劫才能斷盡的。然而精進的利根人修阿羅漢道，只是斷除煩惱障的現行，不必斷除習氣種子，只要一世便可以成就；最遲鈍的阿羅漢道修行者，最多只需四生便可以成就。可是一世或四生的精進實修而只斷除煩惱障的現行，相對於二大阿僧祇劫的精進斷除煩惱障習氣種子，能夠相提並論嗎？所以，到達佛地時，習氣種子隨眠究竟斷盡了，那個解脫德才算圓滿；阿羅漢一世到四生所斷的煩惱只是現行而已，不曾斷習氣種子。既然過恆河沙數的習氣種子並沒有斷，解脫德能具足嗎？顯然是很差的。所以二乘聖人雖然有解脫德，解脫德也是不圓滿而只有極少分。所以，印順說：「**清淨等是法身德。**」顯然是有過失的，因爲二乘聖人的清淨，只是在現行上來說罷了，並沒有牽涉到習氣種子的斷除，是連初地菩薩都及不上的。

而**般若德**，二乘聖人是完全沒有的，因爲般若所說的實相境界、中道境界，都是依第八識的無量數中道義來說的，都是依第八識是萬法根源的實相來說般若；是以第八識的無量中道義來現觀蘊處界的緣起性空、來現觀萬法的緣起性空，而說這樣的智慧叫作般若德。可是如果沒有證得如來藏，絕不可能發起這種現觀智慧的，他們如何能有般若德呢？

至於**法身德**，那就更不必談了。也就是說，諸法從何處生起，這個生起諸法的最終心才能叫作法身；而且諸法生起之後是依哪一個法爲因而散壞的？諸法總不能無緣無故自己散壞吧？假使能無緣無故散壞，那就應該有許多人出生才不過十歲，今晚睡著了明天就死掉了！並且也應該成爲一個或然率，不必有病，一千個小孩子中，可能一百個人、可能三百個人，不到十歲時就自然死掉了，不能像一般人活到七、八十歲。可是爲什麼多數孩子都不死，一定要被傳染重病或是災難橫禍時才會死？而一般人爲什麼大多是活到六七十歲、八九十歲然後才死？爲什麼不是大多活到三百、四百歲才死？假使沒有一個背後的原因，那就應該完全是或然率了，就該有人於現代可以活到千歲、萬歲才死。

所以很顯然：諸法的生起以及變異和壞滅，一定都有背後的原因，那原因就是業種、異熟果報。而這個異熟果報所依據的業種，究竟是誰執持而來實現它？有這些業種的實現才能成就異熟果報，而業種一定是由一個萬法所依身來執持著。那個萬法所依身是什麼？正是如來藏。所以必須要實證了這個萬法所依身，才能夠稱爲證得法身的人。證得法身的人，才有能力瞭解法身的狀況，才有能力現觀諸法由背後這個第八識心出生、變異以及散壞；能這樣現觀的人，才能說他有**法身德**。然而阿羅漢的修證根本就不必觸證這個法身，辟支佛的修證也不必觸證這個法身，他們哪來的**法身德**呢？所以印順認爲**意識心**修行清淨了就有**法身德**的說法，是絕對不正確的。

辨正完印順對上面這段經文的錯誤註解以後，再回到這段經文來說：「**法無優劣故得涅槃**」。請問：**所有四聖法界的有情，如果都進入無餘涅槃以後，在無餘涅槃中，會不會有某一類聖人特別多了某一個法出來？**不會的，一樣都是名色俱滅，一樣都是十八界五陰全部滅盡了。所以在無餘涅槃中都是平等的，這道理是絕對正確的。

印順假使是依經而說涅槃平等，絕對不會有錯；問題是印順說的涅槃全都是自己想像的涅槃，不是依經中所說涅槃中的本際獨存，不是依經中所說如來藏獨住而施設無餘涅槃，於是成爲想像中的涅槃。縱使印順如同二乘無學聖人親證了有餘及無餘涅槃，仍然是無法與菩薩平等的；因爲菩薩能證二乘聖人所證的二種涅槃而不取證，但是二乘聖人卻完全不知道菩薩所證的本來性淨涅槃，所以二乘聖人所證的涅槃是永遠無法與菩薩平等的。只有證得無優劣的法——涅槃中的本際——如來藏獨住的本來涅槃境界，才能夠說他確實親證菩薩的平等涅槃了。

「**法無優劣故得涅槃**」，哪一個法是無優劣的？是如來藏！上自諸佛，中及諸菩薩、阿羅漢、辟支佛，下及地獄有情，一切螞蟻、細菌，所有有情的如來藏都是平等的；將來這些有情若是進入無餘涅槃以後，也都是平等的，這樣才有資格說「法無優劣」。只有證得這個無優無劣的法以後，才能夠說法無優劣。可是，阿羅漢、辟支佛有證這個法嗎？他們都沒有證得這個法，所以說他們所證的法是有優劣的，因此他們無法與菩薩對談實相般若，只能對談解脫道。因此有些阿羅漢說：「**我是斷我執、我慢的，所以我捨壽能入無餘涅槃，而你們眾生是沒有斷我見、我執的，你們不能入無餘涅槃。」這明明是有優劣的。如果他說：「我們所有人都證得無餘涅槃以後，不就都沒有優劣了嗎？」那我倒要請問他們：「請問大阿羅漢！你有證無餘涅槃嗎？入無餘涅槃以後，你究竟在哪裡？」這一問，他們搔搔後腦勺，不知該怎麼答了，因爲他們確實不知道該如何答。

他們斷了我執以後，入了無餘涅槃，自己已經不存在了，根本不知道無餘涅槃裡面是怎麼回事，怎能說有證得涅槃？所以，「說二乘聖人證涅槃」，是 佛施設的方便說。也許有人說：「他沒有捨報之前還在呀！就可以證涅槃呀！」但問題是，無餘涅槃裡面是什麼？是法身，正是如來藏。而他還沒有觸證到如來藏，因此他入涅槃前並不知道涅槃裡面是什麼，所以他根本沒有證涅槃；當他捨報入了涅槃以後，他又不在了，也無法證了，所以從頭到尾都不曾實證涅槃。

那一些印順派的學術研究者，最痛恨我講這一句話；心中氣得要命，可是想要寫書來評破時又沒辦法寫；我知道一定有好多人想寫，問題是寫了幾頁以後都只好揉掉、丟進字紙簍；都沒有辦法寫出完整的一節，何況能寫完一章或一書。我說這些話並不是狂言，都只是說老實話；因爲我心中沒有絲毫的狂，我也很清楚知道他們在幹什麼、想什麼。因爲他們大多是聲聞人，而他們最希望的是我會主動去找他們對談，然後在〈正覺電子報〉上把他們登出來，提升了他們的學術地位，但是不要期待我會這樣作。如果將來會這樣作，就只有一個情況：我們以後如果有機會對外舉辦印順思想研討會，將會廣發邀請函給他們，請他們來踢館。我把話說在前頭。但是將來不一定會再辦研討會，因爲會外人不能接受眞正的學術辨正，也沒有能力發言。只有實證者才有能力在眞正的佛學學術會議中發言以及討論，若是要依會外一般的學術研討會水準與內容來辦，那只是學術大拜拜，互相吹捧、各取所需，言不及義；吃喝閑聊幾天以後就散了，沒有意義可言。

所以說，只有平等的法已經親證了，才能夠說那是眞正的證涅槃。可是阿羅漢所證的法明明不是平等法，因爲他們捨報後是要滅掉的，他們所證的是名色的緣起性空，是名色對自己沒有絲毫的貪愛、沒有絲毫的執著。包括名色對自己的心所法貪著，也是另一種我所的貪著；由於對這種內我所也沒有絲毫的執著，所以他們捨報後是要滅掉自己的。可是滅掉自己以後，他們已經不在了、空無了，怎能說是無優劣的法呢？

接著經文說「智慧等故得涅槃」。阿羅漢的智慧與佛的智慧相等嗎？辟支佛的智慧與 佛的智慧相等嗎？說句老實話，差太遠了！只能夠用禪師們的一句老生常譚來講：天地懸隔。且不說佛的智慧跟他們的智慧，光說一個七住位的開悟禪師就好，他的智慧就已經不等於阿羅漢了。不然我們舉個現成的公案來說好了，譬如說阿羅漢迴小向大，成爲大乘法中的學人了，有一天來向禪師請問：「如何是法身？」或者有人問：「如何是祖師西來意？」也有人問：「如何是佛法大意？」祖師可能回答說：「你別問我！」阿羅漢說：「學人就是要來求智慧的，爲什麼教我不問？」祖師或許回答他說：「天地懸隔！」一般人聽了一定會說：「你這個禪師眞夠苛刻的，我學人賣了衣單作盤纏，才能跋涉千里來到這裡，你竟然不肯接引我！」責備禪師了。這禪師就罵：「去！你不懂我的意思。」把阿羅漢給趕出去了。也許等到緣熟了，阿羅漢遇到了一個行家，他又問：「如何是祖師西來意？」對方答道：「天地懸隔！」阿羅漢就悟了。這位剛悟底阿羅漢或許又問：「那位禪師爲什麼對我推辭說『你別問我』？」這位行家卻責備阿羅漢：「他恁麼老婆，你還不會？」這時剛悟不久的阿羅漢，終於才知道前一位禪師的老婆處，才終於願意迴心大乘成為實義菩薩。請問：**這樣的阿羅漢、辟支佛，悟在哪裡？他們證得法身時是從什麼地方證？**

你們悟後都已經知道其中的緣由，聽懂了我的弦外之音；可是未悟的阿羅漢、辟支佛們，來到這位只有七住位的開悟禪師面前，就沒有開口的餘地了；那你說，三乘聖者的智慧到底平等不平等？當然是不平等的！因為這位開悟禪師有法身德，也有般若德，他只說一些話，其中的言外之意卻可以使人開悟般若。其餘的阿羅漢、辟支佛來到他面前，同樣用這些言外之意，卻還是悟不了，你說智慧能平等嗎？不等呀！可是從這個七住位的開悟禪師來看卻本來平等。為何是平等？因為所證的法平等。所以假使阿羅漢、辟支佛緣熟了，禪師照樣為他們講「天地懸隔」或「你別問我」，他們也會悟入同樣的實相智慧，因為悟時所證的法都是平等法。在這位開悟祖師身上是如此，在迴小向大的阿羅漢與辟支佛身上也是如此；這個法是平等的，是無優劣的，才可以說將來依這個法而證悟以後，所得的智慧是平等的：因為智慧平等，所以菩薩得涅槃，這樣的涅槃才是平等的。

再來說「**解脫等故得涅槃**」：解脫，三乘聖人所證是不相同的。阿羅漢所證的解脫與眾生不平等，但是菩薩從自己所證的解脫，卻說與一切眾生平等。譬如阿羅漢斷我見、我執，他的智慧是從五陰的內容去詳細觀行瞭解，一一了知，然後從五陰的苦集滅道（從每一陰的苦集滅道）去詳細現觀，所得的智慧是斷我見、斷我執。是我見與我執斷了以後，入了無餘涅槃是五蘊斷滅後的空，斷滅後的空就不能說是平等；必須是從菩薩所見的五陰滅後本際獨存來說，才是平等的。二乘聖者在沒有入無餘涅槃之前，也是不平等的，因爲所證的法是有優劣的法：已斷或未斷我執。從阿羅漢的立場來看：「**我有斷我見、斷我執，你們眾生沒有，所以解脫是不平等的；你們沒有解脫，我們二乘聖人有解脫。**」所以解脫並不平等。可是菩薩證悟以後，因爲所證的是無優劣的法，所以悟後看自己是本來解脫，看眾生乃至螞蟻、糞坑裡的蛆也都是本來解脫，所以看見一切眾生的解脫都是本來平等的；在大乘法中，正是因爲這樣平等的解脫，才能夠叫作得涅槃。阿羅漢所得的解脫是不平等的，怎能夠說有得涅槃呢？所以二乘聖人有得涅槃，是方便說。

勝鬘夫人又說：「**清淨等故得涅槃。**」阿羅漢所證的清淨是覺知心的清淨，這個清淨能跟眾生平等嗎？不可能！因爲眾生的覺知心若不是貪，就是瞋；若不是瞋，就是癡；若不是少分貪瞋癡，就是貪瞋癡具足，從來是不清淨的。而阿羅漢經由最初的修行斷我見，進而發起初禪而成爲心解脫；乃至再修觀行，把有漏與無明漏斷除了，成爲慧解脫；乃至加修四禪八定，加修三明而成爲俱解脫的三明六通大阿羅漢以後，他的覺知心才變成清淨的。然而他這個清淨心跟眾生的清淨心是不平等的，因爲眾生的清淨心是屬於世間法的清淨：**我不貪別人的錢財等等**；可是終究沒有斷我見與我執。由於是從意識心來看待清淨或不清淨，所以有層次差別而不平等。

如果從菩薩來看，眾生都各有如來藏清淨心，阿羅漢也有，辟支佛也有，菩薩從如來藏來看，都一樣的清淨；因爲所有有情的如來藏，從來都是眞實而如如的本性清淨；所有有情的如來藏不斷現行運作時，從來不曾與貪瞋癡相應，那當然是本性清淨心。如來藏對任何一法都不曾起過一個念頭，不曾想要去貪、去瞋或者在愚癡中行，這是清淨的。菩薩看眾生的如來藏都是這樣，看諸佛也都是這樣，看阿羅漢、辟支佛們也都一樣，都是以如來藏心來觀待的。可是阿羅漢們所看的清淨心卻是：他自己覺知心是清淨的，眾生們的覺知心是不淨的。由此顯示，阿羅漢的清淨是不等的，當然不是眞實涅槃。

可是菩薩看待一切有情的如來藏，上從四聖、下及六凡，全部都是平等的清淨性，於六塵中都不會起貪、起瞋或者起無明；證得這樣完全平等的清淨，才能在大乘法中叫作得涅槃。很多人都不瞭解這個道理，而這個道理在每天早上課誦《心經》時，都早已開示過了。《心經》，大家背得滾瓜爛熟，裡面明明告訴你：沒有無明、沒有無明可盡、無智亦無得。那才是眞正的清淨平等。這樣實證「無無明、亦無無明盡，無智亦無得」的人，才能夠在大乘法中說他是已經證得涅槃的。所以我們說阿羅漢沒有得涅槃，說他們的得涅槃只是 佛陀的方便說，是方便攝受他們，也是方便攝受眾生。

我們絕對沒有冤枉到二乘聖人，所以我們會這樣說，所以 佛陀也這樣說：**二乘聖人是聖人而非凡夫，然而在大乘法中仍然是愚人，因爲愚於法界實相**。只有證悟底菩薩非凡亦非愚。所以才會說阿羅漢（假使今天還有阿羅漢、辟支佛，我仍然是這樣公開講）：**他們來到我面前，還是沒有講話的餘地**。這不是爲了炫耀，而是爲了顯示佛菩提道的殊勝，表顯佛菩提道的勝妙廣大，使大眾都欣樂大乘佛菩提道，這樣才是眞正在崇隆佛法、紹隆佛種，不是單只崇隆聲聞羅漢法。

就像我剛剛舉的例子，阿羅漢、辟支佛來到眞悟禪師面前，即使那位禪師只有七住位的般若德、法身德和解脫德，還在三賢位中；可是他說的話，二乘聖人已經無法聽懂了。何況我們今天還能教禪門差別智，那可是證悟的祖師們所應學的法，請問：**二乘聖人連七住祖師講的話都聽不懂了，那還能來跟我對話嗎**？何況咱們還有種智呢！所以我才會說：**二乘聖人沒有在菩薩面前開口的餘地**。不管印順派那些大法師與學人們聽了是多麼生氣，終究無法來反對這個說法。即使是自認爲已經成佛的印順，我們寫了那麼多書在他生前仍然耳聰目明時出版了，他連一篇短文都不敢回應，何況是那一些應成派六識論的學術界擁護者。

所以，在大乘法中而不是在二乘方便法中，只有已經親證了無優劣的法，才能夠說已經證得涅槃。所以，菩薩可以堂而皇之，公然高聲宣唱：我已經證得涅槃。即使他只有七住位，思惑一絲一毫都還沒有斷，也可以宣稱已經證得涅槃；因爲他證得本來自性清淨涅槃，是現前就可以觀察到一切有情包括自己的如來藏，本來就在涅槃中；都是本來涅槃，而且是不禁制諸法生起的有自性而不是無功用的涅槃。這不是二乘聖人五蘊斷滅後的空無才說為涅槃，而且是本來就清淨的涅槃。都是因為證得無優劣的法，所以才能夠說證得涅槃；只有證得這個無優劣的法，而說他證得涅槃之後是**智慧等、解脫等、清淨等**。由於這個緣故，勝鬘夫人才會說：涅槃是只有一味，涅槃也是平等味，那就是解脫味。因為本來就解脫。

佛菩提二主要道次第概要表——二道並修，以外無別佛法

佛菩提道——大菩提道

資糧位

十信位修集信心——一劫乃至一萬劫

初住位修集布施功德（以財施爲主）。

二住位修集持戒功德。

三住位修集忍辱功德。

四住位修集精進功德。

五住位修集禪定功德。

六住位修集般若功德（熏習般若中觀及斷我見，加行位也）。

七住位明心般若正觀現前，親證本來自性清淨涅槃。

八住位於一切法現觀般若中道。漸除性障。

十住位眼見佛性，世界如幻觀成就。

外門廣修六度萬行

遠波羅蜜多

一至十行位，於廣行六度萬行中，依般若中道慧，現觀陰處界猶如陽焰，至第十行滿心位，陽焰觀成就。

一至十迴向位熏習一切種智；修除性障，唯留最後一分思惑不斷。第十迴向滿心位成就菩薩道如夢觀。

內門廣修六度萬行

見道位

初地：第十迴向位滿心時，成就道種智一分（八識心王一一親證後，領受五法、三自性、七種第一義、七種性自性、二種無我法）復由勇發十無盡願，成通達位菩薩。復又永伏性障而不具斷，能證慧解脫而不取證，由大願故留惑潤生。此地主修法施波羅蜜多及百法明門。證「猶如鏡像」現觀，故滿初地心。

二地：初地功德滿足以後，再成就道種智一分而入二地；主修戒波羅蜜多及一切種智。滿心位成就「猶如光影」現觀，戒行自然清淨。

解脫道：二乘菩提

斷三縛結，成初果解脫 ←

薄貪瞋癡，成二果解脫 ←

斷五下分結，成三果解脫 ←

入地前的四加行令煩惱障現行悉斷，成四果解脫，留惑潤生。分段生死已斷，煩惱障習氣種子開始斷除，兼斷無始無明上煩惱。

近波羅蜜多

大波羅蜜多

圓滿波羅蜜多

修道位

……心、五神通。能成就俱解脫果而不取證，留惑潤生。滿心位成就「猶如谷響」現觀及無漏妙定意生身。

四地：由三地再證道種智一分故入四地。主修精進波羅蜜多，於此土及他方世界廣度有緣，無有疲倦。進修一切種智，滿心位成就「如水中月」現觀。

五地：由四地再證道種智一分故入五地。主修禪定波羅蜜多及一切種智，斷除下乘涅槃貪。滿心位成就「變化所成」現觀。

六地：由五地再證道種智一分故入六地。此地主修般若波羅蜜多——依道種智現觀十二因緣一一有支及意生身化身，皆自心眞如變化所現，「非有似有」，成就細相觀，不由加行而自然證得滅盡定，成俱解脫大乘無學。

七地：由六地「非有似有」現觀，再證道種智一分故入七地。此地主修一切種智及方便波羅蜜多，由重觀十二有支一一支中之流轉門及還滅門一切細相，成就方便善巧，念念隨入滅盡定。滿心位證得「如犍闥婆城」現觀。

八地：由七地極細相觀成就故再證道種智一分而入八地。此地主修一切種智及願波羅蜜多。至滿心位純無相觀任運恆起，故於相土自在，滿心位復證「如實覺知諸法相意生身」故。

九地：由八地再證道種智一分故入九地。主修力波羅蜜多及一切種智，成就四無礙，滿心位證得「種類俱生無行作意生身」。

十地：由九地再證道種智一分故入此地。此地主修一切種智——智波羅蜜多。滿心位起大法智雲，及現起大法智雲所含藏種種功德，成受職菩薩。

等覺：由十地道種智成就故入此地。此地應修一切種智，圓滿等覺地無生法忍；於百劫中修集極廣大福德，以之圓滿三十二大人相及無量隨形好。

究竟位

妙覺：示現受生人間已斷盡煩惱障一切習氣種子，並斷盡所知障一切隨眠，永斷變易生死無明，成就大般涅槃，四智圓明。人間捨壽後，報身常住色究竟天利樂十方地上菩薩；以諸化身利樂有情，永無盡期，成就究竟佛道。

← 七地滿心斷除故意保留之最後一分思惑時，煩惱障所攝色、受、想三陰有漏習氣種子全部斷盡。

煩惱障所攝行、識二陰無漏習氣種子任運漸斷，所知障所攝上煩惱任運漸斷。 ← 斷盡變易生死成就大般涅槃

圓滿成就究竟佛果

佛子蕭平實 謹製
（二〇〇九、〇二 修訂）
（二〇一二、〇二 增補）

佛教正覺同修會〈修學佛道次第表〉

第一階段

＊以憶佛及拜佛方式修習動中定力。
＊學第一義佛法及禪法知見。
＊無相拜佛功夫成就。
＊具備一念相續功夫—動靜中皆能看話頭。
＊努力培植福德資糧，勤修三福淨業。

第二階段

＊參話頭，參公案。
＊開悟明心，一片悟境。
＊鍛鍊功夫求見佛性。
＊眼見佛性〈餘五根亦如是〉親見世界如幻，成就如幻觀。
＊學習禪門差別智。
＊深入第一義經典。
＊修除性障及隨分修學禪定。
＊修證十行位陽焰觀。

第三階段

＊學一切種智真實正理—楞伽經、解深密經、成唯識論…。
＊參究末後句。
＊解悟末後句。
＊透牢關—親自體驗所悟末後句境界，親見實相，無得無失。
＊救護一切眾生迴向正道。護持了義正法，修證十迴向位如夢觀。
＊發十無盡願，修習百法明門，親證猶如鏡像現觀。
＊修除五蓋，發起禪定。持一切善法戒。親證猶如光影現觀。
＊進修四禪八定、四無量心、五神通。進修大乘種智，求證猶如谷響現觀。

佛教正覺同修會 共修現況 及 招生公告　2017/12/21

一、共修現況：（請在共修時間來電，以免無人接聽。）

台北正覺講堂 103 台北市承德路三段 277 號九樓 捷運淡水線圓山站旁 Tel..總機 02-25957295（晚上）（**分機：九樓**辦公室 10、11；知客櫃檯 12、13。 **十樓**知客櫃檯 15、16；書局櫃檯 14。 **五樓**辦公室 18；知客櫃檯 19。**二樓**辦公室 20；知客櫃檯 21。）Fax..25954493

第一講堂　台北市承德路三段 277 號九樓

禪淨班：週一晚班、週三晚班、週四晚班、週五晚班、週六下午班、週六上午班（共修期間二年半，全程免費。皆須報名建立學籍後始可參加共修，欲報名者詳見本公告末頁。）

進階班：週一晚班、週三晚班、週四晚班、週五晚班（禪淨班結業後轉入共修）。

增上班：瑜伽師地論詳解：每月單數週之週末 17.50～20.50。平實導師講解，2003 年 2 月開講至今，預計 2019 年圓滿，僅限已明心之會員參加。

禪門差別智：每月第一週日全天　平實導師主講（事冗暫停）。

大法鼓經詳解　詳解末法時代大乘佛法修行之道。佛教正法消毒妙藥塗於大鼓而以擊之，凡有眾生聞之者，一切邪見鉅毒悉皆消殞；此經即是大法鼓之正義，凡聞之者，所有邪見之毒悉皆滅除，見道不難；亦能發起菩薩無量功德，是故諸大菩薩遠從諸方佛土來此娑婆聞修此經。平實導師主講，定於 2017 年 12 月底起，每逢周二晚上開講，第一至第六講堂都可同時聽聞，歡迎已發成佛大願的菩薩種性學人，攜眷共同參與此殊勝法會現場聞法，不限制聽講資格。本會學員憑上課證進入第一至第四講堂聽講，會外學人請以身分證件換證進入聽講（此爲大樓管理處安全管理規定之要求，敬請諒解）；第五及第六講堂（B1、B2）對外開放，不需出示任何證件，請由大樓側門直接進入。

第二講堂　台北市承德路三段 267 號十樓。

禪淨班：週一晚上班。

進階班：週三晚班、週四晚班、週五晚班、週六下午班。禪淨班結業後轉入共修。

大法鼓經詳解：平實導師講解。每週二 18.50~20.50 影像音聲即時傳輸

第三講堂　台北市承德路三段 277 號五樓。

禪淨班：週六下午班。

進階班：週一晚班、週三晚班、週四晚班、週五晚班。

大法鼓經詳解：平實導師講解。每週二 18.50~20.50 影像音聲即時傳輸

第四講堂　台北市承德路三段 267 號二樓。

進階班：週一晚上班、週三晚上班、週四晚上班（禪淨班結業後轉入共修）。

大法鼓經詳解：平實導師講解。每週二 18.50~20.50 影像音聲即時傳輸

第五、第六講堂

念佛班　每週日晚上，第六講堂共修（B2），一切求生極樂世界的三寶弟子皆可參加，不限制共修資格。

進階班：週一晚班、週三晚班、週四晚班。

大法鼓經詳解：平實導師講解。每週二 18.50~20.50 影像音聲即時傳輸。第五、第六講堂爲**開放式講堂**，不需以身分證件換證即可進入聽講，台北市承德路三段 267 號地下一樓、地下二樓。每逢週二晚上講經時段開放給會外人士自由聽經，請由大樓側面梯階逕行進入聽講。**聽講者請尊重講者的著作權及肖像權，請勿錄音錄影，以免違法；若有錄音錄影被查獲者，將依法處理。**

正覺祖師堂　大溪鎮美華里信義路 650 巷坑底 5 之 6 號（台 3 號省道 34 公里處 妙法寺對面斜坡道進入）電話 03-3886110　傳眞 03-3881692 本堂供奉 克勤圓悟大師，專供會員每年四月、十月各三次精進禪三共修，兼作本會出家菩薩掛單常住之用。除禪三時間以外，每逢單月第一週之週日 9:00~17:00 開放會內、外人士參訪，當天並提供午齋結緣。教內共修團體或道場，得另申請其餘時間作團體參訪，務請事先與常住確定日期，以便安排常住菩薩接引導覽，亦免妨礙常住菩薩之日常作息及修行。

桃園正覺講堂（第一、第二講堂）：桃園市介壽路 286、288 號 10 樓（陽明運動公園對面）電話：03-3749363(請於共修時聯繫，或與台北聯繫)

禪淨班：週一晚上班（1）、週一晚上班（2）、週三晚上班、週四晚上班、週五晚上班。

進階班：週四晚班、週五晚班、週六上午班。

增上班：雙週六晚上班（增上重播班）。

大法鼓經詳解：平實導師講解。每週二晚上，以台北正覺講堂所錄 DVD 放映；歡迎會外學人共同聽講，不需出示身分證件。

新竹正覺講堂　新竹市東光路 55 號二樓之一　電話 03-5724297（晚上）

第一講堂：

禪淨班：週一晚上班、週五晚上班、週六上午班。

進階班：週三晚上班、週四晚上班（由禪淨班結業後轉入共修）。

增上班：單週六晚上班。雙週六晚上班（重播班）。

大法鼓經詳解：平實導師講解。每週二晚上，以台北正覺講堂所錄 DVD 放映。歡迎會外學人共同聽講，不需出示身分證件。

第二講堂：

禪淨班：週三晚上班、週四晚上班。

大法鼓經詳解：每週二晚上與第一講堂同時播放佛藏經詳解 DVD。

第三、第四講堂：裝修完畢，即將開放。

台中正覺講堂　04-23816090（晚上）

第一講堂　台中市南屯區五權西路二段 666 號 13 樓之四（國泰世華銀行樓上。鄰近縣市經第一高速公路前來者，由五權西路交流道可以快速到達，大樓旁有停車場，對面有素食館）。

禪淨班：週三晚上班、週四晚上班。

進階班：週一晚上班、週六上午班（由禪淨班結業後轉入共修）。

增上班：**增上班**：單週六晚上班。雙週六晚上班（重播班）。

大法鼓經詳解：平實導師講解。每週二晚上，以台北正覺講堂所錄 DVD 放映。歡迎會外學人共同聽講，不需出示身分證件。

第二講堂　台中市南屯區五權西路二段 666 號 4 樓

禪淨班：週一晚上班、週三晚上班、週六上午班。

進階班：週五晚上班（由禪淨班結業後轉入共修）。

大法鼓經詳解：每週二晚上與第一講堂同時播放佛藏經詳解 DVD。

第三講堂、第四講堂：台中市南屯區五權西路二段 666 號 4 樓。

嘉義正覺講堂　嘉義市友愛路 288 號八樓之一　電話：05-2318228

第一講堂：

禪淨班：週一晚上班、週四晚上班、週五晚上班、週六上午班。

進階班：週三晚上班（由禪淨班結業後轉入共修）。

增上班：單週六晚上班。雙週六晚上班（重播班）。

大法鼓經詳解：平實導師講解。每週二晚上，以台北正覺講堂所錄 DVD 放映。歡迎會外學人共同聽講，不需出示身分證件。

第二講堂　嘉義市友愛路 288 號八樓之二。

台南正覺講堂

第一講堂　台南市西門路四段 15 號 4 樓。06-2820541（晚上）

禪淨班：週一晚上班、週三晚上班、週四晚上班、週五晚上班、週六下午班。

增上班：**增上班**：單週六晚上班。雙週六晚上班（重播班）。

大法鼓經詳解：平實導師講解。每週二晚上，以台北正覺講堂所錄 DVD 放映。歡迎會外學人共同聽講，不需出示身分證件。

第二講堂　台南市西門路四段 15 號 3 樓。

大法鼓經詳解：每週二晚上與第一講堂同時播放佛藏經詳解 DVD。

第三講堂　台南市西門路四段 15 號 3 樓。

進階班：週三晚上班、週四晚上班、週六上午班（由禪淨班結業後轉入共修）。

大法鼓經詳解：每週二晚上與第一講堂同時播放佛藏經詳解 DVD。

高雄正覺講堂 高雄市新興區中正三路 45 號五樓 07-2234248（晚上）

第一講堂（五樓）：

禪淨班：週一晚班、週三晚班、週四晚班、週五晚班、週六上午班。

增上班：單週週末下午，以台北增上班課程錄成 DVD 放映之，限已明心之會員參加。

大法鼓經詳解：平實導師講解。每週二晚上，以台北正覺講堂所錄 DVD 放映。歡迎會外學人共同聽講，不需出示身分證件。

第二講堂（四樓）：

進階班：週三晚上班、週四晚上班、週六上午班（由禪淨班結業後轉入共修）。

大法鼓經詳解：每週二晚上與第一講堂同時播放佛藏經詳解 DVD。

第三講堂（三樓）：

進階班：週四晚班（由禪淨班結業後轉入共修）。

香港正覺講堂 ☆已遷移新址☆

九龍觀塘，成業街 10 號，電訊一代廣場 27 樓 E 室。

（觀塘地鐵站 B1 出口，步行約 4 分鐘）。電話：(852) 23262231

英文地址：Unit E，27th Floor, TG Place, 10 Shing Yip Street, Kwun Tong, Kowloon

禪淨班：雙週六下午班 14:30-17:30，已經額滿。
雙週日下午班 14:30-17:30。
單週六下午班 14:30-17:30，已經額滿。

進階班：雙週五晚上班（由禪淨班結業後轉入共修）。

增上班：單週週末上午，以台北增上班課程錄成 DVD 放映之。

增上重播班：雙週週末上午，以台北增上班課程錄成 DVD 放映之。

大法鼓經詳解：平實導師講解。雙週六 19:00-21:00，以台北正覺講堂所錄 DVD 放映；歡迎會外學人共同聽講，不需出示身分證件。

美國洛杉磯正覺講堂 ☆已遷移新址☆

825 S. Lemon Ave Diamond Bar, CA 91789 U.S.A.

Tel. (909) 595-5222（請於週六 9:00~18:00 之間聯繫）

Cell. (626) 454-0607

禪淨班：每逢週末 15：30~17：30 上課。

進階班：每逢週末上午 10：00~12：00 上課。

大法鼓經詳解：平實導師講解。每週六下午 13：00~15：00 以台北所錄 DVD 放映。歡迎各界人士共享第一義諦無上法益，不需報名。

二、招生公告　本會台北講堂及全省各講堂、香港講堂，每逢四月、十月下旬開新班，每週共修一次（每次二小時。開課日起三個月內仍可插班）；但美國洛杉磯共修處之禪淨班得隨時插班共修。各班共修期間皆爲二年半，全程免費，欲參加者請向本會函索報名表（各共修處皆於共修時間方有人執事，非共修時間請勿電詢或前來洽詢、請書），或直接從本會官方網站(http://www.enlighten.org.tw/newsflash/class)或成佛之道網站下載報名表。共修期滿時，若經報名禪三審核通過者，可參加四天三夜之禪三精進共修，有機會明心、取證如來藏，發起般若實相智慧，成爲實義菩薩，脫離凡夫菩薩位。

三、新春禮佛祈福 農曆年假期間停止共修：自農曆新年前七天起停止共修與弘法，正月 8 日起回復共修、弘法事務。新春期間正月初一～初七 9.00～17.00 開放台北講堂、正月初一~初三開放桃園、新竹、台中、嘉義、台南、高雄講堂，以及大溪禪三道場（正覺祖師堂），方便會員供佛、祈福及會外人士請書。美國洛杉磯共修處之休假時間，請逕詢該共修處。

密宗四大派修雙身法，是外道性力派的邪法；又以生滅的識陰作爲常住法，是常見外道，是假的藏傳佛教。

西藏覺囊巴以他空見弘揚第八識如來藏勝法，才是真藏傳佛教

佛教正覺同修會　弘法行事表

2017/12/07

1、**禪淨班**　以無相念佛及拜佛方式修習動中定力，實證一心不亂功夫。傳授解脫道正理及第一義諦佛法，以及參禪知見。共修期間：二年六個月。每逢四月、十月開新班，詳見招生公告表。

2、**進階班**　禪淨班畢業後得轉入此班，進修更深入的佛法，期能證悟明心。各地講堂各有多班，繼續深入佛法、增長定力，悟後得轉入增上班修學道種智，期能證得無生法忍。

3、**增上班 瑜伽師地論**詳解　詳解論中所言凡夫地至佛地等 17 師之修證境界與理論，從凡夫地、聲聞地……宣演到諸地所證無生法忍、一切種智之眞實正理。由平實導師開講，每逢一、三、五週之週末晚上開示，僅限已明心之會員參加。2003 年二月開講至今，預定 2019 年講畢。

4、**大法鼓經**詳解　詳解末法時代大乘佛法修行之道。佛教正法消毒妙藥塗於大鼓而以擊之，凡有眾生聞之者，一切邪見鉅毒悉皆消殞；此經即是大法鼓之正義，凡聞之者，所有邪見之毒悉皆滅除，見道不難；亦能發起菩薩無量功德，是故諸大菩薩遠從諸方佛土來此娑婆聞修此經。平實導師主講。定於 2017 年 12 月底開講，歡迎已發成佛大願的菩薩種性學人，攜眷共同參與此殊勝法會聽講。

本經破「有」而顯涅槃，以此名爲眞實的「法」；眞法即是第八識如來藏，《金剛經》《法華經》中亦名之爲「此經」。若墮在「有」中，皆名「非法」，「有」即是五陰、六入、十二處、十八界及內我所、外我所，皆非眞實法。若人如是俱說「法」與「非法」而宣揚佛法，名爲擊大法鼓；如是依「法」而捨「非法」，據以建立山門而爲眾說法，方可名爲眞正的法鼓山。此經中說，以「此經」爲菩薩道之本，以證得「此經」之正知見及法門作爲度人之「法」，方名眞實佛法，否則盡名「非法」。本經中對法與非法、有與涅槃，有深入之闡釋，歡迎教界一切善信（不論初機或久學菩薩），一同親沐　如來聖教，共沾法喜。由平實導師詳解。不限制聽講資格。

5、**精進禪三**　主三和尚：平實導師。於四天三夜中，以克勤圓悟大師及大慧宗杲之禪風，施設機鋒與小參、公案密意之開示，幫助會員剋期取證，親證不生不滅之眞實心——人人本有之如來藏。每年四月、十月各舉辦二個梯次；平實導師主持。僅限本會會員參加禪淨班共修期滿，報名審核通過者，方可參加。並選擇會中定力、慧力、福德三條件皆已具足之已明心會員，給以指引，令得眼見自己無形無相之佛性遍布山河大地，眞實而無障礙，得以肉眼現觀世界身心悉皆如幻，具足成就如幻觀，圓滿十住菩薩之證境。

6、**不退轉法輪經**詳解　本經所說妙法極為甚深難解，時至末法，已然無有知者；而其甚深絕妙之法，流傳至今依舊多人可證，顯示佛學眞是義學而非玄談，其中甚深極妙令人拍案稱絕之第一義諦妙義，平實導師將會加以解說。待《大法鼓經》宣講完畢時繼續宣講此經。

7、**阿含經**詳解　選擇重要之阿含部經典，依無餘涅槃之實際而加以詳解，令大眾得以現觀諸法緣起性空，亦復不墮斷滅見中，顯示經中所隱說之涅槃實際—如來藏—確實已於四阿含中隱說；令大眾得以聞後觀行，確實斷除我見乃至我執，證得**見到**眞現觀，乃至**身證**……等眞現觀；已得大乘或二乘見道者，亦可由此聞熏及聞後之觀行，除斷我所之貪著，成就慧解脫果。由平實導師詳解。不限制聽講資格。

8、**解深密經**詳解　重講本經之目的，在於令諸已悟之人明解大乘法道之成佛次第，以及悟後進修一切種智之內涵，確實證知三種自性性，並得據此證解七眞如、十眞如等正理。每逢週二 18.50~20.50 開示，由平實導師詳解。將於《大法鼓經》講畢後開講。不限制聽講資格。

9、**成唯識論**詳解　詳解一切種智眞實正理，詳細剖析一切種智之微細深妙廣大正理；並加以舉例說明，使已悟之會員深入體驗所證如來藏之微密行相；及證驗見分相分與所生一切法，皆由如來藏—阿賴耶識—直接或展轉而生，因此證知一切法無我，證知無餘涅槃之本際。將於增上班《瑜伽師地論》講畢後，由平實導師重講。僅限已明心之會員參加。

10、**精選如來藏系經典**詳解　精選如來藏系經典一部，詳細解說，以此完全印證會員所悟如來藏之眞實，得入不退轉住。另行擇期詳細解說之，由平實導師講解。僅限已明心之會員參加。

11、**禪門差別智**　藉禪宗公案之微細淆訛難知難解之處，加以宣說及剖析，以增進明心、見性之功德，啓發差別智，建立擇法眼。每月第一週日全天，由平實導師開示，僅限破參明心後，復又眼見佛性者參加（事冗暫停）。

12、**枯木禪**　先講智者大師的《小止觀》，後說《釋禪波羅蜜》，詳解四禪八定之修證理論與實修方法，細述一般學人修定之邪見與岔路，及對禪定證境之誤會，消除枉用功夫、浪費生命之現象。已悟般若者，可以藉此而實修初禪，進入大乘通教及聲聞教的三果心解脫境界，配合應有的大福德及後得無分別智、十無盡願，即可進入初地心中。親教師：平實導師。未來緣熟時將於正覺寺開講。不限制聽講資格。

註：本會例行年假，自 2004 年起，改爲每年農曆新年前七天開始停息弘法事務及共修課程，農曆正月 8 日回復所有共修及弘法事務。新春期間（每日 9.00~17.00）開放台北講堂，方便會員禮佛祈福及會外人士請書。大溪區的正覺祖師堂，開放參訪時間，詳見〈正覺電子報〉或成佛之道網站。本表得因時節因緣需要而隨時修改之，不另作通知。

佛教正覺同修會　贈閱書籍 目錄　2015/09/29

1.**無相念佛**　平實導師著　回郵 10 元
2.**念佛三昧修學次第**　平實導師述著　回郵 25 元
3.**正法眼藏—護法集**　平實導師述著　回郵 35 元
4.**真假開悟簡易辨正法&佛子之省思**　平實導師著　回郵 3.5 元
5.**生命實相之辨正**　平實導師著　回郵 10 元
6.**如何契入念佛法門**（附：印順法師否定極樂世界）平實導師著　回郵 3.5 元
7.**平實書箋**—答元覽居士書　平實導師著　回郵 35 元
8.**三乘唯識**—如來藏系經律彙編　平實導師編　回郵 80 元
（精裝本　長 27 cm　寬 21 cm　高 7.5 cm　重 2.8 公斤）
9.**三時繫念全集**—修正本　回郵掛號 40 元（長 26.5 cm×寬 19 cm）
10.**明心與初地**　平實導師述　回郵 3.5 元
11.**邪見與佛法**　平實導師述著　回郵 20 元
12.**菩薩正道**—回應義雲高、釋性圓…等外道之邪見　正燦居士著　回郵 20 元
13.**甘露法雨**　平實導師述　回郵 20 元
14.**我與無我**　平實導師述　回郵 20 元
15.**學佛之心態**—修正錯誤之學佛心態始能與正法相應　孫正德老師著　回郵35元
附錄：平實導師著**《略說八、九識並存…等之過失》**
16.**大乘無我觀**—《悟前與悟後》別說　平實導師述著　回郵 20 元
17.**佛教之危機**—中國台灣地區現代佛教之真相（附錄：公案拈提六則）
平實導師著　回郵 25 元
18.**燈　影**—燈下黑（覆「求教後學」來函等）　平實導師著　回郵 35 元
19.**護法與毀法**—覆上平居士與徐恒志居士網站毀法二文
張正圜老師著　回郵 35 元
20.**淨土聖道**—兼評**選擇本願念佛**　正德老師著　**由正覺同修會購贈**　回郵25元
21.**辨唯識性相**—對「紫蓮心海《辯唯識性相》書中否定阿賴耶識」之回應
正覺同修會 台南共修處法義組 著　回郵25元
22.**假如來藏**—對法蓮法師《如來藏與阿賴耶識》書中否定阿賴耶識之回應
正覺同修會 台南共修處法義組 著　回郵 35 元
23.**入不二門**—公案拈提集錦 第一輯（於平實導師公案拈提諸書中選錄約二十則，
合輯爲一冊流通之）平實導師著　回郵 20 元
24.**真假邪說**—西藏密宗索達吉喇嘛《破除邪說論》真是邪說
釋正安法師著　回郵 35 元
25.**真假開悟**—真如、如來藏、阿賴耶識間之關係　平實導師述著　回郵 35 元
26.**真假禪和**—辨正釋傳聖之謗法謬說　孫正德老師著　回郵30元

27.**眼見佛性**—駁慧廣法師眼見佛性的含義文中謬說

游正光老師著　回郵 25 元

28.**普門自在**—公案拈提集錦 第二輯（於平實導師公案拈提諸書中選錄約二十則，合輯為一冊流通之）平實導師著　回郵 25 元

29.**印順法師的悲哀**—以現代禪的質疑為線索　恒毓博士著　回郵 25 元

30.**識蘊真義**—現觀識蘊內涵、取證初果、親斷三縛結之具體行門。

—依《成唯識論》及《惟識述記》正義，略顯安慧《大乘廣五蘊論》之邪謬

平實導師著　回郵 35 元

31.**正覺電子報** 各期紙版本　免附回郵　每次最多函索三期或三本。

(已無存書之較早各期，不另增印贈閱)

32.**現代人應有的宗教觀**　蔡正禮老師 著　回郵 3.5 元

33.**遠惑趣道**—正覺電子報般若信箱問答錄　第一輯　回郵 20 元

34.**遠惑趣道**—正覺電子報般若信箱問答錄　第二輯　回郵 20 元

35.**確保您的權益**—器官捐贈應注意自我保護　游正光老師 著　回郵 10 元

36.**正覺教團電視弘法三乘菩提 DVD 光碟（一）**

由正覺教團多位親教師共同講述錄製 DVD 8 片，MP3 一片，共 9 片。有二大講題：一為「三乘菩提之意涵」，二為「學佛的正知見」。內容精闢，深入淺出，精彩絕倫，幫助大眾快速建立三乘法道的正知見，免被外道邪見所誤導。有志修學三乘佛法之學人不可不看。(製作工本費 100 元，回郵 25 元)

37.**正覺教團電視弘法 DVD 專輯（二）**

總有二大講題：一為「三乘菩提之念佛法門」，一為「學佛正知見(第二篇)」，由正覺教團多位親教師輪番講述，內容詳細闡述如何修學念佛法門、實證念佛三昧，以及學佛應具有的正確知見，可以幫助發願往生西方極樂淨土之學人，得以把握往生，更可令學人快速建立三乘法道的正知見，免於被外道邪見所誤導。有志修學三乘佛法之學人不可不看。(一套 17 片，工本費 160 元。回郵 35 元)

38.**佛藏經** 燙金精裝本　每冊回郵 20 元。正修佛法之道場欲大量索取者，請正式發函並蓋用大印寄來索取（2008.04.30 起開始敬贈）

39.**喇嘛性世界**—揭開假藏傳佛教譚崔瑜伽的面紗　張善思 等人合著

由正覺同修會購贈　回郵 20 元

40.**假藏傳佛教的神話**—性、謊言、喇嘛教　張正玄教授編著　回郵 20 元

由正覺同修會購贈　回郵 20 元

41.**隨　緣**—理隨緣與事隨緣　平實導師述　回郵 20 元。

42.**學佛的覺醒**　正枝居士 著　回郵 25 元

43.**導師之真實義**　蔡正禮老師 著　回郵 10 元

44.**淺談達賴喇嘛之雙身法**—兼論解讀「密續」之達文西密碼

吳明芷居士 著　回郵 10 元

45.**魔界轉世**　張正玄居士 著　回郵 10 元

46.**一貫道與開悟**　蔡正禮老師 著　回郵 10 元

47.**博愛**—愛盡天下女人　正覺教育基金會 編印　回郵 10 元

48.**意識虛妄經教彙編**—實證解脱道的關鍵經文　正覺同修會編印　回郵25元

49.**邪箭囈語**—破斥藏密外道多識仁波切《破魔金剛箭雨論》之邪説
陸正元老師著　上、下冊回郵各 30 元

50.**真假沙門**—依 佛聖教闡釋佛教僧寶之定義
蔡正禮老師著　俟正覺電子報連載後結集出版

51.**真假禪宗**—藉評論釋性廣《印順導師對變質禪法之批判
及對禪宗之肯定》以顯示真假禪宗
附論一：凡夫知見 無助於佛法之信解行證
附論二：世間與出世間一切法皆從如來藏實際而生而顯
余正偉老師著　俟正覺電子報連載後結集出版　回郵未定

52.**假鋒虛焰金剛乘**—揭示顯密正理，兼破索達吉師徒《般若鋒兮金剛焰》。
釋正安 法師著　俟正覺電子報連載後結集出版

★ 上列贈書之郵資，係台灣本島地區郵資，大陸、港、澳地區及外國地區，請另計酌增（大陸、港、澳、國外地區之郵票不許通用）。尚未出版之書，請勿先寄來郵資，以免增加作業煩擾。

★ 本目錄若有變動，唯於後印之書籍及「成佛之道」網站上修正公佈之，不另行個別通知。

函索書籍請寄：佛教正覺同修會　103 台北市承德路 3 段 277 號 9 樓
台灣地區函索書籍者請附寄郵票，無時間購買郵票者可以等值現金抵用，但不接受郵政劃撥、支票、匯票。大陸地區得以人民幣計算，國外地區請以美元計算（請勿寄來當地郵票，在台灣地區不能使用）。欲以掛號寄遞者，請另附掛號郵資。

親自索閱：正覺同修會各共修處。　★請於共修時間前往取書，餘時無人在道場，請勿前往索取；共修時間與地點，詳見書末正覺同修會共修現況表（以近期之共修現況表爲準）。

註：正智出版社發售之局版書，請向各大書局購閱。若書局之書架上已經售出而無陳列者，請向書局櫃台指定洽購；若書局不便代購者，請於正覺同修會共修時間前往各共修處請購，正智出版社已派人於共修時間送書前往各共修處流通。 郵政劃撥購書及 大陸地區 購書，請詳別頁正智出版社發售書籍目錄最後頁之説明。

成佛之道 網站：http://www.a202.idv.tw　正覺同修會已出版之結緣書籍，多已登載於 成佛之道 網站，若住外國、或住處遙遠，不便取得正覺同修會贈閱書籍者，可以從本網站閱讀及下載。　書局版之《宗通與說通》亦已上網，台灣讀者可向書局洽購，售價 300 元。《狂密與眞密》第一輯~第四輯，亦於 2003.5.1.全部於本網站登載完畢；台灣地區讀者請向書局洽購，每輯約 400 頁，售價 300 元（網站下載紙張費用較貴，容易散失，難以保存，亦較不精美）。

＊＊假藏傳佛教修雙身法，非佛教＊＊

正智出版社 籌募弘法基金發售書籍目錄 2018/05/13

1.**宗門正眼**—公案拈提 第一輯 重拈 平實導師著 500 元

因重寫內容大幅度增加故，字體必須改小，並增爲 576 頁 主文 546 頁。比初版更精彩、更有內容。初版《禪門摩尼寶聚》之讀者，可寄回本公司免費調換新版書。免附回郵，亦無截止期限。（2007 年起，每冊附贈本公司精製公案拈提〈超意境〉CD 一片。市售價格 280 元，多購多贈。）

2.**禪淨圓融** 平實導師著 200 元（第一版舊書可換新版書。）

3.**真實如來藏** 平實導師著 400 元

4.**禪—悟前與悟後** 平實導師著 上、下冊，每冊 250 元

5.**宗門法眼**—公案拈提 第二輯 平實導師著 500 元
（2007 年起，每冊附贈本公司精製公案拈提〈超意境〉CD 一片）

6.**楞伽經詳解** 平實導師著 全套共 10 輯 每輯 250 元

7.**宗門道眼**—公案拈提 第三輯 平實導師著 500 元
（2007 年起，每冊附贈本公司精製公案拈提〈超意境〉CD 一片）

8.**宗門血脈**—公案拈提 第四輯 平實導師著 500 元
（2007 年起，每冊附贈本公司精製公案拈提〈超意境〉CD 一片）

9.**宗通與說通**—成佛之道 平實導師著 主文 381 頁 全書 400 頁售價 300 元

10.**宗門正道**—公案拈提 第五輯 平實導師著 500 元
（2007 年起，每冊附贈本公司精製公案拈提〈超意境〉CD 一片）

11.**狂密與真密 一～四輯** 平實導師著 西藏密宗是人間最邪淫的宗教，本質不是佛教，只是披著佛教外衣的印度教性力派流毒的喇嘛教。此書中將西藏密宗密傳之男女雙身合修樂空雙運所有祕密與修法，毫無保留完全公開，並將全部喇嘛們所不知道的部分也一併公開。內容比大辣出版社喧騰一時的《西藏慾經》更詳細。並且函蓋藏密的所有祕密及其錯誤的中觀見、如來藏見……等，藏密的所有法義都在書中詳述、分析、辨正。每輯主文三百餘頁 每輯全書約 400 頁 售價每輯 300 元

12.**宗門正義**—公案拈提 第六輯 平實導師著 500 元
（2007 年起，每冊附贈本公司精製公案拈提〈超意境〉CD 一片）

13.**心經密意**—心經與解脫道、佛菩提道、祖師公案之關係與密意 平實導師述 300 元

14.**宗門密意**—公案拈提 第七輯 平實導師著 500 元
（2007 年起，每冊附贈本公司精製公案拈提〈超意境〉CD 一片）

15.**淨土聖道**—兼評「選擇本願念佛」 正德老師著 200 元

16.**起信論講記** 平實導師述著 共六輯 每輯三百餘頁 售價各 250 元

17.**優婆塞戒經講記** 平實導師述著 共八輯 每輯三百餘頁 售價各 250 元

18.**真假活佛**—略論附佛外道盧勝彥之邪說（對前岳靈犀網站主張「盧勝彥是證悟者」之修正） 正犀居士（岳靈犀）著 流通價 140 元

19.**阿含正義**—唯識學探源 平實導師著 共七輯 每輯 300 元

20.**超意境** CD 以平實導師公案拈提書中超越意境之頌詞，加上曲風優美的旋律，錄成令人嚮往的超意境歌曲，其中包括正覺發願文及平實導師親自譜成的黃梅調歌曲一首。詞曲雋永，殊堪翫味，可供學禪者吟詠，有助於見道。內附設計精美的彩色小冊，解說每一首詞的背景本事。每片 280 元。【每購買公案拈提書籍一冊，即贈送一片。】

21.**菩薩底憂鬱** CD 將菩薩情懷及禪宗公案寫成新詞，並製作成超越意境的優美歌曲。 1.主題曲〈菩薩底憂鬱〉，描述地後菩薩能離三界生死而迴向繼續生在人間，但因尚未斷盡習氣種子而有極深沈之憂鬱，非三賢位菩薩及二乘聖者所知，此憂鬱在七地滿心位方才斷盡；本曲之詞中所說義理極深，昔來所未曾見；此曲係以優美的情歌風格寫詞及作曲，聞者得以激發嚮往諸地菩薩境界之大心，詞、曲都非常優美，難得一見；其中勝妙義理之解說，已印在附贈之彩色小冊中。 2.以各輯公案拈提中直示禪門入處之頌文，作成各種不同曲風之超意境歌曲，值得玩味、參究；聆聽公案拈提之優美歌曲時，請同時閱讀內附之印刷精美說明小冊，可以領會超越三界的證悟境界；未悟者可以因此引發求悟之意向及疑情，眞發菩提心而邁向求悟之途，乃至因此眞實悟入般若，成眞菩薩。 3.正覺總持咒新曲，總持佛法大意；總持咒之義理，已加以解說並印在隨附之小冊中。本 CD 共有十首歌曲，長達 63 分鐘。每盒各附贈二張購書優惠券。每片 280 元。

22.**禪意無限** CD 平實導師以公案拈提書中偈頌寫成不同風格曲子，與他人所寫不同風格曲子共同錄製出版，幫助參禪人進入禪門超越意識之境界。盒中附贈彩色印製的精美解說小冊，以供聆聽時閱讀，令參禪人得以發起參禪之疑情，即有機會證悟本來面目而發起實相智慧，實證大乘菩提般若，能如實證知般若經中的眞實意。本 CD 共有十首歌曲，長達 69 分鐘，每盒各附贈二張購書優惠券。每片 280 元。

23.**我的菩提路**第一輯　釋悟圓、釋善藏等人合著　售價 300 元

24.**我的菩提路**第二輯　郭正益、張志成等人合著　售價 300 元

25.**我的菩提路**第三輯　王美伶等人合著　售價 300 元

26.**我的菩提路**第四輯　陳晏平等人合著　售價 300 元

27.**鈍鳥與靈龜**—考證後代凡夫對大慧宗杲禪師的無根誹謗。

平實導師著 共 458 頁 售價 350 元

28.**維摩詰經講記** 平實導師述 共六輯 每輯三百餘頁 售價各 250 元

29.**真假外道**—破劉東亮、杜大威、釋證嚴常見外道見 正光老師著 200 元

30.**勝鬘經講記**—兼論印順《勝鬘經講記》對於《勝鬘經》之誤解。

平實導師述　共六輯　每輯三百餘頁　售價 250 元

31.**楞嚴經講記** 平實導師述 共 **15** 輯，每輯三百餘頁 售價 300 元

32.**明心與眼見佛性**—駁慧廣〈蕭氏「眼見佛性」與「明心」之非〉文中謬說

正光老師著　共 448 頁　售價 300 元

33.**見性與看話頭** 黃正倖老師 著，本書是禪宗參禪的方法論。

內文 375 頁，全書 416 頁，售價 300 元。

34.**達賴真面目**—玩盡天下女人 白正偉老師 等著 中英對照彩色精裝大本 800 元
35.**喇嘛性世界**—揭開假藏傳佛教譚崔瑜伽的面紗　張善思 等人著　200 元
36.**假藏傳佛教的神話**—性、謊言、喇嘛教　正玄教授編著　200 元
37.**金剛經宗通**　平實導師述　共九輯　每輯售價 250 元。
38.**空行母**—性別、身分定位，以及藏傳佛教。
珍妮・坎貝爾著 呂艾倫 中譯 售價 250 元
39.**末代達賴**—性交教主的悲歌　張善思、呂艾倫、辛燕編著 售價 250 元
40.**霧峰無霧**—給哥哥的信　辨正釋印順對佛法的無量誤解
游宗明 老師著　售價 250 元
41.**第七意識與第八意識？**—穿越時空「超意識」
平實導師述　每冊 300 元
42.**黯淡的達賴**—失去光彩的諾貝爾和平獎
正覺教育基金會編著　每冊 250 元
43.**童女迦葉考**—論呂凱文〈佛教輪迴思想的論述分析〉之謬。
平實導師 著 定價 180 元
44.**人間佛教**—實證者必定不悖三乘菩提
平實導師 述，定價 400 元
45.**實相經宗通**　平實導師述　共八輯　每輯 250 元
46.**真心告訴您(一)**—達賴喇嘛在幹什麼？
正覺教育基金會編著　售價 250 元
47.**中觀金鑑**—詳述應成派中觀的起源與其破法本質
孫正德老師著　分為上、中、下三冊，每冊 250 元
48.**藏傳佛教要義**—《狂密與真密》之簡體字版　平實導師 著 上、下冊
僅在大陸流通　每冊 300 元
49.**法華經講義**　平實導師述　共二十五輯　每輯 300 元
已於 2015/05/31 起開始出版，每二個月出版一輯
50.**西藏「活佛轉世」制度**—附佛、造神、世俗法
許正豐、張正玄老師合著　定價 150 元
51.**廣論三部曲**　郭正益老師著　定價 150 元
52.**真心告訴您(二)**—達賴喇嘛是佛教僧侶嗎？
—補祝達賴喇嘛八十大壽
正覺教育基金會編著　售價 300 元
53.**次法**—實證佛法前應有的條件
張善思居士著　分為上、下二冊，每冊 250 元
54.**涅槃**—解說四種涅槃之實證及內涵　平實導師著 上下冊 各 350 元
預定 2018/09/30 出版上冊，11 月底出版下冊
55.**廣論之平議**—宗喀巴《菩提道次第廣論》之平議　正雄居士著
約二或三輯　俟正覺電子報連載後結集出版　書價未定
56.**末法導護**—對印順法師中心思想之綜合判攝　正慶老師著　書價未定

57.**菩薩學處**—菩薩四攝六度之要義　陸正元老師著　出版日期未定。

58.**八識規矩頌**詳解　○○居士 註解　出版日期另訂　書價未定。

59.**印度佛教史**—法義與考證。依法義史實評論印順《印度佛教思想史、佛教史地考論》之謬說　正偉老師著　出版日期未定　書價未定

60.**中國佛教史**—依中國佛教正法史實而論。○○老師 著　書價未定。

61.**中論正義**—釋龍樹菩薩《中論》頌正理。
孫正德老師著　出版日期未定　書價未定

62.**中觀正義**—註解平實導師《中論正義頌》。
○○法師（居士）著　出版日期未定　書價未定

63.**佛藏經講記**　平實導師述　出版日期未定　書價未定

64.**阿含經講記**—將選錄四阿含中數部重要經典全經講解之，講後整理出版。
平實導師述　約二輯　每輯300元　出版日期未定

65.**寶積經講記**　平實導師述　每輯三百餘頁 優惠價300元 出版日期未定

66.**解深密經講記**　平實導師述 約四輯　將於重講後整理出版

67.**成唯識論略解**　平實導師著　五～六輯　每輯300元　出版日期未定

68.**修習止觀坐禪法要講記**　平實導師述　每輯三百餘頁
將於正覺寺建成後重講、以講記逐輯出版　出版日期未定

69.**無門關**—《無門關》公案拈提　平實導師著　出版日期未定

70.**中觀再論**—兼述印順《中觀今論》謬誤之平議。正光老師著 出版日期未定

71.**輪迴與超度**—佛教超度法會之真義。
○○法師（居士）著　出版日期未定　書價未定

72.**《釋摩訶衍論》平議**—對偽稱龍樹所造《釋摩訶衍論》之平議
○○法師（居士）著　出版日期未定　書價未定

73.**正覺發願文**註解—以真實大願為因 得證菩提
正德老師著　出版日期未定　書價未定

74.**正覺總持咒**—佛法之總持　正圜老師著　出版日期未定　書價未定

75.**三自性**—依四食、五蘊、十二因緣、十八界法，說三性三無性。
作者未定　出版日期未定

76.**道品** —從三自性說大小乘三十七道品　作者未定　出版日期未定

77.**大乘緣起觀**—依四聖諦七真如現觀十二緣起 作者未定　出版日期未定

78.**三德**—論解脫德、法身德、般若德。　作者未定　出版日期未定

79.**真假如來藏**—對印順《如來藏之研究》謬說之平議　作者未定 出版日期未定

80.**大乘道次第**　作者未定　出版日期未定　書價未定

81.**四緣**—依如來藏故有四緣。　作者未定　出版日期未定

82.**空之探究**—印順《空之探究》謬誤之平議　作者未定 出版日期未定

83.**十法義**—論阿含經中十法之正義　作者未定　出版日期未定

84.**外道見**—論述外道六十二見　作者未定　出版日期未定

正智出版社有限公司書籍介紹

禪淨圓融：言淨土諸祖所未曾言，示諸宗祖師所未曾示；禪淨圓融，另闢成佛捷徑，兼顧自力他力，闡釋淨土門之速行易行道，亦同時揭櫫聖教門之速行易行道；令廣大淨土行者得免緩行難證之苦，亦令聖道門行者得以藉著淨土速行道而加快成佛之時劫。乃前無古人之超勝見地，非一般弘揚禪淨法門典籍也，先讀爲快。平實導師著 200元。

宗門正眼——**公案拈提**第一輯：繼承克勤圜悟大師碧巖錄宗旨之禪門鉅作。先則舉示當代大法師之邪說，消弭當代禪門大師鄉愿之心態，摧破當今禪門「世俗禪」之妄談；次則旁通教法，表顯宗門正理；繼以道之次第，消弭古今狂禪；後藉言語及文字機鋒，直示宗門入處。悲智雙運，禪味十足，數百年來難得一睹之禪門鉅著也。平實導師著　500元（原初版書《禪門摩尼寶聚》，改版後補充爲五百餘頁新書，總計多達二十四萬字，內容更精彩，並改名爲《宗門正眼》，讀者原購初版《禪門摩尼寶聚》皆可寄回本公司免費換新，免附回郵，亦無截止期限）（2007年起，凡購買公案拈提第一輯至第七輯，每購一輯皆贈送本公司精製公案拈提〈超意境〉CD一片，市售價格280元，多購多贈）。

禪—悟前與悟後：本書能建立學人悟道之信心與正確知見，圓滿具足而有次第地詳述禪悟之功夫與禪悟之內容，指陳參禪中細微淆訛之處，能使學人明自眞心、見自本性。若未能悟入，亦能以正確知見辨別古今中外一切大師究係眞悟？或屬錯悟？便有能力揀擇，捨名師而選明師，後時必有悟道之緣。一旦悟道，遲者七次人天往返，便出三界，速者一生取辦。學人欲求開悟者，不可不讀。平實導師著。上、下冊共500元，單冊250元。

眞實如來藏：如來藏眞實存在，乃宇宙萬有之本體，並非印順法師、達賴喇嘛等人所說之「唯有名相、無此心體」。如來藏是涅槃之本際，是一切有智之人竭盡心智、不斷探索而不能得之生命實相；是古今中外許多大師自以爲悟而當面錯過之生命實相。如來藏即是阿賴耶識，乃是一切有情本自具足、不生不滅之眞實心。當代中外大師於此書出版之前所未能言者，作者於本書中盡情流露、詳細闡釋。眞悟者讀之，必能增益悟境、智慧增上；錯悟者讀之，必能檢討自己之錯誤，免犯大妄語業；未悟者讀之，能知參禪之理路，亦能以之檢查一切名師是否眞悟。此書是一切哲學家、宗教家、學佛者及欲昇華心智之人必讀之鉅著。平實導師著　售價400元。

宗門法眼—**公案拈提**第二輯：列舉實例，闡釋土城廣欽老和尚之悟處；並直示這位不識字的老和尚妙智橫生之根由，繼而剖析禪宗歷代大德之開悟公案，解析當代密宗高僧卡盧仁波切之錯悟證據，並例舉當代顯宗高僧、大居士之錯悟證據（凡健在者，爲免影響其名聞利養，皆隱其名）。藉辨正當代名師之邪見，向廣大佛子指陳禪悟之正道，彰顯宗門法眼。悲勇兼出，強捋虎鬚；慈智雙運，巧探驪龍；摩尼寶珠在手，直示宗門入處，禪味十足；若非大悟徹底，不能爲之。禪門精奇人物，允宜人手一冊，供作參究及悟後印證之圭臬。本書於2008年4月改版，增寫為大約500頁篇幅，以利學人研讀參究時更易悟入宗門正法，以前所購初版首刷及初版二刷舊書，皆可免費換取新書。平實導師著500元（2007年起，凡購買公案拈提第一輯至第七輯，每購一輯皆贈送本公司精製公案拈提〈超意境〉CD一片，市售價格280元，多購多贈）。

宗門道眼—**公案拈提**第三輯：繼宗門法眼之後，再以金剛之作略、慈悲之胸懷、犀利之筆觸，舉示寒山、拾得、布袋三大士之悟處，消弭當代錯悟者對於寒山大士……等之誤會及誹謗。亦舉出民初以來與虛雲和尚齊名之蜀郡鹽亭袁煥仙夫子——南懷瑾老師之師，其「悟處」何在？並蒐羅許多眞悟祖師之證悟公案，顯示禪宗歷代祖師之睿智，指陳部分祖師、奧修及當代顯密大師之謬悟，作爲殷鑑，幫助禪子建立及修正參禪之方向及知見。假使讀者閱此書已，一時尚未能悟，亦可一面加功用行，一面以此宗門道眼辨別眞假善知識，避開錯誤之印證及歧路，可免大妄語業之長劫慘痛果報。欲修禪宗之禪者，務請細讀。平實導師著 售價500元（2007年起，凡購買公案拈提第一輯至第七輯，每購一輯皆贈送本公司精製公案拈提〈超意境〉CD一片，市售價格280元，多購多贈）。

楞伽經詳解：本經是禪宗見道者印證所悟眞僞之根本經典，亦是禪宗見道者悟後起修之依據經典；故達摩祖師於印證二祖慧可大師之後，將此經典連同佛鉢祖衣一併交付二祖，令其依此經典佛示金言、進入修道位，修學一切種智。由此可知此經對於眞悟之人修學佛道，是非常重要之一部經典。此經能破外道邪說，亦破佛門中錯悟名師之謬說，亦破禪宗部分祖師之狂禪：不讀經典、一向主張「一悟即成究竟佛」之謬執。並開示愚夫所行禪、觀察義禪、攀緣如禪、如來禪等差別，令行者對於三乘禪法差異有所分辨；亦糾正禪宗祖師古來對於如來禪之誤解，嗣後可免以訛傳訛之弊。此經亦是法相唯識宗之根本經典，禪者悟後欲修一切種智而入初地者，必須詳讀。　平實導師著，全套共十輯，已全部出版完畢，每輯主文約320頁，每冊約352頁，定價250元。

宗門血脈—**公案拈提**第**四**輯：末法怪象—許多修行人自以爲悟，每將無念靈知認作眞實；崇尚二乘法諸師及其徒眾，則將**外於如來藏之緣起性空**—無因論之無常空、斷滅空、一切法空—錯認爲佛所說之般若空性。這兩種現象已於當今海峽兩岸及美加地區顯密大師之中普遍存在；人人自以爲悟，心高氣壯，便敢寫書解釋祖師證悟之公案，大多出於意識思惟所得，言不及義，錯誤百出，因此誤導廣大佛子同陷大妄語之地獄業中而不能自知。彼等書中所說之悟處，其實處處違背第一義經典之聖言量。彼等諸人不論是否身披袈裟，都非佛法宗門血脈，或雖有禪宗法脈之傳承，亦只徒具形式；猶如螟蛉，非眞血脈，未悟得根本眞實故。禪子欲知佛、祖之眞血脈者，請讀此書，便知分曉。平實導師著，主文452頁，全書464頁，定價500元（2007年起，凡購買公案拈提第一輯至第七輯，每購一輯皆贈送本公司精製公案拈提〈超意境〉CD一片，市售價格280元，多購多贈）。

宗通與說通：古今中外，錯誤之人如麻似粟，每以常見外道所說之靈知心，認作眞心；或妄想虛空之勝性能量爲眞如，或錯認物質四大元素藉冥性（靈知心本體）能成就吾人色身及知覺，或認初禪至四禪中之了知心爲不生不滅之涅槃心。此等皆非通宗者之見地。復有錯悟之人一向主張「宗門與教門不相干」，此即尚未通達宗門之人也。其實宗門與教門互通不二，宗門所證者乃是眞如與佛性，教門所說者乃說宗門證悟之眞如佛性，故教門與宗門不二。本書作者以宗教二門互通之見地，細說「宗通與說通」，從初見道至悟後起修之道、細說分明；並將諸宗諸派在整體佛教中之地位與次第，加以明確之教判，學人讀之即可了知佛法之梗概也。欲擇明師學法之前，允宜先讀。平實導師著，主文共381頁，全書392頁，只售成本價300元。

宗門正道—公案拈提第五輯：修學大乘佛法有二果須證解脫果及大菩提果。二乘人不證大菩提果，唯證解脫果；此果之智慧，名爲聲聞菩提、緣覺菩提。大乘佛子所證二果之菩提果爲佛菩提，故名大菩提果，其慧名爲一切種智函蓋二乘解脫果。然此大乘二果修證，須經由禪宗之宗門證悟方能相應。而宗門證悟極難，自古已然；其所以難者，咎在古今佛教界普遍存在三種邪見：1.以修定認作佛法，2.以無因論之緣起性空—否定涅槃本際如來藏以後之一切法空作爲佛法，3.以常見外道邪見（離語言妄念之靈知性）作爲佛法。如是邪見，或因自身正見未立所致，或因邪師之邪教導所致，或因無始劫來虛妄熏習所致。若不破除此三種邪見，永劫不悟宗門眞義、不入大乘正道，唯能外門廣修菩薩行。平實導師於此書中，有極爲詳細之說明，有志佛子欲摧邪見、入於內門修菩薩行者，當閱此書。主文共496頁，全書512頁。售價500元（2007年起，凡購買公案拈提第一輯至第七輯，每購一輯皆贈送本公司精製公案拈提〈超意境〉CD一片，市售價格280元，多購多贈）。

狂密與真密：密教之修學，皆由有相之觀行法門而入，其最終目標仍不離顯教經典所說第一義諦之修證；若離顯教第一義經典、或違背顯教第一義經典，即非佛教。西藏密教之觀行法，如灌頂、觀想、遷識法、寶瓶氣、大聖歡喜雙身修法、喜金剛、無上瑜伽、大樂光明、樂空雙運等，皆是印度教兩性生生不息思想之轉化，自始至終皆以如何能運用交合淫樂之法達到全身受樂為其中心思想，純屬欲界五欲的貪愛，不能令人超出欲界輪迴，更不能令人斷除我見；何況大乘之明心與見性，更無論矣！故密宗之法絕非佛法也。而其明光大手印、大圓滿法教，又皆同以常見外道所說離語言妄念之無念靈知心錯認為佛地之真如，不能直指不生不滅之真如。西藏密宗所有法王與徒眾，都尚未開頂門眼，不能辨別真偽，以依人不依法、依密續不依經典故，不肯將其上師喇嘛所說對照第一義經典，純依密續之藏密祖師所說為準，因此而誇大其證德與證量，動輒謂彼祖師上師為究竟佛、為地上菩薩；如今台海兩岸亦有自謂其師證量高於 釋迦文佛者，然觀其師所述，猶未見道，仍在觀行即佛階段，尚未到禪宗相似即佛、分證即佛階位，竟敢標榜為究竟佛及地上法王，誑惑初機學人。凡此怪象皆是狂密，不同於真密之修行者。近年狂密盛行，密宗行者被誤導者極眾，動輒自謂已證佛地真如，自視為究竟佛，陷於大妄語業中而不知自省，反謗顯宗真修實證者之證量粗淺；或如義雲高與釋性圓…等人，於報紙上公然誹謗真實證道者為「騙子、無道人、人妖、癩蛤蟆…」等，造下誹謗大乘勝義僧之大惡業；或以外道法中有為有作之甘露、魔術……等法，誑騙初機學人，狂言彼外道法為真佛法。如是怪象，在西藏密宗及附藏密之外道中，不一而足，舉之不盡，學人宜應慎思明辨，以免上當後又犯毀破菩薩戒之重罪。密宗學人若欲遠離邪知邪見者，請閱此書，即能了知密宗之邪謬，從此遠離邪見與邪修，轉入真正之佛道。

平實導師著 共四輯 每輯約400頁（主文約340頁）每輯售價300元。

宗門正義—公案拈提第六輯：佛教有六大危機，乃是藏密化、世俗化、膚淺化、學術化、宗門密意失傳、悟後進修諸地之次第混淆；其中尤以宗門密意之失傳，爲當代佛教最大之危機。由宗門密意失傳故，易令世尊本懷普被錯解，易令世尊正法被轉易爲外道法，以及加以淺化、世俗化，是故宗門密意之廣泛弘傳與具緣佛弟子，極爲重要。然而欲令宗門密意之廣泛弘傳予具緣之佛弟子者，必須同時配合錯誤知見之解析、普令佛弟子知之，然後輔以公案解析之直示入處，方能令具緣之佛弟子悟入。而此二者，皆須以公案拈提之方式爲之，方易成其功、竟其業，是故平實導師續作宗門正義一書，以利學人。 全書500餘頁，售價500元（2007年起，凡購買公案拈提第一輯至第七輯，每購一輯皆贈送本公司精製公案拈提〈超意境〉CD一片，市售價格280元，多購多贈）。

心經密意—心經與解脫道、佛菩提道、祖師公案之關係與密意。二乘菩提所證之解脫道，實依第八識心之斷除煩惱障現行而立解脫之名；大乘菩提所證之佛菩提道，實依親證第八識如來藏之涅槃性、清淨自性、及其中道性而立般若之名；禪宗祖師公案所證之眞心，即是此第八識如來藏；是故三乘佛法所修所證之三乘菩提，皆依此如來藏心而立名也。此第八識心，即是《心經》所說之心也。證得此如來藏已，即能漸入大乘佛菩提道，亦可因證知此心而了知二乘無學所不能知之無餘涅槃本際，是故《心經》之密意，與三乘佛菩提之關係極爲密切、不可分割，三乘佛法皆依此心而立名故。今者平實導師以其所證解脫道之無生智及佛菩提之般若種智，將《心經》與解脫道、佛菩提道、祖師公案之關係與密意，以演講之方式，用淺顯之語句和盤托出，發前人所未言，呈三乘菩提之眞義，令人藉此《心經密意》一舉而窺三乘菩提之堂奧，迥異諸方言不及義之說；欲求眞實佛智者、不可不讀！主文317頁，連同跋文及序文…等共384頁，售價300元。

宗門密意—公案拈提第七輯：佛教之世俗化，將導致學人以信仰作爲學佛，則將以感應及世間法之庇祐，作爲學佛之主要目標，不能了知學佛之主要目標爲親證三乘菩提。大乘菩提則以般若實相智慧爲主要修習目標，以二乘菩提解脫道爲附帶修習之標的；是故學習大乘法者，應以禪宗之證悟爲要務，能親入大乘菩提之實相般若智慧中故，般若實相智慧非二乘聖人所能知故。此書則以台灣世俗化佛教之三大法師，說法似是而非之實例，配合眞悟祖師之公案解析，提示證悟般若之關節，令學人易得悟入。平實導師著，全書五百餘頁，售價500元（2007年起，凡購買公案拈提第一輯至第七輯，每購一輯皆贈送本公司精製公案拈提〈超意境〉CD一片，市售價格280元，多購多贈）。

淨土聖道—兼評日本本願念佛：佛法甚深極廣，般若玄微，非諸二乘聖僧所能知之，一切凡夫更無論矣！所謂一切證量皆歸淨土是也！是故大乘法中「聖道之淨土、淨土之聖道」，其義甚深，難可了知；乃至眞悟之人，初心亦難知也。今有正德老師眞實證悟後，復能深探淨土與聖道之緊密關係，憐憫眾生之誤會淨土實義，亦欲利益廣大淨土行人同入聖道，同獲淨土中之聖道門要義，乃振奮心神、書以成文，今得刊行天下。主文279頁，連同序文等共301頁，總有十一萬六千餘字，正德老師著，成本價200元。

起信論講記：詳解大乘起信論**心生滅門**與**心眞如門**之眞實意旨，消除以往大師與學人對起信論所說**心生滅門**之誤解，由是而得了知眞心如來藏之非常非斷中道正理；亦因此一講解，令此論以往隱晦而被誤解之眞實義，得以如實顯示，令大乘佛菩提道之正理得以顯揚光大；初機學者亦可藉此正論所顯示之法義，對大乘法理生起正信，從此得以眞發菩提心，眞入大乘法中修學，世世常修菩薩正行。平實導師演述，共六輯，都已出版，每輯三百餘頁，售價250元。

優婆塞戒經講記：本經詳述在家菩薩修學大乘佛法，應如何受持菩薩戒？對人間善行應如何看待？對三寶應如何護持？應如何正確地修集此世後世證法之福德？應如何修集後世「行菩薩道之資糧」？並詳述第一義諦之正義：五蘊非我非異我、自作自受、異作異受、不作不受……等深妙法義，乃是修學大乘佛法、行菩薩行之在家菩薩所應當了知者。出家菩薩今世或未來世登地已，捨報之後多數將如華嚴經中諸大菩薩，以在家菩薩身而修行菩薩行，故亦應以此經所述正理而修之，配合《楞伽經、解深密經、楞嚴經、華嚴經》等道次第正理，方得漸次成就佛道；故此經是一切大乘行者皆應證知之正法。平實導師講述，每輯三百餘頁，售價各250元；共八輯，已全部出版。

真假活佛—略論附佛外道盧勝彥之邪說：人人身中都有眞活佛，永生不滅而有大神用，但眾生都不了知，所以常被身外的西藏密宗假活佛籠罩欺瞞。本來就眞實存在的眞活佛，才是眞正的密宗無上密！諾那活佛因此而說禪宗是大密宗，但藏密的所有活佛都不知道、也不曾實證自身中的眞活佛。本書詳實宣示眞活佛的道理，舉證盧勝彥的「佛法」不是眞佛法，也顯示盧勝彥是假活佛，直接的闡釋第一義佛法見道的眞實正理。眞佛宗的所有上師與學人們，都應該詳細閱讀，包括盧勝彥個人在內。正犀居士著，優惠價140元。

阿含正義—唯識學探源：廣說四大部《阿含經》諸經中隱說之眞正義理，一一舉示佛陀本懷，令阿含時期初轉法輪根本經典之眞義，如實顯現於佛子眼前。並提示末法大師對於阿含眞義誤解之實例，一一比對之，證實唯識增上慧學確於原始佛法之阿含諸經中已隱覆密意而略說之，證實 世尊確於原始佛法中已曾密意而說第八識如來藏之總相；亦證實 世尊在四阿含中已說此藏識是名色十八界之因、之本—證明如來藏是能生萬法之根本心。佛子可據此修正以往受諸大師（譬如西藏密宗應成派中觀師：印順、昭慧、性廣、大願、達賴、宗喀巴、寂天、月稱、……等人）誤導之邪見，建立正見，轉入正道乃至親證初果而無困難；書中並詳說三果所證的**心解脫**，以及四果**慧解脫**的親證，都是如實可行的具體知見與行門。全書共七輯，已出版完畢。平實導師著，每輯三百餘頁，售價300元。

超意境CD：以平實導師公案拈提書中超越意境之頌詞，加上曲風優美的旋律，錄成令人嚮往的超意境歌曲，其中包括正覺發願文及平實導師親自譜成的黃梅調歌曲一首。詞曲雋永，殊堪翫味，可供學禪者吟詠，有助於見道。內附設計精美的彩色小冊，解說每一首詞的背景本事。每片280元。【每購買公案拈提書籍一冊，即贈送一片。】

鈍鳥與靈龜：鈍鳥及靈龜二物，被宗門證悟者說為二種人：前者是精修禪定而無智慧者，也是以定為禪的愚癡禪人；後者是或有禪定、或無禪定的宗門證悟者，凡已證悟者皆是靈龜。但後來被人虛造事實，用以嘲笑大慧宗杲禪師，說他雖是靈龜，卻不免被天童禪師預記「患背」痛苦而亡：「**鈍鳥離巢易，靈龜脫殼難。**」藉以貶低大慧宗杲的證量。同時將天童禪師實證如來藏的證量，曲解為意識境界的離念靈知。自從大慧禪師入滅以後，錯悟凡夫對他的不實毀謗就一直存在著，不曾止息，並且捏造的假事實也隨著年月的增加而越來越多，終至編成「鈍鳥與靈龜」的假公案、假故事。本書是考證大慧與天童之間的不朽情誼，顯現這件假公案的虛妄不實；更見大慧宗杲面對惡勢力時的正直不阿，亦顯示大慧對天童禪師的至情深義，將使後人對大慧宗杲的誣謗至此而止，不再有人誤犯毀謗賢聖的惡業。書中亦舉證宗門的所悟確以第八識如來藏為標的，詳讀之後必可改正以前被錯悟大師誤導的參禪知見，日後必定有助於實證禪宗的開悟境界，得階大乘真見道位中，即是實證般若之賢聖。全書459頁，售價350元。

我的菩提路第一輯：凡夫及二乘聖人不能實證的佛菩提證悟，末法時代的今天仍然有人能得實證，由正覺同修會釋悟圓、釋善藏法師等二十餘位實證如來藏者所寫的見道報告，已為當代學人見證宗門正法之絲縷不絕，證明大乘義學的法脈仍然存在，為末法時代求悟般若之學人照耀出光明的坦途。由二十餘位大乘見道者所繕，敘述各種不同的學法、見道因緣與過程，參禪求悟者必讀。全書三百餘頁，售價300元。

我的菩提路第二輯：由郭正益老師等人合著，書中詳述彼等諸人歷經各處道場學法，一一修學而加以檢擇之不同過程以後，因閱讀正覺同修會、正智出版社書籍而發起抉擇分，轉入正覺同修會中修學；乃至學法及見道之過程，都一一詳述之。其中張志成等人係由前現代禪轉進正覺同修會，張志成原為現代禪副宗長，以前未閱本會書籍時，曾被人藉其名義著文評論 平實導師（詳見《宗通與說通》辨正及《眼見佛性》書末附錄…等）；後因偶然接觸正覺同修會書籍，深覺以前聽人評論平實導師之語不實，於是投入極多時間閱讀本會書籍、深入思辨，詳細探索中觀與唯識之關聯與異同，認為正覺之法義方是正法，深覺相應；亦解開多年來對佛法的迷雲，確定應依八識論正理修學方是正法。乃不顧面子，毅然前往正覺同修會面見平實導師懺悔，並正式學法求悟。今已與其同修王美伶（亦為前現代禪傳法老師），同樣證悟如來藏而證得法界實相，生起實相般若眞智。此書中尚有七年來本會第一位眼見佛性者之見性報告一篇，一同供養大乘佛弟子。全書共四百頁，售價300元。

我的菩提路第三輯：由王美伶老師等人合著。自從正覺同修會成立以來，每年夏初、冬初都舉辦精進禪三共修，藉以助益會中同修們得以證悟明心發起般若實相智慧；凡已實證而被平實導師印證者，皆書具見道報告用以證明佛法之眞實可證而非玄學，證明佛法並非純屬思想、理論而無實質，是故每年都能有人證明正覺同修會的「實證佛教」主張並非虛語。特別是眼見佛性一法，自古以來中國禪宗祖師實證者極寡，較之明心開悟的證境更難令人信受；至2017年初，正覺同修會中的證悟明心者已近五百人，然而其中眼見佛性者至今唯十餘人爾，可謂難能可貴，是故明心後欲冀眼見佛性者實屬不易。黃正倖老師是懸絕七年無人見性後的第一人，她於2009年的見性報告刊於本書的第二輯中，爲大眾證明佛性確實可以眼見；其後七年之中求見性者都屬解悟佛性而無人眼見，幸而又經七年後的2016冬初，以及2017夏初的禪三，復有三人眼見佛性，希冀鼓舞四眾佛子求見佛性之大心，今則具載一則於書末，顯示求見佛性之事實經歷，供養現代佛教界欲得見性之四眾弟子。全書四百頁，售價300元，預定2017年6月30日發行。

我的菩提路第四輯：由陳晏平等人著。中國禪宗祖師往往有所謂「見性」之言，所言多屬看見如來藏具有能令人發起成佛之自性，並非《大般涅槃經》中 如來所說之眼見佛性。眼見佛性者，於親見佛性之時，即能於山河大地眼見自己佛性，亦能於他人身上眼見自己佛性及對方之佛性，如是境界無法爲尚未實證者解釋；勉強說之，縱使眞實明心證悟之人聞之，亦只能以自身明心之境界想像之，但不論如何想像多屬非量，能有正確之比量者亦是稀有，故說眼見佛性極爲困難。眼見佛性之人若所見極分明時，在所見佛性之境界下所眼見之山河大地、自己五蘊身心皆是虛幻，自有異於明心者之解脫功德受用，此後永不思證二乘涅槃，必定邁向成佛之道而進入第十住位中，已超第一阿僧祇劫三分有一，可謂之爲超劫精進也。今又有明心之後眼見佛性之人出於人間，將其明心及後來見性之報告，連同其餘證悟明心者之精彩報告一同收錄於此書中，供養眞求佛法實證之四眾佛子。全書380頁，售價300元，預定2018年6月30日發行。

維摩詰經講記：本經係 世尊在世時，由等覺菩薩維摩詰居士藉疾病而演說之大乘菩提無上妙義，所說函蓋甚廣，然極簡略，是故今時諸方大師與學人讀之悉皆錯解，何況能知其中隱含之深妙正義，是故普遍無法爲人解說；若強爲人說，則成依文解義而有諸多過失。今由平實導師公開宣講之後，詳實解釋其中密意，令維摩詰菩薩所說大乘不可思議解脫之深妙正法得以正確宣流於人間，利益當代學人及與諸方大師。書中詳實演述大乘佛法深妙不共二乘之智慧境界，顯示諸法之中絕待之實相境界，建立大乘菩薩妙道於永遠不敗不壞之地，以此成就護法偉功，欲冀永利娑婆人天。已經宣講圓滿整理成書流通，以利諸方大師及諸學人。全書共六輯，每輯三百餘頁，售價各250元。

真假外道：本書具體舉證佛門中的常見外道知見實例，並加以教證及理證上的辨正，幫助讀者輕鬆而快速的了知常見外道的錯誤知見，進而遠離佛門內外的常見外道知見，因此即能改正修學方向而快速實證佛法。游正光老師著 。成本價200元。

勝鬘經講記：如來藏爲三乘菩提之所依，若離如來藏心體及其含藏之一切種子，即無三界有情及一切世間法，亦無二乘菩提緣起性空之出世間法；本經詳說無始無明、一念無明皆依如來藏而有之正理，藉著詳解煩惱障與所知障間之關係，令學人深入了知二乘菩提與佛菩提相異之妙理；聞後即可了知佛菩提之特勝處及三乘修道之方向與原理，邁向攝受正法而速成佛道的境界中。平實導師講述，共六輯，每輯三百餘頁，售價各250元。

楞嚴經講記：楞嚴經係密教部之重要經典，亦是顯教中普受重視之經典；經中宣說明心與見性之內涵極爲詳細，將一切法都會歸如來藏及佛性—妙眞如性；亦闡釋佛菩提道修學過程中之種種魔境，以及外道誤會涅槃之狀況，旁及三界世間之起源。然因言句深澀難解，法義亦復深妙寬廣，學人讀之普難通達，是故讀者大多誤會，不能如實理解佛所說之明心與見性內涵，亦因是故多有悟錯之人引爲開悟之證言，成就大妄語罪。今由平實導師詳細講解之後，整理成文，以易讀易懂之語體文刊行天下，以利學人。全書十五輯，全部出版完畢。每輯三百餘頁，售價每輯300元。

明心與眼見佛性：本書細述明心與眼見佛性之異同，同時顯示了中國禪宗破初參明心與重關眼見佛性二關之間的關聯；書中又藉法義辨正而旁述其他許多勝妙法義，讀後必能遠離佛門長久以來積非成是的錯誤知見，令讀者在佛法的實證上有極大助益。也藉慧廣法師的謬論來教導佛門學人回歸正知正見，遠離古今禪門錯悟者所墮的意識境界，非唯有助於斷我見，也對未來的開悟明心實證第八識如來藏有所助益，是故學禪者都應細讀之。游正光老師著　共448頁　售價300元。

菩薩底憂鬱CD將菩薩情懷及禪宗公案寫成新詞，並製作成超越意境的優美歌曲。1.主題曲〈菩薩底憂鬱〉，描述地後菩薩能離三界生死而迴向繼續生在人間，但因尚未斷盡習氣種子而有極深沈之憂鬱，非三賢位菩薩及二乘聖者所知，此憂鬱在七地滿心位方才斷盡；本曲之詞中所說義理極深，昔來所未曾見；此曲係以優美的情歌風格寫詞及作曲，聞者得以激發嚮往諸地菩薩境界之大心，詞、曲都非常優美，難得一見；其中勝妙義理之解說，已印在附贈之彩色小冊中。2.以各輯公案拈提中直示禪門入處之頌文，作成各種不同曲風之超意境歌曲，值得玩味、參究；聆聽公案拈提之優美歌曲時，請同時閱讀內附之印刷精美說明小冊，可以領會超越三界的證悟境界；未悟者可以因此引發求悟之意向及疑情，眞發菩提心而邁向求悟之途，乃至因此眞實悟入般若，成眞菩薩。3.正覺總持咒新曲，總持佛法大意；總持咒之義理，已加以解說並印在隨附之小冊中。本CD共有十首歌曲，長達63分鐘，附贈二張購書優惠券。每片280元。

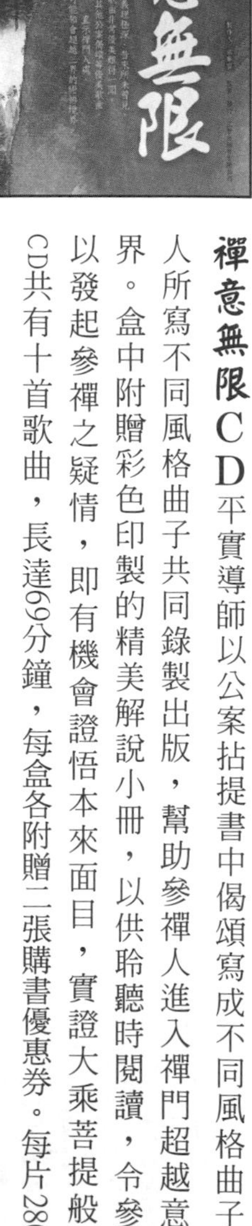

禪意無限CD平實導師以公案拈提書中偈頌寫成不同風格曲子，與他人所寫不同風格曲子共同錄製出版，幫助參禪人進入禪門超越意識之境界。盒中附贈彩色印製的精美解說小冊，以供聆聽時閱讀，令參禪人得以發起參禪之疑情，即有機會證悟本來面目，實證大乘菩提般若。本CD共有十首歌曲，長達69分鐘，每盒各附贈二張購書優惠券。每片280元。

金剛經宗通：三界唯心，萬法唯識，是成佛之修證內容，是諸地菩薩之所修；般若則是成佛之道（實證三界唯心、萬法唯識）的入門，若未證悟實相般若，即無成佛之可能，必將永在外門廣行菩薩六度，永在凡夫位中。然而實相般若的發起，全賴實證萬法的實相；若欲證知萬法的眞相，則必須探究萬法之所從來，則須實證自心如來—金剛心如來藏，然後現觀這個金剛心的金剛性、眞實性、如如性、清淨性、涅槃性、能生萬法的自性性、本住性，名爲證眞如；進而現觀三界六道唯是此金剛心所成，人間萬法須藉八識心王和合運作方能現起。如是實證《華嚴經》的「三界唯心、萬法唯識」以後，由此等現觀而發起實相般若智慧，繼續進修第十住位的如幻觀、第十行位的陽焰觀、第十迴向位的如夢觀，再生起增上意樂而勇發十無盡願，方能滿足三賢位的實證，轉入初地；自知成佛之道而無偏倚，從此按部就班、次第進修乃至成佛。第八識自心如來是般若智慧之所依，般若智慧的修證則要從實證金剛心自心如來開始；《金剛經》則是解說自心如來之經典，是一切三賢位菩薩所應進修之實相般若經典。這一套書，是將平實導師宣講的《金剛經宗通》內容，整理成文字而流通之；書中所說義理，迴異古今諸家依文解義之說，指出大乘見道方向與理路，有益於禪宗學人求開悟見道，及轉入內門廣修六度萬行。講述完畢後結集出版，總共9輯，每輯約三百餘頁，售價各250元。

空行母—性別、身分定位，以及藏傳佛教：本書作者爲蘇格蘭哲學家，因爲嚮往佛教深妙的哲學內涵，於是進入當年盛行於歐美的假藏傳佛教密宗，擔任卡盧仁波切的翻譯工作多年以後，被邀請成爲卡盧的空行母（又名佛母、明妃），開始了她在密宗裡的實修過程；後來發覺在密宗雙身法中的修行，其實無法使自己成佛，也發覺密宗對女性歧視而處處貶抑，並剝奪女性在雙身法中擔任一半角色時應有的身分定位。當她發覺自己只是雙身法中被喇嘛利用的工具，沒有獲得絲毫應有的尊重與基本定位時，發現了密宗的父權社會控制女性的本質；於是作者傷心地離開了卡盧仁波切與密宗，但是卻被恐嚇不許講出她在密宗裡的經歷，也不許她說出自己對密宗的教義與教制下對女性剝削的本質，否則將被咒殺死亡。後來她去加拿大定居，十餘年後方才擺脫這個恐嚇陰影，下定決心將親身經歷的實情及觀察到的事實寫下來並且出版，公諸於世。出版之後，她被流亡的達賴集團人士大力攻訐，誣指她爲精神狀態失常、說謊……等。但有智之士並未被達賴集團的政治操作及各國政府政治運作吹捧達賴的表相所欺，使她的書銷售無阻而又再版。正智出版社鑑於作者此書是親身經歷的事實，所說具有針對「藏傳佛教」而作學術研究的價值，也有使人認清假藏傳佛教剝削佛母、明妃的男性本位實質，因此洽請作者同意中譯而出版於華人地區。珍妮·坎貝爾女士著，呂艾倫 中譯，每冊250元。

霧峰無霧—給哥哥的信：本書作者藉兄弟之間信件往來論義，略述佛法大義；並以多篇短文辨義，舉出釋印順對佛法的無量誤解證據，並一一給予簡單而清晰的辨正，令人一讀即知。久讀、多讀之後即能認清楚釋印順的六識論見解，與眞實佛法之牴觸是多麼嚴重；於是在久讀、多讀之後，於不知不覺之間提升了對佛法的極深入理解，正知正見就在不知不覺間建立起來了。當三乘佛法的正知見建立起來之後，對於三乘菩提的見道條件便將隨之具足，於是聲聞解脫道的見道也就水到渠成；接著大乘見道的因緣也將次第成熟，未來自然也會有親見大乘菩提之道的因緣，悟入大乘實相般若也將自然成功，自能通達般若系列諸經而成實義菩薩。作者居住於南投縣霧峰鄉，自喻見道之後不復再見霧峰之霧，故鄉原野美景一一明見，於是立此書名爲《霧峰無霧》；讀者若欲撥霧見月，可以此書爲緣。游宗明 老師著 售價250元。

假藏傳佛教的神話——性、謊言、喇嘛教：本書編著者是由一首名叫「阿姊鼓」的歌曲爲緣起，展開了序幕，揭開假藏傳佛教—喇嘛教—的神祕面紗。其重點是蒐集、摘錄網路上質疑「喇嘛教」的帖子，以揭穿「假藏傳佛教的神話」爲主題，串聯成書，並附加彩色插圖以及說明，讓讀者們瞭解西藏密宗及相關人事如何被操作爲「神話」的過程，以及神話背後的眞相。作者：張正玄教授。售價200元。

達賴真面目——玩盡天下女人：假使您不想戴綠帽子，請記得詳細閱讀此書；假使您不想讓好朋友戴綠帽子，請您將此書介紹給您的好朋友。假使您想保護家中的女性，也想要保護好朋友的女眷，請記得將此書送給家中的女性和好友的女眷都來閱讀。本書爲印刷精美的大本彩色中英對照精裝本，爲您揭開達賴喇嘛的眞面目，內容精彩不容錯過，爲利益社會大眾，特別以優惠價格嘉惠所有讀者。編著者：白志偉等。大開版雪銅紙彩色精裝本。售價800元。

喇嘛性世界——揭開假藏傳佛教譚崔瑜伽的面紗：這個世界中的喇嘛，號稱來自世外桃源的香格里拉，穿著或紅或黃的喇嘛長袍，散布於我們的身邊傳教灌頂，吸引了無數的人嚮往學習；這些喇嘛虔誠地爲大眾祈福，手中拿著寶杵（金剛）與寶鈴（蓮花），口中唸著咒語：「嗡・嘛呢・叭咪・吽……」，咒語的意思是說：「我至誠歸命金剛杵上的寶珠伸向蓮花寶穴之中」！「喇嘛性世界」是什麼樣的「世界」呢？本書將爲您呈現喇嘛世界的面貌。當您發現眞相以後，您將會唸：「噢！喇嘛・性・世界，譚崔性交嘛！」作者：張善思、呂艾倫。售價200元。

末代達賴——性交教主的悲歌：簡介從藏傳僞佛教（喇嘛教）的修行核心——性力派男女雙修，探討達賴喇嘛及藏傳僞佛教的修行內涵。書中引用外國知名學者著作、世界各地新聞報導，包含：歷代達賴喇嘛的祕史、達賴六世修雙身法的事蹟，以及《時輪續》中的性交灌頂儀式……等；達賴喇嘛書中開示的雙修法、達賴喇嘛的黑暗政治手段；達賴喇嘛所領導的寺院爆發喇嘛性侵兒童；新聞報導《西藏生死書》作者索甲仁波切性侵女信徒、澳洲喇嘛秋達公開道歉、美國最大假藏傳佛教組織領導人邱陽創巴仁波切的性氾濫；等等事件背後眞相的揭露。作者：張善思、呂艾倫、辛燕。售價250元。

第七意識與第八意識？——穿越時空「超意識」：「三界唯心，萬法唯識」是佛教中應該實證的聖教，也是《華嚴經》中明載而可以實證的法界實相。唯心者，三界一切境界、一切諸法唯是一心所成就，即是每一個有情的第八識如來藏，不是意識心。唯識者，即是人類各各都具足的八識心王——眼識、耳鼻舌身意識、意根、阿賴耶識，第八阿賴耶識又名如來藏，人類五陰相應的萬法，莫不由八識心王共同運作而成就，故說萬法唯識。依聖教量及現量、比量，都可以證明意識是二法因緣生，是由第八識藉意根與法塵二法爲因緣而出生，又是夜夜斷滅不存之生滅心，即無可能反過來出生第七識意根、第八識如來藏，當知不可能從生滅性的意識心中，細分出恆審思量的第七識意根，更無可能細分出恆而不審的第八識如來藏。本書是將演講內容整理成文字，細說如是內容，並已在〈正覺電子報〉連載完畢，今彙集成書以廣流通，欲幫助佛門有緣人斷除意識我見，跳脫於識陰之外而取證聲聞初果；嗣後修學禪宗時即得不墮外道神我之中，得以求證第八識金剛心而發起般若實智。平實導師 述，每冊300元。

黯淡的達賴——失去光彩的諾貝爾和平獎：本書舉出很多證據與論述，詳述達賴喇嘛不為世人所知的一面，顯示達賴喇嘛並不是眞正的和平使者，而是假借諾貝爾和平獎的光環來欺騙世人；透過本書的說明與舉證，讀者可以更清楚的瞭解，達賴喇嘛是結合暴力、黑暗、淫欲於喇嘛教裡的集團首領，其政治行為與宗教主張，早已讓諾貝爾和平獎的光環染污了。本書由財團法人正覺教育基金會寫作、編輯，由正覺出版社印行，每冊250元。

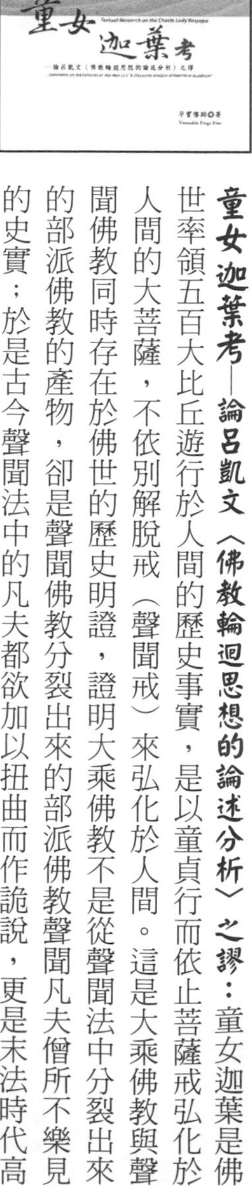

童女迦葉考——論呂凱文〈佛教輪迴思想的論述分析〉之謬：童女迦葉是佛世率領五百大比丘遊行於人間的歷史事實，是以童貞行而依止菩薩戒弘化於人間的大菩薩，不依別解脫戒（聲聞戒）來弘化於人間。這是大乘佛教與聲聞佛教同時存在於佛世的歷史明證，證明大乘佛教不是從聲聞法中分裂出來的部派佛教的產物，卻是聲聞佛教分裂出來的部派佛教聲聞凡夫僧所不樂見的史實；於是古今聲聞法中的凡夫都欲加以扭曲而作詭說，更是末法時代高聲大呼「大乘非佛說」的六識論聲聞凡夫極力想要扭曲的佛教史實之一，於是想方設法扭曲迦葉菩薩為聲聞僧，以及扭曲迦葉童女為比丘僧等荒謬不實之論著便陸續出現，古時聲聞僧寫作的《分別功德論》是最具體之事例，現代之代表作則是呂凱文先生的〈佛教輪迴思想的論述分析〉論文。鑑於如是假藉學術考證以籠罩大眾之不實謬論，未來仍將繼續造作及流竄於佛教界，繼續扼殺大乘佛教學人法身慧命，必須舉證辨正之，遂成此書。平實導師 著，每冊180元。

人間佛教——實證者必定不悖三乘菩提：「大乘非佛說」的講法似乎流傳已久，卻只是日本人企圖擺脫中國正統佛教的影響，而在明治維新時期才開始提出來的說法；台灣佛教、大陸佛教的淺學無智之人，由於未曾實證佛法而迷信日本人錯誤的學術考證，錯認爲這些別有用心的日本佛學考證的講法爲天竺佛教的眞實歷史；甚至還有更激進的反對佛教者提出「釋迦牟尼佛並非眞實存在，只是後人捏造的假歷史人物」，竟然也有少數人願意跟著「學術」的假光環而信受不疑，於是開始有一些佛教界人士造作了反對中國佛教而推崇南洋小乘佛教的行爲，使佛教的信仰者難以檢擇，導致一般大陸人士開始轉入基督教的盲目迷信中。在這些佛教及外教人士之中，也就有一分人根據此邪說而大聲主張「大乘非佛說」的謬論，這些人以「人間佛教」的名義來抵制中國正統佛教，公然宣稱中國的大乘佛教是由聲聞部派佛教的凡夫僧所創造出來的。這樣的說法流傳於台灣及大陸佛教界凡夫僧之中已久，卻非眞正的佛教歷史中曾經發生過的事，只是繼承六識論的聲聞法中凡夫僧依自己的意識境界立場，純憑臆想而編造出來的妄想說法，卻已經影響許多無智之凡夫僧俗信受不移。本書則是從佛教的經藏法義實質及實證的現量內涵本質立論，證明大乘佛法本是佛說，是從《阿含正義》尚未說過的不同面向來討論「人間佛教」的議題，證明「大乘眞佛說」。閱讀本書可以斷除六識論邪見，迴入三乘菩提正道發起實證的因緣；也能斷除禪宗學人學禪時普遍存在之錯誤知見，對於建立參禪時的正知見有很深的著墨。平實導師 述，內文488頁，全書528頁，定價400元。

見性與看話頭：黃正倖老師的《見性與看話頭》於《正覺電子報》連載完畢，今集結出版。書中詳說禪宗看話頭的詳細方法，並細說看話頭與眼見佛性的關係，以及眼見佛性者求見佛性前必須具備的條件。本書是禪宗實修者追求明心開悟時參禪的方法書，也是求見佛性者作功夫時必讀的方法書，內容兼顧眼見佛性的理論與實修之方法，是依實修之體驗配合理論而詳述，條理分明而且極爲詳實、周全、深入。本書內文375頁，全書416頁，售價300元。

中觀金鑑——詳述應成派中觀的起源與其破法本質：學佛人往往迷於中觀學派之不同學說，被應成派與自續派所迷惑；修學般若中觀二十年後自以爲實證般若中觀了，卻仍不曾入門，甫聞實證般若中觀者之所說，則茫無所知，迷惑不解；隨後信心盡失，不知如何實證佛法；凡此，皆因惑於這二派中觀學說所致。自續派中觀所說同於常見，以意識境界立爲第八識如來藏之境界，應成派所說則同於斷見，但又同立意識爲常住法，故亦具足斷常二見。今者孫正德老師有鑑於此，乃將起源於密宗的應成派中觀學說，追本溯源，詳考其來源之外，亦一一舉證其立論內容，詳加辨正，令密宗雙身法祖師以識陰境界而造之應成派中觀學說本質，詳細呈現於學人眼前，令其維護雙身法之目的無所遁形。若欲遠離密宗此二大派中觀謬說，欲於三乘菩提有所進道者，允宜具足閱讀並細加思惟，反覆讀之以後將可捨棄邪道返歸正道，則於般若之實證即有可能，證後自能現觀如來藏之中道境界而成就中觀。本書分上、中、下三冊，每冊250元，已全部出版完畢。

真心告訴您（一）——達賴喇嘛在幹什麼？這是一本報導篇章的選集，更是「破邪顯正」的暮鼓晨鐘。「破邪」是戳破假象，說明達賴喇嘛及其所率領的密宗四大派法王、喇嘛們，弘傳的佛法是仿冒的佛法；他們是假藏傳佛教，是坦特羅（譚崔性交）外道法和藏地崇奉鬼神的苯教混合成的「喇嘛教」，推廣的是以所謂「無上瑜伽」的男女雙身法冒充佛法的假佛教，詐財騙色誤導眾生，常常造成信徒家庭破碎、家中兒少失怙的嚴重後果。「顯正」是揭櫫眞相，指出眞正的藏傳佛教只有一個，就是覺囊巴，傳的是 釋迦牟尼佛演繹的第八識如來藏妙法，稱爲他空見大中觀。正覺教育基金會即以此古今輝映的如來藏正法正知見，在眞心新聞網中逐次報導出來，將箇中原委「眞心告訴您」，如今結集成書，與想要知道密宗眞相的您分享。售價250元。

實相經宗通：學佛之目的在於實證一切法界背後之實相，禪宗稱之為本來面目或本地風光，佛菩提道中稱之為實相法界；此實相法界即是金剛藏，又名佛法之祕密藏，即是能生有情五陰、十八界及宇宙萬有（山河大地、諸天、三惡道世間）的第八識如來藏，又名阿賴耶識心，即是禪宗祖師所說的眞如心，此心即是三界萬有背後的實相。證得此第八識心時，自能瞭解般若諸經中隱說的種種密意，即得發起實相般若——實相智慧。每見學佛人修學佛法二十年後仍對實相般若茫然無知，亦不知如何入門，茫無所趣；更因不知三乘菩提的互異互同，是故越是久學者對佛法越覺茫然，都肇因於尚未瞭解佛法的全貌，亦未瞭解佛法的修證內容即是第八識心所致。本書對於修學佛法者所應實證的實相境界提出明確解析，並提示趣入佛菩提道的入手處，有心親證實相般若的佛法實修者，宜詳讀之，於佛菩提道之實證即有下手處。平實導師述著，共八輯，全部出版完畢，每輯成本價250元。

法華經講義：此書為平實導師始從2009/7/21演述至2014/1/14之講經錄音整理所成。世尊一代時教，總分五時三教，即是華嚴時、聲聞緣覺教、般若教、種智唯識教、法華時；依此五時三教區分為藏、通、別、圓四教。本經是最後一時的圓教經典，圓滿收攝一切法教於本經中，是故最後的圓教聖訓中，特地指出無有三乘菩提，其實唯有一佛乘；皆因眾生愚迷故，方便區分為三乘菩提以助眾生證道。世尊於此經中特地說明如來示現於人間的唯一大事因緣，便是為有緣眾生「開、示、悟、入」諸佛的所知所見——第八識如來藏妙眞如心，並於諸品中隱說「妙法蓮花」如來藏心的密意。然因此經所說甚深難解，眞義隱晦，古來難得有人能窺堂奧；平實導師以知如是密意故，特為末法佛門四眾演述《妙法蓮華經》中各品蘊含之密意，使古來未曾被古德註解出來的「此經」密意，如實顯示於當代學人眼前。乃至〈藥王菩薩本事品〉、〈妙音菩薩品〉、〈觀世音菩薩普門品〉、〈普賢菩薩勸發品〉中的微細密意，亦皆一併詳述之，開前人所未曾言之密意，示前人所未見之妙法。最後乃至以〈法華大意〉而總其成，全經妙旨貫通始終，而依佛旨圓攝於一心如來藏妙心，厥為曠古未有之大說也。平實導師述 已於2015/5/31起出版第一輯，每兩個月出版一輯，共有25輯。每輯300元。

西藏「活佛轉世」制度—附佛、造神、世俗法：歷來關於喇嘛教活佛轉世的研究，多針對歷史及文化兩部分，於其所以成立的理論基礎，較少系統化的探討。尤其是此制度是否依據「佛法」而施設？是否合乎佛法眞實義？現有的文獻大多含糊其詞，或人云亦云，不曾有明確的闡釋與如實的見解。因此本文先從活佛轉世的由來，探索此制度的起源、背景與功能，並進而從活佛的尋訪與認證之過程，發掘活佛轉世的特徵，以確認「活佛轉世」在佛法中應具足何種果德。定價150元。

眞心告訴您(二)—達賴喇嘛是佛教僧侶嗎？補祝達賴喇嘛八十大壽：這是一本針對當今達賴喇嘛所領導的喇嘛教，冒用佛教名相、於師徒間或師兄姊間，實修男女邪淫，而從佛法三乘菩提的現量與聖教量，揭發其謊言與邪術，證明達賴及其喇嘛教是仿冒佛教的外道，是「假藏傳佛教」。藏密四大派教義雖有「八識論」與「六識論」的表面差異，然其實修之內容，皆共許「無上瑜伽」四部灌頂爲究竟「成佛」之法門，也就是共以男女雙修之邪淫法爲「即身成佛」之密要，雖美其名曰「欲貪爲道」之「金剛乘」，並誇稱其成就超越於（應身佛）釋迦牟尼佛所傳之顯教般若乘之上；然詳考其理論，則或以意識離念時之粗細心爲第八識如來藏，或以中脈裡的明點爲第八識如來藏，或如宗喀巴與達賴堅決主張第六意識爲常恆不變之眞心者，分別墮於外道之常見與斷見中；全然違背　佛說能生五蘊之如來藏的實質。售價300元。

涅槃：眞正學佛之人，首要即是見道，由見道故方有涅槃之實證，證涅槃者方能出生死，但涅槃有四種：二乘聖者的有餘涅槃、無餘涅槃，以及大乘聖者的本來自性清淨涅槃、佛地的無住處涅槃。大乘聖者實證本來自性清淨涅槃，入地前再取證二乘涅槃，然後起惑潤生捨離二乘涅槃，繼續進修而在七地心前斷盡三界愛之習氣種子，依七地無生法忍之具足而證得念念入滅盡定；八地後進斷異熟生死，直至妙覺地下生人間成佛，具足四種涅槃，方是眞正成佛。此理古來少人言，以致誤會涅槃正理者比比皆是，今於此書中廣說四種涅槃、如何實證之理、實證前應有之條件，實屬本世紀佛教界極重要之著作，令人對涅槃有正確無訛之認識，然後可以依之實行而得實證。本書共有上下二冊，每冊各四百餘頁，對涅槃詳加解說，每冊各350元。預定2018/9出版上冊，2018/11出版下冊。

解深密經講記：本經係 世尊晚年第三轉法輪，宣說地上菩薩所應熏修之唯識正義經典，經中所說義理乃是大乘一切種智增上慧學，以阿陀那識—如來藏—阿賴耶識爲主體。禪宗之證悟者，若欲修證初地無生法忍乃至八地無生法忍者，必須修學《楞伽經、解深密經》所說之八識心王一切種智；此二經所說正法，方是眞正成佛之道；印順法師否定如來藏之後所說萬法緣起性空之法，是以誤會後之二乘解脫道取代大乘眞正成佛之道，亦已墮於斷滅見中，不可謂爲成佛之道也。平實導師曾於本會郭故理事長往生時，於喪宅中從初七至第十七，宣講圓滿，作爲郭老之往生佛事功德，迴向郭老早證八地、速返娑婆住持正法；茲爲今時後世學人故，將擇期重講《解深密經》，以淺顯之語句講畢後將會整理成文，用供證悟者進道；亦令諸方未悟者，據此經中佛語正義，修正邪見，依之速能入道。平實導師述著，全書輯數未定，每輯三百餘頁，將於未來重講完畢後逐輯出版。

修習止觀坐禪法要講記：修學四禪八定之人，往往錯會禪定之修學知見，欲以無止盡之坐禪而證禪定境界，卻不知修除性障之行門才是修證四禪八定不可或缺之要素，故智者大師云「性障初禪」；性障不除，初禪永不現前，云何修證二禪等？又：行者學定，若唯知數息，而不解六妙門之方便善巧者，欲求一心入定，未到地定極難可得，智者大師名之爲「事障未來」：障礙未到地定之修證。又禪定之修證，不可違背二乘菩提及第一義法，否則縱使具足四禪八定，亦不能實證涅槃而出三界。此諸知見，智者大師於《修習止觀坐禪法要》中皆有闡釋。作者平實導師以其第一義之見地及禪定之實證證量，曾加以詳細解析。將俟正覺寺竣工啓用後重講，不限制聽講者資格；講後將以語體文整理出版。欲修習世間定及增上定之學者，宜細讀之。平實導師述著。

阿含經講記——小乘解脫道之修證：數百年來，南傳佛法所說證果之不實，所說解脫道之虛妄，所弘解脫道法義之世俗化，皆已少人知之；從南洋傳入台灣與大陸之後，所說法義虛謬之事，亦復少人知之；今時台灣全島印順系統之法師居士，多不知南傳佛法數百年來所說解脫道之義理已然偏斜、已然世俗化、已非眞正之二乘解脫正道，猶極力推崇與弘揚。彼等南傳佛法近代所謂之證果者多非眞實證果者，譬如阿迦曼、葛印卡、帕奧禪師、一行禪師……等人，悉皆未斷我見故。近年更有台灣南部大願法師，高抬南傳佛法之二乘修證行門爲「捷徑究竟解脫之道」者，然而南傳佛法縱使眞修實證，得成阿羅漢，至高唯是二乘菩提解脫之道，絕非究竟解脫，無餘涅槃中之實際尚未得證故，法界之實相尚未了知故，習氣種子待除故，一切種智未實證故，焉得謂爲「究竟解脫」？即使南傳佛法近代眞有實證之阿羅漢，尚且不及三賢位中之七住明心菩薩本來自性清淨涅槃智慧境界，則不能知此賢位菩薩所證之無餘涅槃實際，仍非大乘佛法中之見道者，何況普未實證聲聞果乃至未斷我見之人？謬充證果已屬逾越，更何況是誤會二乘菩提之後，以未斷我見之凡夫知見所說之二乘菩提解脫偏斜法道，焉可高抬爲「究竟解脫」？而且自稱「捷徑之道」？又妄言解脫之道即是成佛之道，完全否定般若實智、否定三乘菩提所依之如來藏心體，此理大大不通也！平實導師爲令修學二乘菩提欲證解脫果者，普得迴入二乘菩提正見、正道中，是故選錄四阿含諸經中，對於二乘解脫道法義有具足圓滿說明之經典，預定未來十年內將會加以詳細講解，令學佛人得以了知二乘解脫道之修證理路與行門，庶免被人誤導之後，未證言證，干犯道禁，成大妄語，欲升反墮。本書首重斷除我見，以助行者斷除我見而實證初果爲著眼之目標，若能根據此書內容，配合平實導師所著《識蘊眞義》《阿含正義》內涵而作實地觀行，實證初果非爲難事，行者可以藉此三書自行確認聲聞初果爲實際可得現觀成就之事。此書中除依二乘經典所說加以宣示外，亦依斷除我見等之證量，及大乘法中道種智之證量，對於意識心之體性加以細述，令諸二乘學人必定得斷我見、常見，免除三縛結之繫縛。次則宣示斷除我執之理，欲令升進而得薄貪瞋痴，乃至斷五下分結…等。平實導師述，共二冊，每冊三百餘頁。每輯300元。

＊喇嘛教修外道雙身法、墮識陰境界，非佛教＊

＊弘揚如來藏他空見的覺囊派才是真正藏傳佛教＊

總經銷： 飛鴻 國際行銷股份有限公司

231 新北市新店市中正路 501 之 9 號 2 樓

Tel.02－82186688（五線代表號） Fax.02-82186458、82186459

零售：1.**全台連鎖經銷書局：**

三民書局、誠品書局、何嘉仁書店

敦煌書店、紀伊國屋、金石堂書局、建宏書局

諾貝爾圖書城、墊腳石圖書文化廣場

2.**台北市：**佛化人生 **大安區**羅斯福路 3 段 325 號 6 樓之 4　台電大樓對面

3.**新北市：**春大地書店 **蘆洲區**中正路 117 號

4.**桃園市：**御書堂 **龍潭區**中正路 123 號

5.**新竹市：**大學書局 **東區**建功路 10 號

6.**台中市：**瑞成書局 **東區**雙十路 1 段 4 之 33 號

佛教詠春書局 **南屯區**永春東路 884 號

文春書店 **霧峰區**中正路 1087 號

7.**彰化市：**心泉佛教文化中心 南瑤路 286 號

8.**高雄市：**政大書城 **苓雅區**光華路 148-83 號

明儀書局 **三民區**明福街 2 號\

青年書局 **苓雅區**青年一路 141 號

9.**宜蘭市：**金隆書局　中山路 3 段 43 號

10.**台東市：**東普佛教文物流通處 博愛路 282 號

11.**其餘鄉鎮市經銷書局：**請電詢總經銷**飛鴻**公司。

12.**大陸地區請洽：**

香港：樂文書店

旺角店 :香港九龍旺角西洋菜街 62 號 3 樓

電話 : (852) 2390 3723　email: luckwinbooks@gmail.com

銅鑼灣店 :香港銅鑼灣駱克道 506 號 2 樓

電話 : (852) 2881 1150　email: luckwinbs@gmail.com

廈門：廈門外圖臺灣書店有限公司

地址:廈門市思明區湖濱南路809 號 廈門外圖書城3 樓 郵編:361004

電話：0592-5061658（臺灣地區請撥打 86-592-5061658）

E-mail：JKB118@188.COM

13.**美國：世界日報圖書部：**紐約圖書部　電話 7187468889#6262

洛杉磯圖書部　電話 3232616972#202

14.**國內外地區網路購書：**

正智出版社 書香園地　http://books.enlighten.org.tw/

（書籍簡介、經銷書局可直接聯結下列網路書局購書）

三民 網路書局　http://www.sanmin.com.tw

誠品 網路書局　http://www.eslitebooks.com

博客來 網路書局　http://www.books.com.tw
金石堂 網路書局　http://www.kingstone.com.tw
飛鴻 網路書局　http://fh6688.com.tw

附註：1.請儘量向各經銷書局購買：郵政劃撥需要八天才能寄到（本公司在您劃撥後第四天才能接到劃撥單，次日寄出後第二天您才能收到書籍，此六天中可能會遇到週休二日，是故共需八天才能收到書籍）若想要早日收到書籍者，請劃撥完畢後，將劃撥收據貼在紙上，旁邊寫上您的姓名、住址、郵區、電話、買書詳細內容，直接傳真到本公司 02-28344822，並來電 02-28316727、28327495 確認是否已收到您的傳真，即可提前收到書籍。 2.因台灣每月皆有五十餘種宗教類書籍上架，書局書架空間有限，故唯有新書方有機會上架，通常每次只能有一本新書上架；本公司出版新書，大多上架不久便已售出，若書局未再叫貨補充者，書架上即無新書陳列，則請直接向書局櫃台訂購。 3.若書局不便代購時，可於晚上共修時間向正覺同修會各共修處請購（共修時間及地點，詳閱**共修現況表**。每年例行年假期間請勿前往請書，年假期間請見共修現況表）。 4.郵購：郵政劃撥帳號 19068241。 5.正覺同修會會員購書都以八折計價（戶籍台北市者爲一般會員，外縣市爲護持會員）都可獲得優待，欲一次購買全部書籍者，可以考慮入會，節省書費。入會費一千元（第一年初加入時才需要繳），年費二千元。**6.尚未出版之書籍，請勿預先郵寄書款與本公司，謝謝您！** 7.若欲一次購齊本公司書籍，或同時取得正覺同修會贈閱之全部書籍者，請於正覺同修會共修時間，親到各共修處請購及索取；**台北市讀者**請洽：103 台北市承德路三段 267 號 10 樓（捷運淡水線 圓山站旁）請書時間：週一至週五爲 18.00~21.00，第一、三、五週週六爲 10.00~21.00，雙週之週六爲 10.00~18.00 請購處專線電話：25957295-分機 14（於請書時間方有人接聽）。

敬告大陸讀者：

大陸讀者購書、索書捷徑（尚未在大陸出版的書籍，以下二個途徑都可以購得，電子書另包括結緣書籍）：

1.廈門外國圖書公司：廈門市思明區湖濱南路 809 號 廈門外圖書城 3F

郵編：361004　電話：0592-5061658　網址：http://www.xibc.com.cn/

2.電子書：正智出版社有限公司及正覺同修會在台灣印行的各種局版書、結緣書，已有『**正覺電子書**』陸續上線中，提供讀者於手機、平板電腦上購書、下載、閱讀正智出版社、正覺同修會及正覺教育基金會所出版之電子書，詳細訊息敬請參閱『正覺電子書』專頁：http://books.enlighten.org.tw/ebook

關於平實導師的書訊，請上網查閱：

成佛之道　http://www.a202.idv.tw

正智出版社 書香園地　http://books.enlighten.org.tw/

中國網採訪佛教正覺同修會、正覺教育基金會訊息：

http://big5.china.com.cn/gate/big5/fangtan.china.com.cn/2014-06/19/content_32714638.htm

http://pinpai.china.com.cn/

★ 正智出版社有限公司售書之稅後盈餘，全部捐助財團法人正覺寺籌備處、佛教正覺同修會、正覺教育基金會，供作弘法及購建道場之用；懇請諸方大德支持，功德無量。

★ 聲 明 ★

本社於 2015/01/01 開始調整本目錄中部分書籍之售價，以因應各項成本的持續增加。

＊ 喇嘛教修外道雙身法、墮識陰境界，非佛教 ＊

＊ 弘揚如來藏他空見的覺囊派才是真正藏傳佛教 ＊

換書及道歉公告

《法華經講義》第十三輯，因謄稿、印製等相關人員作業疏失，導致該書中的經文及內文用字將「**親近**」誤植成「清淨」。茲爲顧及讀者權益，自 2017/8/30 開始免費調換新書；敬請所有讀者將以前所購第十三輯初版首刷及二刷本，攜回或寄回本社免費換新，或請自行更正其中的錯誤之處；郵寄者之回郵由本社負擔，不需寄來郵票。同時對因此而造成讀者閱讀、以及換書的困擾及不便，在此向所有讀者致上最誠懇的歉意，祈請讀者大眾見諒！錯誤更正說明如下：

一、第 256 頁第 10 行~第 14 行：【就是先要具備「**法親近處**」、「**眾生親近處**」；法**親近**處就是在實相之法有所實證，如果在實相法上有所實證，他在二乘菩提中自然也能有所實證，以這個作爲第一個**親近**處——第一個基礎。然後還要有第二個基礎，就是瞭解應該如何善待眾生；對於眾生不要有排斥或者是貪取之心，平等觀待而攝受、親近一切有情。以這兩個**親近**處作爲基礎，來實行其他三個安樂行法。】。

二、第 268 頁第 13 行：【具足了那兩個「**親近處**」，使你能夠在末法時代，如實而圓滿的演述《法華經》時，那麼你作這個夢，它就是如理作意的，完全符合邏輯去完成這個過程，就表示你那個晚上，在那短短的一場夢中，已經度了不少眾生了。】

正智出版社有限公司 敬啓

國家圖書館出版品預行編目資料

勝鬘經講記／平實導師述. — 初版. — 臺北市：
正智，2009.01-
冊；　公分
ISBN 978-986-83908-8-1（第 1 輯：平裝）
ISBN 978-986-83908-9-8（第 2 輯：平裝）
ISBN 978-986-6431-00-5（第 3 輯：平裝）
ISBN 978-986-6431-01-2（第 4 輯：平裝）
ISBN 978-986-6431-02-9（第 5 輯：平裝）
ISBN 978-986-6431-03-6（第 6 輯：平裝）
1.方等部
221.32　　97021428

勝鬘經講記——第二輯

著述者：平實導師
音文轉換：劉惠莉
校對：章乃鈞 陳介源 蔡禮政 傅素嫻
出版者：正智出版社有限公司
電話：〇二28327495 28316727
傳眞：〇二28344822
111台北郵政73-151號信箱
郵政劃撥帳號：一九〇六八二四一
正覺講堂：總機〇二25957295（夜間）
總經銷：飛鴻國際行銷股份有限公司
231新北市新店區中正路501-9號2樓
電話：〇二82186688（五線代表號）
傳眞：〇二82186458 82186459
初版首刷：二〇〇九年元月三十日 二千冊
初版四刷：二〇一八年六月 二千冊
成本價：二五〇元